無量義經偈頌

釋證嚴 講述

自性三宝

人人本具"自性三宝",
三宝住在自心中,清净无染,不生不灭。

每一个人心中有佛,这是自性佛;
每一个人心中有法,这是自性法;
每一个人心中也有僧,这是自性僧。

自性佛是慈悲，自性法是智慧，自性僧是自律，
每一个人本自具足慈悲、智慧并能自律。

心、佛、众生，三无差别，
人心本就具足清净本性，只要去除习气，
就能回归清净本性，回归佛性。

——证严上人

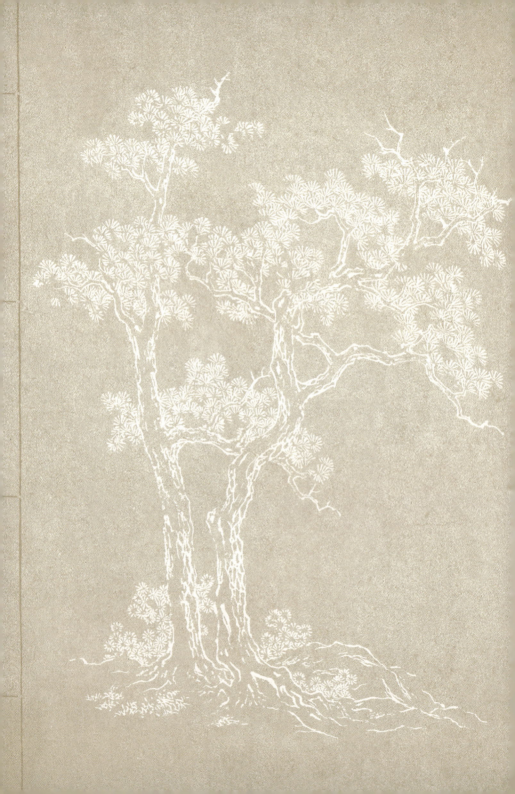

上证下严上人

证严上人以其悲天悯人之宗教家胸怀,服膺上印下顺导师"为佛教、为众生"之慈示,秉持"佛法生活化,菩萨人间化"之理念,在"内修诚正信实,外行慈悲喜舍"精神贯彻下,渐次开展"慈善、医疗、教育、人文"以及"国际赈灾、骨髓捐赠、环保、社区志工"之"四大志业、八大法印"。事理相融、以浅喻深畅佛本怀,善导大众心存菩萨大爱,落实佛法于生活中,带动付出无求同时感恩之风气,达到"净化人心、祥和社会、天下无灾难"之人间净土目标。

静思法脉丛书

"静思法脉丛书"是为将证严上人开示法语依佛教经典、静思语录、衲履足迹、上人全书、人文专题、随缘开示、童书绘本、思想论述等八大书系结集成书。从计划性、系统性搜集资料、修润文稿以迄于汇整付梓，工程可谓浩大，影响自是深远，诚然是任重道远之笔耕弘法慧业。故有心有缘于此致力世界和平之理想者，不可以不弘毅，立愿以淡泊明志之心，悠游法海；立志以宁静致远之心，潜心留史，全体合和互协荷担使命，圆满个己之修心道业，完成天下之长治久安。

卷首序言

释证严

性相空寂

法性法相本来空寂，性相空寂，本来如此，无生灭相；清净本性与佛性、诸法同等，本来一体，亦没有生灭相。

心念本无形，空寂无一物。众生不如实知见，无明妄念启动贪瞋痴，复制映照幻境自迷；自我障碍，执著分别事理粗相，复杂纠缠，衍生是非。

在时间、空间、人与人之间，心怀感恩、尊重、爱，不分别、不执著、不计较，不受境界污染、不被是非摇动；调和即平安，平平安安,静寂清澄就是空寂。

因缘果报是自然法则,因缘会合而成宇宙万物;万物不离空间亦不离四大,地水火风在空间中因缘和合。万物在因缘法中生住异灭,诸法缘起如幻不实。

有存在于空中,在空间中会合,在规律中,在秩序中,四大调和,虽有而无;万物在空间中相互无碍,共为一体,宁静祥和就是空寂。

真空中具妙有,人人含藏如来本性。去除内心烦恼,心与宇宙合而为一,归入韵律调和的寂静境界;去芜存菁,淬炼清净智慧,觉知本具精纯的道理,为人群付出。心存空寂本性,又能发挥妙有,就能含融一切法。

　　法性是空是寂,空寂能全修一切法,能照遍森罗万象;一能知无量,一入于多,多不碍一,相互不障碍。通彻一理,清楚万事万物的道理;回归本性,透彻宇宙万物的真理。

無量義經偈頌

序曲

宇宙无涯　生死刹那　新新生灭　无需惊讶
万古长空　似真还假　蜗角虚名　人生何价
仔细观想　静心思量　飘泊的生命　幻无常
今日海角　明日天涯
不论天上天下　不管星辰微沙
不论寒冬炎夏　不管绿叶红花
不论旭日东升　不管落日晚霞
不论潮汐涨落　不管万物变化
仔细观想　静心思量　飘泊的生命　幻无常
今日海角　明日天涯　宇宙无涯　生死刹那
新新生灭　无需惊讶　无需惊讶

德行品

法身大士　慈悲菩萨　其心禅寂　常在三昧
恬安淡泊　无为无欲　颠倒乱想　不复得入
静寂清澄　志玄虚漠　守之不动　亿百千劫
无量法门　悉现在前　得大智慧　通达诸法
晓了分别　性相真实　有无长短　明现显白
无碍辩才　常转法轮　澍滴先堕　以淹欲尘
扇解脱风　除世热恼　致法清凉　用洒无明
洪注大乘　润渍众生　布善种子　遍功德田
普令一切　发菩提心　无量大悲　救苦众生
是诸众生真善知识　是诸众生大良福田
是诸众生不请之师　是诸众生安隐乐处
救处护处大依止处　处处为众生大导师

能为生盲作眼目　　为颠狂荒乱作正念
大医王　分别病相　晓了药性　随病授药
大船师　运载群生　渡生死河　置涅槃岸
大医王　分别病相　晓了药性　随病授药
大船师　运载群生　渡生死河　置涅槃岸
能舍一切诸难舍　　财宝妻子及国城
于法内外无所吝　　头目髓脑悉施人
奉持诸佛清净戒　　乃至失命不毁伤
若人刀杖来加害　　恶口骂辱终不瞋
历劫挫身不倦惰　　昼夜摄心常在禅
遍学一切众道法　　智慧深入众生根
于如来地　坚固不动　安住愿力　广净佛国

说法品

有一法门无量义　疾令菩萨成菩提
自本来今最真谛　万物性相本空寂
只因众生虚妄计　六趣轮回苦难离
佛陀宣说第一义　普令一切复无疑
所发慈悲明不虚　诸众菩萨应修习
一闻能持一切法　令诸众生得大益
斯经譬如一种子　百千万亿从它生
千亿种子复又生　展转乃至无尽量
一法能生无量义　无量义者一法生
一句一偈能得闻　百千万亿能通达
菩萨安住于实相　所发慈悲明不虚
于众生所能拨苦　苦既拨已复说法
令诸众生受快乐　三世诸佛所共护

无有众魔能得入　　一切邪见难坏败
无常无我与苦空　　诸法四相不思议
法性法相本空寂　　不出不没不来去
甚深无上大乘义　　真大慈悲信不虚
以是因缘成菩提　　安乐人天多利益
习性不同众生欲　　种种说法方便力
开权显实应根机　　心佛众生无差异
法譬如水能洗垢　　若井若池若江河
溪渠大海悉能洗　　洗垢法水亦如是
水性是一水各异　　法性如是无差别
水曷不同俱能洗　　洗净烦恼涤习气
佛转法轮四真谛　　诸法本来是空寂
代谢不住　念念生灭　文辞是一　众生解异
法性无差　众生四相　文理真正　尊无过上
一生无量　无量一生　佛法广演　众生普应

如是甚深　　无上大乘　　菩萨当修　　无量义经
如是甚深　　无上大乘　　菩萨当修　　无量义经

十功德品

无量义经佛宅来　　去到一切众生心
住诸菩萨所行处　　十大功德润苍生
第一功德难思议　　道源功德由信起
是经能令诸菩萨　　未发心者能发心
无有慈心起慈心　　好杀戮者起悲心
嫉妒重者起喜心　　爱染深者起舍心
悭贪者起布施心　　憍慢者起持戒心
瞋盛者起忍辱心　　懈怠者起精进心
散乱者起禅定心　　愚痴者起智慧心

未能度者起度心　十恶者起十善心
造作者起无为心　退转者起不退心
有漏者起无漏心　烦恼者起除灭心
第二功德难思议　一法能生百千亿
百千亿中复又生　如是辗转无量义
一理能彻万理彻　一法能摄万法摄
一言半句勤诵习　通达无量微妙理
第三功德难思议　自在度人显愿力
昬有烦扰无烦恼　昬有生死无畏惧
百八重病常相缠　悲悯众生不顾己
譬如船师身有病　若有坚舟犹度人
第四功德不思议　诸佛护念于一身
昬未自度能度他　与诸菩萨为道侣
譬如国王新王子　稚小国事难领理
但为臣民所崇敬　王后爱重常共语

第五功德难思议　持诵书写刻不离
刹那恒持长相应　众生信服得欢喜
昂未远离凡夫事　犹能示现大菩提
譬如龙子生七日　即能兴云与降雨
第六功德不思议　生死烦恼尽远离
能断一切苦与厄　与佛如来无差异
昂未得住不动地　慧能断惑能摄理
譬如王子昂稚小　能理国事号群僚
第七功德不思议　六波罗密显神奇
爱洒人间大悲意　令诸众苦皆得离
无生法忍断烦恼　随缘度化登七地
譬如猛将除王怨　怨既灭已王欢喜
第八功德不思议　种种方便令发心
信心既发令勇猛　守之不动令坚定
若人不信有罪福　依经奉行令信服

坚固戒忍行檀度　　无上菩提净国土
第九功德难思议　　愿力得登善慧地
辩才无碍得清净　　宿业重障一时灭
次第庄严波罗密　　入大总持精进力
极苦众生令解脱　　善满十方遍各地
如法修行得道果　　第十功德难思议
凡夫地时弘誓愿　　厚集善根益一切
洪润枯涸演法义　　众生有病法药医
慈被众生恩泽润　　道迹渐登法云地

终曲

生命终究会逝去　　人生相聚有别离
千年古松渐老去　　依然不畏风和雨

生命中蕴涵着无限善意
一法中酝酿了无量神奇
是毅力创造奇迹　是信仰产生勇气
恒持刹那　把握大爱的情义
喜舍润渍苍生　慧命灯灯相续
慈悲是宇宙生生不息的秘密
心存善念就会有不同的结局
大慈大悲无量义　静寂清澄如琉璃
守之不动起敬意　㤗令广行阎浮提
大慈大悲无量义　静寂清澄如琉璃
守之不动起敬意　㤗令广行阎浮提
大慈大悲无量义　静寂清澄如琉璃
守之不动起敬意　㤗令广行阎浮提

目次

釋經題 ……………………… 三四

明翻譯 ……………………… 三〇

敘緣起 ……………………… 二六

十功德品第三 ………………… 二六五

说法品第二 ………………… 一四五

德行品第一 ………………… 四一

叙缘起

昔日,佛陀走在恒河边,蹲下身以指甲挑起一些沙,问身边的阿难:"我指甲上的这些沙,与恒河里的沙相比如何?"

阿难说:"恒河广大,沙无量无数,您手中的沙难以相比。"

佛陀说:"可知众生所造的业,多如恒河的沙,而我过去所说的法,不过如指甲上的沙而已。"

众生的业,自无始以来不断地累积,我们在这个时代所受的苦难,都是由众生共业所凝聚而成。

我们现世正处于佛经中所说的"劫浊恶世",是三灾汇聚的世纪。纵观二十一世纪的第一个十年,自二〇〇一年起,每年都有大灾难发生,如萨尔瓦多大地震、美国九一一事件、阿富汗战争、印尼水患、美伊战争、SARS 风暴、伊朗地震、南亚大海啸、美国卡崔娜风灾、巴基斯坦强震、印尼日惹强震、玻利维亚水灾、南加州大火、缅甸风灾、四川汶川地震等天灾人祸,无不伤亡惨重。

今科学已证明，这些天灾人祸的发生都和"人"有关。诸如空气污染，破坏山河大地，造成温室效应、气候异常，致使陆地上的水源逐渐干涸，海上冰山不断地崩塌；大自然的环境正一点一滴损毁中，无不都是人为所招感的祸。虽然人类科技的高度发展，让工业愈蓬勃、生活愈便利，但是贪欲也随之高涨，忽视地球所含藏的资源有限，包括水、油、矿等，已禁不起人为无穷尽地开凿与破坏。

世间有形必有量，即使是世界之巅也有尺度，大海再深同样可测量，唯心思无形，善恶之念难度量。天下祸端都是起于一念心——一念无明生，万恶因缘随；而使大地山河变色，造成世间灾难。

灾难既由人类造成，欲消弭灾难必先从人类做起。所以在这灾难不断发生的时代，大家应该要有警世的觉悟。

面对一波波的世界大灾难，全球慈济人总是走在最前，共同凝聚善的智慧、爱的力量，出钱、出力救灾，无论距离远近，只要脚踏得到、手伸得到的地方，都走入苦难，尽力付出，这都是时代的见证。

人间最美的事物是无私的大爱。如何表达出这分爱心？要

"以慈导悲，以悲启智，以智显慧，以慧等观"。"慈"，是期待天下万物一切顺调，天下生命皆与我们息息相关，所以必须学习与天地共生息，引导出人人同体大"悲"的心；悲心启"智"，分辨人世间是非，进而产生"慧"，将天地万物回归为一。

"慈悲智慧"四字含藏天下道理，明理才能觉悟，圆满福慧双修的人生，故佛说"众生平等，本迹无二，法性空寂，随缘遍行，圆融一如，真俗不二"，众生皆具有与佛同等的本性，只要能彻悟道理，修得智慧，自然就能随缘如理，圆满人生的道路。

我们所生活的地球已亮起红灯，无论是温室效应、气候异常等，都导致灾难偏多。希望世间祥和，必须先净化人心，让佛法普遍在人间。所以我们要从自己做起，好好地接受佛陀所说的教法、身体力行；若人人都能累积一分爱心、善念，自然就能累积无数的爱与善，造就一片祥和。想想，这不就像一层地球的保护膜？

佛法本在人间，可从人间事物得见；人间有苦，因此佛陀对我们说苦的道理，希望我们能透彻世间法。佛陀说法四十九年，而慈济至今已四十五年。早期，慈济从慈善出发，成立佛教克难慈济功德会，再逐步拓展医疗、教育、人文；秉持"心净念纯"，守持规戒，即是以《无量义经》所云"静寂清澄，志玄虚漠，守之不动,亿百千劫"之精神,作为修行依归,内修诚正信实,入群处众,以感恩、尊重、爱付出而不求回报,此为"静思法脉"的修行法门——"静思勤行道无量义",于修行中殷勤地实践《无量义经》法义。

如何弘扬"慈济宗门"?即外显礼教明道。"礼者,理也;教者,道也",这条路为菩萨道,旨在教育大家明白道理,能外行慈悲喜舍,发心立愿做一个提灯照路的人,以无私的大爱铺路,帮助人人身心清净,不受五浊恶世污染,走上正确的道路,步步踏在妙莲华上;就如佛经中描述佛陀降生时,行走七步,步步踏出莲花,这并非要表现异相,而是藉以譬喻佛陀来人间的使命,是为了要引导芸芸众生开启智慧,走上这条菩提大道。我们行在五浊恶世中,以清净心投入世间事,藉由形形色色的人、事,自度度人,启发智慧,诚如《无量义经》所云:"无量法门,悉现在前,得大智慧,通达诸法",这也是"慈济人间路妙法华"的意义。

我们既然有幸接受佛陀的教法,走入这个菩萨人间团体,就应该学习菩萨"慈眼视众生、闻声救苦"的精神,走入众生受苦难的地方,因苦见谛,见苦知福,进而为人间造福。

明翻译

今日我们能看到《大藏经》结集得如此完整，代代相传流布，需知这是无数人辛苦付出的成果。原始的佛经是由口传记录而成，内容无法非常完备；即使到了译经时代，也需看因缘，或有法师自天竺东来传教，或有大德从中国西去取经，经典才有机会被传播、翻译。如从龟兹国东来的鸠摩罗什法师，以及从中国西去的玄奘法师，因为有无数的祖师大德，经由丝路东来西往于印度、中国之间，佛教经藏才得以传布中国并且翻译成中文。

其实翻译佛典很不容易，有能力译经的人，也许看到哪本经，心生欢喜，就着手翻译，所以译经的前后次序是随机缘而定。现今我们常读诵的《法华经》（编按：《妙法莲华经》），是由南北朝时期鸠摩罗什法师（西元三四四年～四一三年）所翻译的译本，与《无量义经》、《观普贤菩萨行法经》合称为"法华三部"。

在译经顺序上，是不是依次为《无量义经》、《法华经》、《观普贤菩萨行法经》？是否由同一人所译？其实这三部经是由不同人，在不同时间所译出。据传《法华经》被译出后，经数十年，南北朝的宋文帝时代（西元四二四年～四五三年），一位昙摩蜜多译出《观普贤菩萨行法经》一卷。相隔不久，在南齐高帝时代（西元四二七年～四八二年），一位从天竺来的昙摩伽陀耶舍，会通中国南方语言，译出这部《无量义经》一卷。按照此说，译经的时间是《法华经》在前，其次是《观普贤菩萨行法经》，而《无量义经》则是最晚被译出。

这三部经是由后来的祖师大德依其性质归纳；诸如天台智者大师因研究法华部，而引出《无量义经》。大德们研究佛法，归类、整理佛典并非是按照译经的前后顺序，而是依据经典内容所属的系统。

研究者将这三部经归纳之后，视《无量义经》为"开经"，《法华经》为"根本经"，《观普贤菩萨行法经》为"结经"。前两部经鼓励人人重视内修，走入人群；《观普贤菩萨行法经》则是教法——如何修行菩萨教法。

在《无量义经》经文中说："四十余年，未显真实。"指佛陀过去开种种方便法门，还未开演真实法。此话说明《无量义经》是讲在《法华经》之前；尤其《法华经》的《序品》也说"佛入无量义处",即指佛说《无量义经》时,入无量义处的境界。对照《法华经》和《无量义经》的这两段经文,可知《无量义经》是讲在《法华经》之前。

《无量义经》的精粹是"无量生一,一生无量",阐明很多的道理皆是从一法生;一法者,即无量义,无量义即一法。所以我们可以了解,佛为度众生,"于一说无量",是为权智,"权"就是方便的意思。佛陀看到人间事相、人我是非的烦恼等,为因应众生无量的根机,故以"权智"逗教——分别世间形形色色,以种种众生的根机分别设教。直到开演《法华经》,佛陀则要"以无量说一",向众生说:"过去所说的一切,只是要对你们说一个道理,那就是'众生佛性平等'。"

佛陀以"无量说一",告诉我们人人都有佛性,这是"实智"。佛智不可思议,佛经中常以许多小故事为譬喻,让我们明白道理,勉励修行者要放下自私自利的心,这叫做"权智";其实在权智之中,已经隐含着"一"——即实智,也就是一念心。行在人间,时时秉持一念心——口说好话、身行好事、心想好意,这就是我们修行的道路。

佛陀在《无量义经》以前所说的法,为方便说;《无量义经》则将过去所说的"阿含"、"方等"、"般若"等谈空说有的道理,全都归纳为一法,而在《无量义经》之后,就进入演说真实法的《法华经》时期。

释经题

《无量义经》是佛陀很重要的一部讲经，可视为是佛陀在说法四十余年后，收摄过去所说种种方便法，准备趣入真实法之前的一个转折，也是《法华经》的前序。

在《无量义经·说法品》中有一段经文："种种说法，以方便力，四十余年，未显真实。是故众生得道差别，不得疾成无上菩提。"由此可见，佛陀过去说法四十余年间，仍是应众生根机而教化，施以种种方便法门，未显真实，经过谈"有"说"空"各阶段；谈"有"，是希望众生能先了解因缘果报；说"空"，则为众生分析，世间相最终究竟是因缘假合，虚妄不实。无论是知道"有"，还是明白"空"，都只是知道一半的道理，一知半解，因此"众生得道差别，不得疾成无上菩提"。

佛陀等到因缘具足，已建立起人人对佛法的信心，便准备要进入《法华经》，演说真实法，与华严大法会合；此时需要有一个转折，能将过去"谈有说空"的道理，一并纳入真实法。真实法，即菩萨教法——如何透过自修，了解过去的因缘果报，学习自我解脱，并带动人人都能走入菩萨道，进入佛的境界，即永恒静寂清澄的境界，消弭人间苦难。

因此我常说《无量义经》是《法华经》的精髓，是佛陀说法阶段中阐明"开权显实"的重要关键，能让我们了解"权"与"实"如何分别？宗旨是希望大家不再执著"权"的方便法，要趣入真"实"法，并褒扬发大乘心的人。所以我们听这部经，应该要用非常静寂清澄的心思；听后勤加闻思修，修行才能走上正确的方向。

《无量义经》共有三品——《德行品》、《说法品》、《十功德品》。《德行品》的内容为赞扬、阐释佛的德行，如同我们若请人演讲，开场前司仪会先介绍主讲人的背景经历，经典也相同。

经由《德行品》赞扬佛陀的德行，可了解佛陀如何勤修道业，遍植功德田，并经历种种有形、无形的坎坷过程，凭借毅力、意志，直到开启心智，觉悟天地宇宙的真理，成为宇宙大觉者，圆满至高无上的清净德行。

《说法品》云："而入众生诸根性欲；性欲无量故，说法无量。说法无量故义亦无量。'无量义'者，从一法生；其一法者，即'无相'也。"芸芸众生，根机几何？在佛陀时代，无论是何等根机的人，若有烦恼请教佛陀，佛陀都会视其根机深浅，应机施教。因众生有无量的根机，佛陀就用无量的法对治，所以说法无量；因为说法无量，所以义亦无量。

诸如大家在日常生活中，面对不同的人，处理事务会用不同的方法，这是因为每个人的理解能力不同。虽然运用的方法不同，但是共同的目标都是把事情做好，因此我常说"人圆，事圆，理就圆"。其实"说法无量，义亦无量，无量义者，从一法生"，只是为了圆满那一念真理，道理不出"真空妙有，妙有真空"，这是佛陀的智慧，能用非常微妙的道理，以"空"说"有"，循循善诱，引导大家了解佛法，启发智慧，进而改变自己的习气，归为一性——与佛平等的觉性。

众生因受欲念薰习，所以本性被习气所覆盖，需要用种种方法引导，才能回归于"一法"，即本性清净的法、清净的智慧；只要能以智慧分析芸芸无量的众生、种种人间的事物，分析之后，再回归一法，就能明白世间万相其实都是无相。法到底有多少？因为人生有各形各性不同的事物道理，所以怎么说也说不完；然而人、物、事相再复杂，也不离一个"理"，都是从一法生。

无相，即清净、无染著。人生无明，来自于著相，凡夫就是因为著相——执著万事万物的相，才会生起无量数的烦恼；内心若能无相，就能展现清净的本性。

人间本来就是如此单纯——无相，人却偏偏要执相，所以佛说《无量义经》、《法华经》，就是为了破除人已经形成的习性，教导习气、性欲深重的芸芸众生，回归于大菩提道。

看看全球有多少慈济人投入急难救助、长期关怀的慈善工作，对待老幼者都是同样用心、有礼，时时付出感恩、尊重、爱，这就是没有"人我相"，放下自我，只存一念心——无所求的付出。慈悲喜舍是佛陀教育我们的一条道路，若能不著相，就能见真实法，也就是一法——回归如佛的清净本性。

读经，重要的是读其精神。"经者，道也；道者，路也"，

"经"与"法"就是我们修行方法的指南,能指引我们将佛法落实于生活中。

数年前,慈济文化出版社已出版过我所讲述的《无量义经》,虽然现代生活一日千变,然而"经者,历千古而不变",佛陀所说的道理,能适应各个时代的众生需求。每每再看《无量义经》、《法华经》,就觉得这些经典确实是适合于现在人间的方法,因此我一直都想将法华的精神及其系统的精髓,再次与大众分享,却没有很多时间能再从头细说。

因此这次选择《无量义经偈颂》偈文的诠释,希望能直入无量义精要,藉由解释《无量义经》中精粹的道理,让大家清楚静思法脉、慈济宗门的精神依归。《无量义经偈颂》是由王端正居士精选《无量义经》的重点编撰而成,淬炼经义,同时谱成曲,配合音乐,可以用手语演绎或是以歌曲演唱的方式,帮助我们时时闻思修持,简单地就能"易得佛心,行在法中"。

凡夫无明愚痴如何而来?因心灯受习气蒙蔽熄灭所致。所以我们要点这盏心灯,只要小小一盏灯的光亮,就能让我们在人间道走得很自在。"一灯能灭千年暗,一智能除万世愚",倘若人人都能点亮智慧之灯,即使是已昏暗了千年、万年的暗室,也会光明起来。期待从现在开始,你我能以虔诚的心,进入《无量义经偈颂》,贴近佛心,行在法中。

德行品第一

一灯能灭千年暗，一智能除万世愚，赞佛德行难思议，是为众生大导师。①

"一灯能灭千年暗，一智能除万世愚"，是指暗室里原本有一盏灯，历经千年一直没有点亮，倘若有人点燃这一盏灯，光明就会破除黑暗，遍照满室。

世间如暗室，佛法如明灯，无论佛法被埋没多久，只要有人能发愿走入人群宣扬佛法，帮助众生打破世间迷思，众生就会发现自己本具的清净本性，只要能反观自性，即使心已沉迷于六道许久，一旦觉悟，自性都能现前。佛陀教育我们，人人本具佛性，只因被无明遮盖，才会让智慧的光明消失，人与人之间若能借灯点灯，灯灯相续，每个人内心自然能绽放光明。

例如在关渡慈济人文志业中心的电梯内壁有三面镜子，搭电梯时能看到镜子互相映照的境界；若有一人站在中间合掌，镜中会出现无数个此人合掌的映像——无论如何动作，镜子里的映像也会有同样的动作。电梯里有一盏灯，透过镜子相互映

---

① 全书凡此字体标题，皆为证严上人讲述偈颂时亲书之手札，内容涵摄其他佛典之法义文句，以及上人独特之体悟心得，用以作为讲经阐述义理之辅助，俾使听闻者易于领会经文要旨，利于落实平常日用间。

照,同样灯灯相照、反射再反射、复制再复制,产生难以计数的光亮,非常清明。这种科学原理,也如同佛法的观念。佛陀说法距今虽然已二千五百余年,但却能在人们心中相传,以佛陀的心光映照我们的心光,我们的心光再映照他人的心光,如此相续,佛法便能不断地传承。

《华严经》云:"若人欲了知,三世一切佛,应观法界性,一切唯心造。"无论是过去、现在、未来,一切诸佛皆在人间成。佛陀在人间修行示现许多方法,每一种方法都是为了度众生,万法起于一心,众生心有多少无明烦恼,佛陀就示现多少修行教法。

"万法从一起,一能生万法"是《无量义经》的精髓,一法即心法,其实无明本无,只因六根缘合外在的六尘,才会生起"贪、瞋、痴、慢、疑"诸多无明;若能常省思自心,启发清净本性,就不需畏惧无明覆盖内心。佛法并不困难,千经万论都只是在教导我们一个道理——人与人之间只要以单纯心相对,透彻与破除过去的无明烦恼,就能重现一念清净心。

为何要勤行道、勤精进?因为人生短暂,六根终究会日渐败坏,若不把握时间成就道业,空过一日就损失一日的使用权；随着生命流失，慧命却没有增长，当业力浮现时，便会感受到不如意、苦难与无奈，而不由自己。

人身难得，佛法难闻，我们过去不知在六道中轮转了多久？此生得闻佛法，应把握时间，好好地将法入心，启发心中的佛性，让心灯一分一分地增明。一分佛法入心，心灯就增加一分明亮，慧命也增长一分。就如看到有些孩子聪慧伶俐，能闻一知十，有人会说："读前世书。"这就是表示过去曾受过薰习的缘故。

修行，就是要好好地保护这念心，常保"心中有佛，行中有法"，修得正法随身，不只此生于人群中用法，还能将法带到来生来世，让清净的佛心和正法永远随身。

诸佛菩萨自无量劫以来，就不断地现相人间，示范修行的方法，以典范施教；所教导的修行方法，为顺应时代与生活空间的变迁，虽然有所不同，但是其精神一致，只为教育我们——人人皆能成佛。

佛陀在印度出生、修行并示教，说法四十余年，从方便法说"空"谈"有"，直到因缘成熟，"法席缘具"，即小根小器的人开始慕求大法，十方诸菩萨也会聚共闻时，才开演《法华经》。佛陀开演《法华经》前，特别示现无量庄严形象，发光入无量义三昧处，于光中说法；佛陀之所以现此相，就是为了引导大家明白，所说之法为"大法"，这是很殊胜的因缘。

佛陀先宣讲《无量义经》作为《法华经》的开经，虽然文字简单，但是精神深远，是静思法脉的法髓，能帮助我们的慧命种子成长。整部《无量义经》共三品，"静思勤行道，慈济人间路"的法门，则是取自《无量义经》的精髓。

佛法不离世间法，过去佛说《无量义经》的时空，已与现今不同；人间一日千变，日新月异，世代更迭，这叫做凡夫法；唯有真实法永恒不变，能以不变应万变，因此修行需用真实法。

修行的过程，乃是不断地积功累德，常说："内能自谦即是功，外能礼让即是德"，静思法脉为内修诚正信实——时时心中有佛，就不容易产生过患，能常保清净本性，也就是佛性。慈济宗门，则外行慈悲喜舍——走入人群，行菩萨道，是谓行中有法。

"静思勤行道",意指在静思道场修行,"勤行道"是目标,除了于内心的道场勤行诚正信实,外行于人群中也要时时发挥慈悲喜舍的精神,才能成就"慈济人间路"。因为人生无常,佛法难闻,既已得到,就要珍惜把握、身体力行,从佛法观世间法。

法身大士,慈悲菩萨,其心禅寂,常在三昧。

佛陀讲经,在经首常描述法席上有随佛修行的出家众一千二百人,但是在法华会上,佛陀开演《无量义经》前,法席却达一万二千位大比丘众,还有国王、国臣、国民、国中大长者等无量数,以及来自十方已修得"戒、定、慧、解脱、解脱知见之所成就"的大菩萨八万人;无论是大比丘或大菩萨,他们皆已达"其心禅寂,常在三昧"的境界,都是"法身大士",可见这是多么盛大殊胜的道场。

《无量义经偈颂·德行品》首句偈文为"法身大士,慈悲菩萨,其心禅寂,常在三昧",一见文字,脑中就会浮现出美妙的韵律,无论唱或诵都能琅琅上口,牢记于心。这些文字易记能入心，方便随时运用于日常生活中，可谓"方便法"；然而深究其中道理，就能知道内涵实为"真实法"。

"法身"是人人与生俱来与佛平等的智慧，"大士"则是菩萨，指已经去除无明，显现自我本性的清净慧光；"法身大士"是身心清净无染、智慧光明的菩萨。"慈悲菩萨"，菩萨拥有慈悲的胸怀，因此誓愿走入人群度众生，行人间路。在二千五百多年前的法华会上，佛陀法座周围的菩萨们，皆因不舍众生苦，所以发心立愿到人间实行法华道——《法华经》的道路。

犹记二〇〇八年五月，四川汶川大地震造成惊世的灾难，受灾者超过四千万人，有许多人受到惊吓和伤害，甚至家园破碎，与亲人永隔，无论是在内心或生活上所受到的悲痛苦难，都需要有源源不绝的爱，来帮助他们抚平。

灾后，慈济人不畏路途遥远，一梯次一梯次走入灾区，伸手肤慰、照顾灾民，不断地交接陪伴。回顾当时，多少人因失去至亲悲痛难抑，而选择与人群隔绝，不言不语，在帐棚里用苦难困住自己的心；直到慈济人走入帐棚，一一肤慰、拥抱、牵引他们慢慢走出帐棚，加入志工行列，才让无数泪流不止的面容，逐渐展露欢颜。

有位母亲因丧子而心碎，在有缘加入志工后，不仅修补了自心，甚至将爱发光、将智慧发亮，进一步牵引儿子同学的父母们，认识这群远从台湾而来的慈济人，还有来自大陆各省的台商志工；大家都被志工们放下事业，轮流赶赴四川照顾灾民的善行所感动。此外，慈济志工也接引一些年轻人与青少年加入志工团，教导这些孩子发挥将心比心的精神，看到因失去孩子而悲恸的父母，能主动肤慰："虽然您的孩子已离去，不过您还有很多孩子，我们都是您的孩子。"

灾后有两位年轻人一同向一对父母表示，愿意当他们的儿女，当场下跪行礼，口喊爸爸、妈妈，四个人相互拥抱犹如至亲。这对父母原本失去了就读中学的儿子，而今不但有一位读大学的儿子，还多了一位女儿；巧合的是，从这两位年轻人的姓名中，各取一字合起来，正是他们已往生儿子的姓名，真是一段不可思议的因缘。

还有一位九十多岁的阿公，住在破旧的塑胶棚内，每逢下雨棚里就漏水，环境潮湿、破烂又拥挤，这位阿公竟如此生活了两个多月。慈济人看了很不舍，立即帮阿公整理环境。当地同为受灾的邻人，看到慈济人如此关怀、疼惜阿公的善行，大家也动起来，共同加入关怀行列，如同一群孝顺的儿孙，细心地牵扶、照护,让阿公先坐在安稳的地方,然后再动手一起为阿公整理环境。

慈济人以诚正信实的心,发挥无私大爱,愿意放下个己的事业,走进苦难之地,引导悲痛者走出哀伤的心境,并鼓励他们再去引导别人,连少年、稚子也能体现那分真诚的感情,此即慈悲的示范、菩萨的精神。

常见佛经记载,在地狱受苦的人,只要其中有一人能受到佛陀教法的帮助,其他受苦的人也能同时得到解脱。听起来虽然不可思议,但是其实在人间便能体现相同的道理。在灾区,慈济人举手投足、开口动舌,在在体现"法身大士"的精神;不断地启发人人本具的无私大爱,带动人与人之间的长情,连绵不断地在彼此心中铺起爱的平台。这分清净心,是法的精髓,用在人间,无处不在,这就是"法身大士,慈悲菩萨"遍布人间的实相。

"其心禅寂,常在三昧",菩萨因为具有清净的身心,心在正知正见正念中,行于三昧正行正定中,解脱知见之所成就,所以即使在纷扰的人群事物中,心也能定静。

禅,即是定。菩萨道上有四心六度——慈心、悲心、喜心、舍心,加上布施、持戒、忍辱、精进、禅定、智慧。六度法门,不离慈悲喜舍四心;愿意发心,才能力行六度,达到禅定,发挥智慧,在日常行动中展现清净的身心。"常在三昧"并非专指打坐入定,禅宗也强调担柴挑水、行住坐卧无不是禅,因为心中有佛,行中自然有法。

《法华经》记载,佛陀曾在出定后,对舍利弗说:"诸佛智慧甚深无量,其智慧门难解难入。"佛陀的智慧已不可思议,但当他了解诸佛的智慧后,也赞叹诸佛,可见佛佛道同。常说人人与生俱有与佛同等的智慧,但凡夫想要体会佛的智慧,却需要很长的时间;因为凡夫自无始以来,一念无明起,不断地累积烦恼迄今,埋没了智慧。学佛,就是要学如何回归本具的清净智慧。

大比丘、大菩萨们于法华会上汇聚一堂,就是为了听佛说法,理解佛陀的智慧,明白宇宙天地、人与物之间的道理。无论凡夫、圣人或是佛身边的修行者,佛陀同样教示大众——诸佛的智慧无量,其智慧门难解难入,必须很用功才能真正体会诸佛的心与智慧。

> 恬安淡泊，无为无欲，
> 颠倒乱想，不复得入。

"恬安淡泊，无为无欲"，烦恼皆起于颠倒乱想，我们的心面对色、声、香、味、触等外在境界的时时诱引，常会生贪瞋痴恶法；心若能常在禅寂三昧中，不起心动念，有这分定力，自然面对外境时就能"颠倒乱想，不复得入"，如同静水不动摇般恬安、宁静；倘若定力不足，没有入三昧的正念，即使只是一粒沙丢到水里，也会扰动水面。

有一次我看到一片清澈的水池，池面虽静，却可以感觉水在流动，似动非动，水中的石头粒粒明晰可见。不禁感觉：那池水就像我们的心，任凭时日流逝、世间人事物不断地变动，内心若还能如同水面般透彻如镜，就是禅定的功夫。

人世间谁没有烦恼？有时我们在听经感到很欢喜，过后也许又遇到一些无缘的事、结了恶缘的人来扰乱我们的心，听到不愉快的事，内心还是会烦恼、生气；因为我们还在凡夫学佛的修行过程中，所以凡事要以"普天之下没有我不爱的人，没有我不信任的人,没有我不原谅的人"之精神步步向前,才能练就"恬安淡泊",无论面对何事都能善解,不惹起贪、瞋、痴。

我们才开始修行,而无量智慧难解难入,要走入智慧门并不容易,世间事物时过境迁,何必计较?能不计较,自然"恬安淡泊,无为无欲",远离颠倒乱想。自无始以来,无明烦恼长久累积我们的习气,如今有缘亲近佛法,我们真能走入智慧门吗?好像很困难,因此佛陀才用种种方法循循善诱。

佛世时代,有对夫妻育有一个独生女,在她出生时,忽然刮起一阵风,飞来一件质料柔软、又白又美的小毯子,包在这女婴身上刚好,因而取名"白净"。白净从小就将毯子披在身上不离身,不可思议的是,随着岁月流逝,这件毯子也随着她的成长而变大,刚好符合她的身材。

白净从小聪明有智慧,既单纯又乖巧,长大后生得很美,肌肤白里透红,许多皇亲国戚都纷纷前来提亲,但她心性恬安淡泊,丝毫不动心。父母视白净如掌上明珠,早就为她备妥丰盛的嫁妆。有一天,她却向父母说:"我想要出家。"

她的父母本来就是虔诚的佛教徒,常常亲近佛陀,听到女儿要出家,觉得是好事,就欢喜随顺女儿的愿,对她说:"我们为你准备僧服。"

白净说:"不用,这件毯子我从小披到大,就作为我的僧服。"

父母认为只要女儿欢喜就好,便与白净一同到佛的面前,向佛请求:"我的女儿想要出家。"

佛陀欢喜地说:"善来比丘尼,你自落发。"

落发后又对她说:"你到大爱道的比丘尼团好好地修行。"白净就归入佛陀姨母所领导的比丘尼团体。由于白净本质清净又用功,进入比丘尼团后,很快就入道,证得阿罗汉果。

有次阿难尊者问佛陀:"白净比丘尼过去生有何因缘,让她这辈子能如此顺利出家、证得阿罗汉果?"

佛陀告诉阿难,过去在迦叶佛时代,有对非常贫穷的夫妻,连衣服都没得穿,夫妻共用一件破毯子乞食维生,谁出门乞讨就围上毯子,另一个人则在家用草遮住身体,如此轮流替换。有一天,这位贫妇将破毯子披在身上,出门准备乞讨时,遇到一位比丘托钵,她告诉比丘:"我什么都没有,只有这件毯子。"

比丘就为她讲说贫穷的因缘,并且鼓励她去听佛说法。于是她与先生商量:"我们此生如此无福,就是因为过去生没有布施,我想将这件毯子布施给佛,你同意吗?"

先生说:"我们就靠着这件毯子,才能让二人轮流出门乞讨,倘若布施出去,该如何生存?"

太太说:"我们每天只靠乞讨度日,总有一天也会死,不如把握因缘,请这位比丘将毯子拿去供佛。"

先生欣然同意:"对,就是因为穷得很辛苦,所以更要把握机会造福。"

比丘接到这件毯子后,拿到迦叶佛前供养,佛微笑接受了这件又脏又臭的毯子,神情比接到珍贵的供物还要欢喜,在场的国王、大臣们见状不解,问佛:"这不过是一件又臭又脏的毯子,世尊为什么如此欢喜?"

迦叶佛说："这件毯子是这对夫妻全部的财产，他们不惜一无所有，也要虔诚供养，这分心无染著，乃是最上供。"

佛陀告诉阿难，那时以毯子供养迦叶佛的贫妇，就是现在的白净比丘尼，她用清净的心，下定决心修行，从此生生世世内心禅寂，未曾动摇，恬安淡泊、无为无欲地修行。这一世得遇释迦牟尼佛，接受佛法，因缘具足，便很快地入道，得证阿罗汉果。①

法者略而言之，众生法，佛法，物理、生理、心理法也。

我们每天时时刻刻都接触到法，无论是生活的法则还是大自然的法则，天地间万物万事无不在法中，这是众生法。法本是理，而佛法即是佛的道理。无论佛的道理还是众生的道理，都不离物理、生理、心理法。

佛陀教导我们，物理的四相是"成住坏空"，生理的四相是"生老病死"，心理的四相是"生住异灭"；这三理四相都不离

---

① 出自《撰集百缘经·白净比丘尼衣裹身生缘》。

法，佛陀的教法也都在其中。凡夫往往希望道理现前，其实生活中处处不离道理，只是我们的心未能体会。

佛陀云："心、佛、众生，三无差别。"虽知心、佛无差别，然而要从凡夫到成佛，却是距离遥远；因为凡夫虽知道法，却未跟随法，常明知故犯、造作恶业，以致沦落六道，饱受许多磨难，这全是因果法，因果不离心理法。

"法"即是方法，是各种能让心体会道理的方法。佛法说"一切唯心"，成佛之路漫长，无论是过去、现在、未来，唯有用对"法"，让正法入心，理才能贴近心，才不会产生错误的心理，因为"差之毫厘，失之千里"，所以讲究一念心。

静	寂	清	澄	，	志	玄	虚	漠	，
守	之	不	动	，	亿	百	千	劫	。
无	量	法	门	，	悉	现	在	前	，
得	大	智	慧	，	通	达	诸	法	。

我们若能法入心，知道人人的心与佛本相同，能够无为无

欲，真正达到恬静、安心，没有烦恼或污染在心中，自然走入"静寂清澄"的境界。

"静寂清澄"是何种境界？譬如清晨时刻，鸟声格外清楚，为何能听得那么清楚？因为心静；倘若加上静坐，还能听到微小的虫鸣声；更定静，甚至能听到土地呼吸的声音。

平时人与人之间繁忙时，鸟声也在，只是我们在动态中，没有注意；心"静"下来时，才能清楚地感受到周围的境界，即使是虫鸣鸟叫，无不都是说法。

当外境的声音与我们的呼吸声，搭配出调和的韵律，再深入那呼吸，就好像自己已与大地宇宙合而为一，这叫做"清澄"，心很清澈明净，那种境界真美。

大地宇宙无不在动中，我们的身体也不断在呼吸中；生理、心理都在"生、住、异、灭"中。心境若"静"，能真正透彻天地万物中的物理、生理、心理，便能与天地万物合为一体，体会"志玄虚漠"的境界。

"志玄虚漠"就是形容我们的志，能如天地宇宙般深远辽阔，即使天地间充满山水万物，也能将万物全归于一法中。若能通达这一法——万物归于一的道理，则我们的心就不会有这么多高低深浅的分别，任凭沧海桑田、世间万物不断地变动，心志也能守于"一"，这就是"心包太虚"的境界。

心既然能包太虚，为何人与人之间无法包容？与不认识的人都能相安无事，为何与周遭相识的人却有那么多是非，彼此无法善解？若只是一事一物拂逆己意，就无法接纳，这是不是凡夫？

"心包太虚"是圣人贤者、佛菩萨的境界，在"静寂清澄"之中，佛菩萨的心能如此广阔，也是始自一志。

慈济人都知道"佛心师志"，但是这只是起点，意思是我们有志一同，一心一志走入康庄的菩萨道。学佛是为了成佛，佛陀除了自觉觉他，觉行圆满、具足智慧之外，同时也自利利他，利行圆满。

走入菩萨道必须开阔心胸，投入人群，甘愿为利他而付出，才能有所成就。既然要行菩萨道，就不能只是执于独善其身，也不要拨无因果，一切空法，必须将慈悲、智慧合一，立志利益众生。

倘若能以智慧观照,透彻天地万物之理实为"一"——一能生百千万法,百千万法回归即是一的道理,就能了解道理都在"一心"这个法,也就是"志"。所以我们要"志玄虚漠",甚至"守之不动",要好好地在"亿百千劫"中守住恒持。

我们之所以称为"凡夫",是因为发心容易,却难恒持；知道道理很好,也已经发心付出,却没有耐心,利己心重、利人心微,所以在利害得失中容易起烦恼,总是反复斟酌于己有何好处或功德,产生颠倒乱想。

既然发心入人群也身体力行,这念"志"就不要受动摇,而要一心守在已经发心立愿的志中,不让"颠倒乱想"再进入内心。如此必须对自己有信心,下功夫内修诚正信实,好好地把握这念信心"守之不动",即使须历经"亿百千劫"这么长久的时间,但是只要有守志不动的耐心,真正做到心中有佛、行中有法,在人群中自然"无量法门,悉现在前"。

古云："三人行必有我师焉。"每个人都是一部经,每个人的形色也都是教育,有些人威仪形态很好,待人接物有礼,可作为我们学习的榜样；有些人邋遢、不修边幅，可供我们引以为戒，自我警惕。

我们要学习如何守住那分爱与耐心。譬如台南善化镇有位陈师姊，当初只听到我说了一句："人人对大地要有责任。"便立志做环保，十余年来守志不动，从自己做起，风雨无阻投入环保，进而影响社区，更带出许多同志愿的环保志工。

另外，有位阿嬷级的志工王师姊，她发生车祸，伤得很严重，被送到医院救治，昏迷十余日，清醒后罹患失忆症，连吃饭都会忘记吃了多少，需要家人照护。由于她长年做环保，做得很入心，因此在病中，脑子里唯一记得的只有环保。

有位慈诚队员见王师姊出院之后，行动不便，从此每天自愿载她去做环保，刮风下雨也不缺席，两人都做得很欢喜。王师姊现在已经慢慢地复原，不仅恢复记忆，说话也说得有条不紊，常常侃侃而谈环保理念，并以身体力行落实。

物有物的道理，人有人的道理。看看王师姊，在一场车祸中，昏迷时意识全无，醒来后记忆全失，得花一段很长的时间，才能复原。然而，却唯独有一个记忆从未消失——一到环保站就知道该如何分类。

无论是陈师姊或王师姊,她们都有"守之不动"的志,内心静寂清澄,没有其他杂念,一心只想疼惜大地万物。环保入王师姊的心,只是一法,再加上这群志工疼爱、守护环保场,进而关怀环保志工的心,愿意风雨无阻每日耐心地接送她,一法生诸法,故"无量法门,悉现在前,得大智慧,通达诸法";环保这"一法",道理很深,垃圾堆中自有道理,回收的东西无量无数,如何分类、还原、再利用,无不都是法。

佛陀来人间一大事因缘,是为使众生"开、示、悟、入"佛的知见,凡夫有我见、人见、众生见、寿者见等不同的见解,其实都能提升到"佛的知见",回归清净本性。

凡夫如何能见解佛的知见?大部分人无法见解,因为佛陀的教法很微妙,故《法华经》云:"是法甚微妙,难见难可了","一切众生类,无能知佛者"[1]。

---

[1] 《妙法莲华经·方便品第二》偈言:世雄不可量,诸天及世人;一切众生类,无能知佛者;佛力无所畏,解脱诸三昧;及佛诸余法,无能测量者;本从无数佛,具足行诸道;甚深微妙法,难见难可了。

回归本性本应是平常、容易的事，怎么会如此困难？一切只因众生知见受到污染，因此若要深入佛的知见，必须经过很长时间的努力，才能去除烦恼习气，感受佛陀所走过的心灵风光。要走上这条康庄大道一定要有耐心，既然想学道，就一定要用法，有法才"有法度"①——依法得度。

> 晓了分别，性相真实，
> 有无长短，明现显白。
> 无碍辩才，常转法轮，
> 微渧先堕，以淹欲尘。

心灵若能保持清净，达到静寂清澄的境界，自然听话、看人，无不都是法。无量法门本在日常生活周遭，人与人之间，开口动舌、举手投足无不是法。若有清净心，即使是以人我相看人，也能见法，自然"无量法门，悉现在前，得大智慧，通达诸法"。

---

① "法度"为闽南语，意思是方法、办法。证严上人借用勉众："诵经的目的是要知法，知法之后需用法，法用得妥当，就可以度人，这就是'有法度'——有法度人。"

倘若能"得大智慧,通达诸法",自然能明白:原来佛法是如此浅显,就存在日常生活中,我们也能以"智"分别一切,而不只是运用凡夫的"知识"——知道、认识;譬如花、草的名相,这是我们从小到大,经过时间、空间,透过学习所知道的"知识"。

佛陀教育我们,除了知识之外,还要运用智识。"智"这个字,是在"知"字下加上"日"字,意思就是光明辽阔、能分别天下万物的道理;就如各种花、草、叶、菜等植物都有其科学,其中的性相各自不同,性质作用也不同。

这项道理也体现在我们每天所吃三餐的菜色、口味与营养之学问上。诸如冬季盛产萝卜、白菜等性冷的蔬菜,是天地物理为了要调和人的生理所生,因为天气寒冷时,人体内的热气会较高;只要用心观察季节饮食,就可体会天地间物理与人体生理配合的道理。

"晓了分别",内心倘若很宁静,自然可以晓了天地万物的道理,清楚地分别自然法则的境界。"性相真实",指天地万物各有其性与相,性相本来真实。有时单就文字,难以解释其中的道理,佛陀简单的一句话,我们必须使用很多文字名相分别解释,可知佛的知见,难知难可了。

如同世间法也是有深奥难解的知识，像经过学者专家的研究实验，所发现的各种能对人体产生不同作用的物质，有些能预防癌症或治疗疾病；还有些专家深入分析人体的血液、骨髓等，发现了诸如干细胞等，能疗治不同病症的物质。生理学、物理学中所展现的生命奥秘，真的很奥妙。

　　佛陀早已教示我们，若能"得大智慧，通达诸法"，自然就能"晓了分别，性相真实"。凡夫未学道前，看山是山，看水是水；学道时，开始分析了解，自觉见山非山、见水非水，却不知自己只是在粗相上作口头之辩，终究山是山、水是水，还是无法透彻了解。而宇宙大觉者已通达无量法门，因此能透彻世间一切道理。

　　"有无长短，明现显白"，此义唯有宇宙大觉者能知了。光说身体是有还是无？生命是短还是长？我们已无法预料，有的短得不易觉察，有的长得看不见尽头；万物各有其自然法则与因缘果报，粗相还能不断地细分出万千，凡夫却偏要执著长短，自起烦恼。

　　其实一切物理皆是由"地、水、火、风"四大所假合，即使是我们所在的空间，也是四大假合。空气中有湿气，是"水大"; "风大"是空气的流动,空气若不流动,我们会觉得窒闷难耐; 空气中有温度,是"火大"; "地大",则是我们行、住、坐、卧之处。

日常生活不离四大,诸如一把锅铲、一口锅子,同样具足四大——金属本身属于"地",原始的金属矿物若未经"水、火"的烤炼,便无法制成金属用品,火则需要藉由"风"生起。再如一张桌子也是四大假合,其原料来自生于山上的林木,先要有种子播入土中,经过阳光、水分、空气的滋养,渐渐地长成大树,才能锯下制成种种家具,这不都是四大假合?

四大若分离,一切到底还有没有?"有无长短,明现显白",倘若有智慧,就能了解这些事理:生命是长是短,是健康还是多病痛,皆依过去生带来的业所定,凡事都有过去的因,才造就如今的果,即"因缘果报"; "因缘果报"为四法,"地水火风"也是四法的会合。

诸佛菩萨来人间,无不是以其智慧教导众生世间万物的道理,偏偏众生愚痴执著,内心被无明覆盖,所以无法深思体会"有无长短"的道理,只会受长短的局限而争执不休。

倘若内心清净,能清明地照映外境,自然透彻了解无事不是法,而可以"明现显白",对道理清楚明白,进而"无碍辩才"。我们有时会听到似是而非的道理,是因为现代人知识虽丰富,分辨的智慧却不足,思考逻辑不周全,才会在事理的粗相上执著,而衍生出许多可议之处。

如何能得"无碍辩才"?要以很静寂、清澄的心境,清楚地映照万事万物的形象,然后再进一步深思了解。如同站在十字路口,常可见到一面圆形凸面镜,它可以广角度反射,让人看清前后左右来车,若是平面镜,可映照的范围就很有限;此镜可譬喻为佛法的"大圆镜智"——智慧就如一面圆镜,能清楚映照世间所有境界。

我们常说"立体琉璃同心圆",意思是要有大又圆的智慧境界,也就是人人本有的"大圆镜智"。学佛,就是要学得心净如琉璃般透彻、圆明如镜之清亮,能照见前后,知道过去生、现在生、未来生,无论在任何时间、空间中的物理、生理、心理等万理若都能透彻,如此就能"无碍辩才",道理都说得通。

若透彻道理,能"无碍辩才",就要"常转法轮"——帮助众生将内心的无明涤除,使心境转为清净明朗,回归与佛同等的清净本性。要转法轮,需先转心轮;心轮若不转,仍陷于无明与迷茫中,宁静的境界便浮现不出来,即使说很多法,写很多文章,也只是作论而已。所以闻法除了要透彻理解之外,同时也要好好地学习去除习气,否则如何教说予他人听?

凡夫要到达佛的知见,必须先学习将无明的凡夫心转为诸佛菩萨的心,因此需时时听法入心,用法一点一滴安定内心浮躁的气,保持内心清净,才能不受烦恼和外境的干扰,远离颠倒乱想,这就是"微渧先堕,以淹欲尘",也就是"转心轮"的过程。

我们的心地如镜,必须用法水洗涤,才能常常保持洁净、清楚明白;心地也如一亩田,若无法水滋润,纵使播下良好的种子也无法生长。"微渧先堕",意指再微小的露水,也不能轻视,如清晨草尖上的露珠,是由凝聚空中的湿气而来,虽然微小,还是能慢慢地滋润大地,让草木有生机。法无论听闻多少,只要能吸收一字一句、一个道理,用在日常生活中、人与人之间,点滴入心,长期润泽心地,自然能"以淹欲尘"。

世间有五欲[①],凡夫都受五欲系缚。人生之苦,苦于从心

---

① 色欲、声欲、香欲、味欲、触欲。

地生起的无明欲念、烦恼；断除世间一切欲念，才能永不再陷于苦难。修行，就是要修习如何断除无明烦恼，以法水滋润心地，所以每天无论听闻多少法，只要能取用一句、一法，都有助于慧命增长。

> 扇解脱风，除世热恼，
> 致法清凉，用洒无明。

一般人内心若起烦恼，或者面对无常现前时，会产生惶恐、生气、懊恼、忧愁的心境，总希望有人能在旁安慰，给予有力的肩膀作为依靠。无论当风灾、水灾、火灾，或是意外发生时，慈济人能及时出现，轻轻地"肤一肤"受灾者，在身边安慰，这就叫做"肤慰"[①]，能带给他们安定的力量。

犹记台湾南部曾发生一起空军训练机坠机的意外，空军教练和一群年轻的受训者，有人重伤，有人当场往生，慈济人一接获讯息，就立即赶赴医院探视伤者。而这些年轻人的家分别

---

① "肤慰"一词为证严上人的独创语，并作解释："肤慰"的意思就是疼惜，疼得很入心，就像看到孩子跌倒了，我们会赶紧去扶他起来，帮他"肤一肤"（闽南语，原意为呵护貌）那样的疼惜。勉众做关怀工作时，应抱持如此同理心。

在中、北部，各地慈济人赶紧联络，前往各家给予家属肤慰陪伴，有些父母无法接受失去儿子的事实，有些失去丈夫的妻子悲伤不已，他们都需要有人在身边给予安慰、拥抱。

其实慈济人和这些家属并不认识，只不过因一分不忍众生受苦难的心，而主动前往关怀。至亲至爱的人，不论重伤或往生，家属都会悲恸不已，能及时给予肤慰，消减他们心中的忧恼，就如闷热时为他们扇风般，即是"扇解脱风"。

又如汶川大地震后，慈济人持续地在灾区陪伴灾民，是因为慈济人知道要化解真正的悲痛或是烦恼，不能只有一时的关怀，而是要长期的身心陪伴。灾难刚发生时，及时给予救济关怀，能帮助他们纾解生活困境；但接着就要安定人心，有些人顿失容身的家屋，或是失去赖以维生的田园，面对家园破碎、亲人永别的打击，都不是一时就能抚平的心灵悲痛，必须用爱与智慧不断地陪伴、辅导，才能帮助他们慢慢地解脱，进而复建家园、重新生活。

"除世热恼"，法如露水或微风，必须点滴丝缕不断地入心，才能增长智慧，去除懊恼闷热的无明。想帮助他人解脱苦难，除了要以智慧辅导、用爱陪伴之外，还要耐心地引法入心，不只是一时扇风解热，还要长久地让法的清凉入对方的心，此为"致法清凉，用洒无明"。

有些慈济人也曾有心生懊恼、染污的经验，后来因能闻法入心，在改除坏脾气与不好的习气后，对人时时都面带笑容、轻声细语，这就是法的清凉风已入心，因心地清凉，所以产生"法喜"，仿佛达到"静寂清澄"的境界，就如夜晚没有热恼的日晒，而有清凉的微风与露水，哪怕心里有染污，也能"用洒无明"，用法水涤净、去除无明烦恼，让自己看清道理。

倘若法已入心，对世间任何事，都能晓了明白其真实，就能体悟大自然的法则，明白因缘法——"万般带不去，唯有业随身"，解因果观——彻悟人生本无常。当意外事件发生时，一般人总会不断地计较，如俗云："顺风推倒墙。"想不开且贪欲大，就容易掀起波折与纠纷；倘若了解因缘法、知因果观，彻悟无常的行蕴，自然凡事看得开，不致影响道心。

有一则令人既感动又疼惜的家庭故事。有位冯居士出身世代农家，本身从事营建事业，不仅事业做得很好，而且很孝顺，平时空闲还帮父亲务农，一家和乐融融。冯居士自投入慈济后非常精进，连父母亲也受影响，退休之后一起加入环保志工，尤其冯老先生投入环保尤为积极。记得有一年，我行脚到新店慈济医院，顺道前去附近的环保站，看到环保站不但做得很好，菜园也整理得很美，冯老先生与我相谈甚欢，说他做环保做得很欢喜，每天一早就来，做到晚上才回家，一家人都投入环保站。

有一天，冯老先生突然感到胸口闷痛，立即就医，经医师诊断之后，表示需进一步做心电图检查；当他从医院二楼走到三楼，准备前去检查时，昏倒在楼梯间的平台上，近十分钟才被人发现送急诊，急救后住进加护病房，经过数日都没有醒来。一日，他突然清醒，说了一句："要做环保！多派两辆车才载得下，要叠得扎实一点。"话说完，又陷入昏迷。

后来冯老先生转到护理之家休养，冯居士仍每天做环保，家人毫无埋怨。冯居士与母亲常去护理之家探视父亲，牵着父亲的手说："师父还需要你，赶快醒来再做环保。"如此善解。

冯居士说："师父说'该发生的还是会发生'；我父亲算来很有福，做到倒下去，一生的生命都没有浪费，我一定要学父亲。"

这个家庭虽然遭逢意外，但是一家人没有动摇道心，除了认真做事、工作之外，同样投入环保，精进修行；因为他们已将慈济的法入心,能"扇解脱风"、"致法清凉",所以才能消除世间的热恼与无明。人生无常,大自然的法则时刻皆会发生,心念若能时时照顾好,无论发生任何事,烦恼就不复得入,不会扰乱我们的心。

法若入心,心境就会"如曦和之临万象",如清晨日出来临时,照耀大地的光芒般温和辽阔,能透彻一切万事物理,破除烦恼苦相,让我们能"达诸法相";又"似清风之游太虚",能让我们的心地常保清凉,不起郁闷、烦恼,感受"静寂清澄"其妙之美。以此境界譬喻,就是要告诉大家,智慧若开启,自然一切法相都能显达,而不会迷茫。

若要去除无明、解脱烦恼,必须"有法度",若连自己都"无法度",如何能度他人?世间纷扰的烦恼,要用如清风般的法才能去除,这是很奥妙的境界,并非言语所能形容,只能用心体会。

洪注大乘,润渍众生,布善种子,遍功德田。

"洪注大乘,润渍众生",意思是法已慢慢入心,不仅是

"微渧先堕"，法水在不知觉中，不但已润泽我们的心地，并且汇聚成一股清流再释出，如同高山蕴涵的水分顺着山谷流下，能供应人们灌溉田园土地，长养作物。

建设心地和建设大地道理皆同，常说"法譬如水"，心地需要法水润泽，才能涵养清流"润渍众生"，起初露水只润湿小草小花，慢慢地普及润湿树木，大树吸收丰富的露水之后，自然会再释出清流，滋养大地，相辅相成，普遍"洪注大乘"，大乘就是大根大智；大根大智者一接触法，立即就受用，可以发挥出很大的力量。

"布善种子"，指在心地播下菩提种子，以法水润湿心地后，能滋养种子，让种子发芽茁壮，透过不断地播善种，一生无量，无量从一而生，产生善的循环，如此就能"遍功德田"，形成菩提林保持水土，有利于大地涵水释出，再润湿其他土地。

这都需要凝聚很多人爱的力量，许多事不是一个人就能做得成，如同大地上不是只有一棵树就能保持水土。树开花、结果后，再生出种子，遍撒大地，才能长出一片树林，涵养土地，生生不息；而善的种子也是一样，需要众人撒播，才能长养成菩提林，滋润功德福田。

人的心地，若是充满烦恼，即使有缘闻法，或得法水滋润，也会被杂草般的烦恼吸收，而无法增长智慧。人人内心都有一畦福田，也有丰富的种子，只是缺少农夫善知识，教导我们耕耘、播种、插秧、除草、施肥、灌溉等步骤，若经过指导，再加上自己用功耕耘，就能收成丰硕。人人智慧本具，只因被无明遮蔽，以至于智慧无法与法契合乃至启发，需透过善知识以智慧引导，才能让种子在心地发芽。

诸法从心中生，诸佛在人间成，迷理故起惑，解理故生智。智为行道之本，因于智慧明目，起于行足，目足及境。①

有天清晨从书房走出来，视线所看到的外境是一片风、雨，茫茫大雨中，风吹树摇，耳朵所听到的只有狂风暴雨声。隔天一早，同一时间从书房走出来，抬头所见却是灰蓝色的天空，

---

① 摘录《妙法莲华经玄义》卷第二上：三生起者。实相之境非佛天人所作。本自有之非适今也。故最居初。迷理故起惑。解理故生智。智为行本。因于智目起于行足。目足及境三法为乘。乘于是乘入清凉池。登于诸位任何所住。住于三法秘密藏中。住是法已寂而常照。照十法界机机来必应。若赴机垂应先用身轮。神通骇发见变通已堪任受道。即以口轮宣示开导。既沾法雨禀教受道。成法眷属。眷属行行拔生死本。开佛知见得大利益。前五约自因果具足。后五约他能所具足。法虽无量十义意圆。自他始终皆悉究竟也。

挂着白云，天透着橘红色的光，这不就是曦和之光——太阳要出来之前的光吗？因为光映照着云或水汽，而产生多种颜色的变化，看了觉得很美，微微的风、无雨，耳朵听到的是鸟声、大地的呼吸声，能感受到大地生机如此丰沛。同样是清晨时分，在同样的地方坐下，昨天与今天的境界差别真大。

"昨天"和"今天"，虽然是不同一天，但以时钟上的时间来看，却是同一个时间，这两个时间在名称上能说是同时间吗？或者必须再用其他的方法表达"那个时间不是这个时间"？到底我们称"现在"的这个时间，是不是就叫做"现在"呢？

我现在所说的"现在"，其实马上就会成为过去——已经经过了好几分钟的"现在"，早已是过去，如何能说是"现在"？世间法就是这样，不断地流逝、不断在运转，如此极微细的运转就称为"行蕴"，在虚空中的万物，包括地球与其他的星球，都是不断在运转，从没有一刻停止，这就是虚空万物的法则，只是凡夫往往不知觉。

在日常生活中，当世间万物运转得很顺畅时，我们不容易知觉这就是健康、平安的日子；但只要稍有不顺，诸如风雨太大，心中马上担心：会不会造成灾难？令人不安心，这叫做

"心法"。心为什么会不安？因为与外面的境界会合，外境若是不调和，我们的心便不调和，所以大地虚空有法则，人的心灵同样有法则；无论是心灵或外境的法则，就人而言，都是因境界影响内心所生。

俗云："人心不同，各如其面。"世间有无数人，每个人的长相都不同；法也是一样，诸法皆从心中生，心为善法，外在的所作所为就会显善；心为恶法，表达在外的行动，就会显恶。

常说"菩萨所缘，缘苦众生"，苦难的众生因刚强难调难伏，所以种下恶因、造作恶业得恶报，自然要吃苦。有些众生过去生中刚强作恶，现在生中正受苦报；有些人则是这辈子心很刚强，心法偏差，需要得善法调和、引导，才不致造作恶业。

故"诸佛在人间成"，佛陀因不舍世间众生而现相修行成道，发愿为众生成佛，所以离开人间就无法可修、无佛可成，这是千经万论归纳而来——人间有这么多苦难与刚强的众生，充满恶浊，才需要菩萨救拔；菩萨行佛陀的教法，以佛心行人间法，精进向前，自然能到达与佛同等的目的地。

"迷理故起惑"，众生因内心刚强而迷失道理，不断地起惑造业;"解理故生智",若了解道理,自然能产生智慧解惑。智慧由慈悲生,所以"悲智双运"为人间的菩萨道,也是修行的方法。

虽然人人心中有慈悲,但是慈悲的路怎么走?"智为行道之本,因于智慧明目",行道的根本起点与方向,必须运用智慧作为眼目,方能走得精准正确;倘若欠缺智慧的引导,走入昏暗的路,也许会受阻或跌倒,不小心误入陷阱,差之毫厘因此失以千里。

"起于行足,目足及境",有爱为种子、以智慧耕耘,就能发心;然而只是发心并不够,还要"起于行足",实际行动,才能抵达目的地。我们要学习"悲智双运",达到"目足及境";悲智双运如同眼目和双脚并用,无论内修外行,只要时时不离慈悲、智慧,有清明的眼睛看清方向、双脚殷勤前行,自然不会走错路,能到达要去的境界。

普令一切,发菩提心,
无量大悲,救苦众生。

《无量义经》云:"智慧日月,方便时节,扶疏增长,大乘事业。令众疾成阿耨多罗三藐三菩提，常住快乐，微妙真实。"慈悲、智慧如日月，白昼日光能普照天下万物，夜晚月光则可映照道路，带给众生光明。我们行入人群，要以如日月般的智慧慈悲，运用种种方便，帮助众生脱离苦难；众生有八万四千烦恼，佛陀就开八万四千法门，如同大医王视众生病症随病授药，因人、因地、因时观机逗教，对机用法，此谓"方便时节"。

"扶疏增长，大乘事业"，佛陀除了教育我们以智慧去除无明，导正自私贪欲的心之外，还希望我们能进一步发大心、立大愿，投入利己利人的志业。因此佛陀五时①设教，最终鞭策小乘，褒扬大乘，即是为了令诸众生速成菩提，希望众生透过种种方便法的引导，能趣入真实法，不要执于小路上原地打转，赶紧行入"菩提大道直"。

---

① 五时，智者大师将佛陀所说之一代圣教，分判为五时。
一、华严时，指佛陀成道最初之三七日间说华严经之时期，当时说教之内容是正说圆教，兼说别教。
二、鹿苑时，是指佛陀说华严经后之十二年间，于十六大国说小乘四阿含经之时期。
三、方等时，指鹿苑时之后八年间说维摩、思益、胜鬘等大乘经典之时期。
四、般若时，指方等时之后二十二年间，说诸般若经之时期。
五、法华涅槃时，指为使受教者之能力进至最高境界，证入佛知见之时期，约于佛陀在最后八年间说法华经与入涅槃之前一日一夜说涅槃经之时期。

"常住快乐,微妙真实",修行若是方向正确,就会感到很安心;若是不能确定方向,便会犹疑不安,不断地问路,导致心乱而难以前进。清楚明了正确的道路,才能安心地向前行,得到真实妙乐。

在日常生活中,若时时殷勤精进、内修外行,则不知觉中都在受持微妙真实的法,以此自度度人,能"普令一切,发菩提心",带动人人发挥"无量大悲,救苦众生"的精神。虽然人人皆能启发一念悲心,但是只有一人的力量绝对不够,必须结合无量数人的悲心,才能产生无量的力量,因此不能局限于小范围,境界要很开阔,才能普遍地"救苦众生"。

常说:"一生无量,无量从一生。"一分无私的爱,能带动无量的爱,慈济的发祥地在台湾,现今已推展到国际,全球慈济人在同一时间、不同的空间中,会遭遇许多不同个案,很难一一详述,这叫做"无量";然而也因有无量的人共同发心,才能让爱遍及无限量的空间,救拔苦难众生。

诸如我们在缅甸进行纳吉斯风灾济助的同时,斯里兰卡发生了一则很感人的故事,有两位出生在贫穷人家,分别是十五岁和九岁的女孩——玛都昀和米都昀,皆自幼脊椎发育不健全,以致严重侧弯,从小到大无法挺直腰而产生自卑感,她们的父母为此很愧疚,但因家境贫穷,实在无法送孩子就医治疗。

慈济与她们结缘于二〇〇四年的南亚海啸赈灾,当时慈济走入斯里兰卡救灾,历经三年余,长期致力为重灾区兴建慈济村、学校等。二〇〇八年元月,因为在斯里兰卡援建的慈济中学落成启用,来自马来西亚、新加坡、台湾的国际慈济人医会成员与慈济人皆前往祝贺,并且举办义诊。

在义诊中,关山慈济医院的潘永谦院长发现玛都昀有严重的脊椎侧弯,评估应该可以接受矫正治疗;同时也获知另一位女孩米都昀患有相同症状,于是潘院长前去家访,希望能为她们安排进行矫正手术。经过各方努力,并结合吉隆坡、马六甲人医会的力量,终于顺利安排两位女孩,在七月离开斯里兰卡,前往马六甲进行手术,过程顺利圆满。

这分关怀的力量,从台湾传递到斯里兰卡,再从斯里兰卡传递到马六甲,有些人医会的医师甚至还从吉隆坡赶往马六甲会合,共同成就这分关怀。各地慈济人合心协力将受助者视如己子般地尽心照顾,这不就是"普令众生,发菩提心"?不就是结合"无量大悲"的力量,来"救苦众生"?

是诸众生真善知识,
是诸众生大良福田;
是诸众生不请之师,
是诸众生安隐乐处。
救处护处大依止处,
处处为众生大导师。

《无量义经》中描述的菩萨,都已具足"戒、定、慧、解脱、解脱知见之所成就",即"五分法身"①,就是修行过程中,以修五种功德圆满的法成就之佛身。何谓五种功德?

---

① 五分法身,以五种功德法成佛身,故曰五分法身。
一、戒,谓如来身口意三业离一切过非之戒法身也。
二、定,如来之真心寂静,离一切妄念,谓之定法身。
三、慧,如来之真智圆明,观达法性,谓之慧法身。即根本智也。
四、解脱,如来之心身,解脱一切系缚,谓之解脱法身。即涅槃之德也。
五、解脱知见,知已实解脱,谓之解脱知见法身。即后得智也。
此五者有次第,由戒而生定。由定而生慧。由慧而得解脱。由解脱而有解脱知见。前三者。就因而受名。后二者。就果而付名。而总是佛之功德也。以此五法成佛身,则谓之五分法身。

第一,"戒"。修行首重于戒,必须从戒身、口、意做起,远离三业的过错,因为一切的过患,无不是身体所做、口所说、起自于心的习气;心的习气若没有调伏,身与口都会犯错,若能身、口、意守得清净,自然就能防非止恶。

第二,"定"。离一切妄念,也叫做定的法身。心缘境,则容易受外境诱惑而起妄念,故习气难断;心若断除妄念,自然能去除习气而在定中,"不复颠倒乱想"。

第三,"慧"。如何产生慧的法身?必须破惑证真。破惑,谈何容易?世间很多事,大家口说"知道",但真能彻底知道吗?可知"差之毫厘,失之千里",真正的道理要亲自体会,真正有见、有证,才叫做"证"。诸如二〇〇八年慈济人在汶川大地震、缅甸风灾后,走入当地"见证苦难",许多志工因看到灾区无数家庭遭遇人生苦难,真正体会人生的苦不堪言与无常,才深刻体证"生命不用计较,只要精进"的道理,如此学习一步步断除妄念、增长智慧,即破惑证真。

第四,"解脱"。就是具足正确的见解。人性本善,只因为习气遮蔽了我们原有与佛同等清净、明朗的本性,才会造作恶业;所以必须学习断除习气,正念正解才能现前。平时举手投足间,身、口、意都有习气,诸如有时远远见到一个人的背影,就会听到有人说:"前面应该是某某人。""离那么远,怎么知道?""看他走路的形态就知道。"同样是两只脚走路,如何认得?这就是个人走路的习惯不同,所造成的习气。若能断除种种习气,清净身、口、意,自然能得解脱。

第五,"解脱知见"。解脱知见即"了了觉照,得无生智",指一切境界都很分明,能了解娑婆世界的各种苦难,为各种因缘所集成的苦因、苦果、苦报,已达断除一切无明烦恼之智慧。

菩萨来人间所为何事?"是诸众生真善知识,是诸众生大良福田;是诸众生不请之师,是诸众生安隐乐处"。常听众生遇苦难时,祈求"大慈大悲救苦救难观世音菩萨"、"大愿地藏菩萨";迷茫时,祈求"大智文殊菩萨"。无论是身或心受到苦难,总是第一个想到菩萨。

这是因为菩萨所到之处,能作为众生的安隐乐处、救处护处、大依止处。人间多苦难,谁来救度?若能有菩萨"不忍众生受苦难"的胸怀,发心立愿走入人群,作为众生的善知识、不请之师,令众生有安隐乐处,成就众生的大良福田,即是人间菩萨。

我们学佛，需先学作菩萨，先安顿好自我身心，才能作为众生的依靠。诸如发生意外或天灾时，常会听到受灾者说："看到慈济人来，我们就安心了。"或者当慈济人前往慰问："有没有受到惊吓？""有没困难？"许多灾民会回答："虽然受到惊吓，但是看到慈济人，我们就有力量。"这不正是"救处护处"？

慈济人如人间菩萨，每个人都以清净大爱，一手牵起一手，成就起"立体琉璃同心圆"，展开双手拥抱苦难众生，让众生受苦难的身心觉得安稳、获得依靠，如同菩萨在人间，是人间的"大依止处"。

人间有形的苦难，需要菩萨解救；无形的心灵迷茫，同样需要觉有情者引导。觉有情即菩萨，菩萨上求佛道、下化众生，以宇宙大觉者为导师，用学得的佛法，引导迷茫的众生。

我们学佛要学习菩萨，时时向宇宙大觉者求法，还要发心不断地以法度众生，"处处为众生大导师"，为天下众生指引迷津；除了学习救护、安定众生的生活之外，更重要的是引导众生的心灵走向正确光明的道路，这乃是菩萨行者的使命。

慈济志业遍布国际，单纯以众生福利为目标，没有政治的色彩，是一个很清净的团体，也是深获国际肯定的人道精神救援组织，这无不是慈济人用心、用爱勤行的结果。

诸如二〇〇八年，缅甸纳吉斯风灾造成当地严重灾难，邻近数国的慈济人主动发心前往，在最快的时间内会合，共同走进灾区救灾。在缅甸从事救灾的工作并不容易，需要用真诚、耐心的爱，才能发挥智慧，化解困难。

救灾工作初期困难重重，我们一方面寻求当地政府的协助、召集有能力的企业家，一方面放下身段、缩小自己，走入人群付出，为灾民疗治身心伤痛，并帮助他们安定生活，始终不离不弃，带动人心走出苦难悲伤。慈济人亲自恭敬地发放种子与肥料给当地人，接着辅导他们承担发放工作，慈济人则从旁陪伴指导，引法入心，是名副其实的"大导师"。后来无论是布置场所或发放工作，当地人都愿意承担；甚至有群军人主动表示要帮忙布置场地、搬运重物等工作，人人都发挥尊重和爱的精神。

灾民们也渐渐感受到这分关怀，等候领取物资时，大家都整齐地列队，双手合十。若慈济人必经的道路积水泥泞，当地民众便会铺砖块，一步一块砖，铺得正好；有些路面则铺上竹子，再用麻绳固定好；看到长了青苔的路面，民众担心慈济人经过会滑倒，赶紧洒上石灰防滑，很贴心也很细心，这些都是当地灾民为了表达感恩之意所做的回馈。

虽然慈济人来自不同国家，但是所付出的爱心，以及感恩、尊重、爱的态度都相同；接受的人感受到这分心，自然也会以他们的行动表达回馈与感恩。看到当地志工带动一群领受物资的灾民，共同到台上别开生面地带动唱，以及物资发放前，当地志工长跪读我写给大家的一封信，那分发自内心的恭敬尊重，都是慈济人作为"不请之师"的成果。这就是用爱与感恩铺路，为众生搭心桥——不但帮助灾民救灾，也协助他们未来的生活能过得安稳、快乐。

人生多苦，所以佛陀教育我们要自度度人，"秉慈用悲，启智显慧"——用大慈心铺路，用大悲心搭桥，用大智心牵引，用大慧心安稳一切众生。修行如同行路，难免会遇湍流险阻，遇阻时若能发挥智慧搭桥，人我皆能安全通过。给予他人平安、幸福是"慈"，若他人有苦，我们能伸手救拔，以实际行动帮助他人脱离苦难，抵达平安之处，则是"悲"心接引。虽然我们以慈悲心为众生铺路、搭桥很辛苦，但是建成后不但能使自己走得安稳，也让大家走得平安，因此是人间的功德。

能为生盲作眼目，为颠狂荒乱作正念。

"生盲"即眼睛看不到。眼睛是六根之一，有些人先天生理不健全，生来就眼盲；有些人因后天病变或意外而失明；还有些人却是"眼明心盲"，虽然眼睛看得到，但是心眼不健全，观念偏差，为意根或眼根不具足。无论是先天或后天的眼根不具足，抑或心眼不正，具有正知见的人都能为其引导。

诸如早期慈济在菲律宾成立分会时，有一群医师发心与慈济合作，自愿到贫穷离岛为罹患眼疾的穷人开刀。菲律宾当地人的眼疾大多来自后天因素，许多人的眼睛原本只有小病，却因没钱治疗，最后任由眼睛恶化，导致失明；尤其白内障手术其实并不难，只要经医师开刀数十分钟，病患就能重见光明；现代科技发达，连眼角膜都能移植，后天眼疾多半能治愈。

生理上的眼盲，需靠医师救治，但眼明心盲——看不到人生道理的人，则需要佛陀的妙法对治。世间有人眼盲却心明，眼睛虽然看不到，但是内心清楚；有一次我到高雄环保站，曾遇到一位眼盲的慈济委员，志工们告诉我："师父，这位师姊虽然眼睛看不到，不过做环保的功夫比我们好，纸张是白纸或经过印刷，她都能分类得很清楚。"

我好奇地问她："你怎么分得出来？纸面都是平的。"

她说："用感觉的，若经过印刷，就会有一点油质。"这就是心眼很明。学佛同此理，不只听法，也要多看人间事，法才能明心，心明才能"为生盲作眼目"。

除了眼盲之外，还有聋劓哑者——耳鼻不具全，或是有口不能言等诸根毁缺者。聋哑者因为听不到，光看他人说话的样貌，心中容易对内容起疑，因猜忌而曲解话语，仿佛大家在欺负他、说他的坏话，导致烦恼愈来愈多，愈来愈自卑，容易排斥他人。

此时，若有人能耐心开导他："听不到世间不好的话，耳根就清净了，为此要懂得知足感恩。虽然耳朵听不到，但是你还有很好的头脑、健全的心，可以发挥良能。"如此辅导失聪者善解，自然能帮助他们去除心灵的自卑，和一般健康的人同样身心诸根具足。

"为颠狂荒乱作正念"。"颠狂荒乱"，并非只有病患才有这样的症状；有些人看来诸根具足，但意根错乱，尽管平常说话有道理，然而观念偏差，只在人前礼貌周到，人后却喜爱搬弄是非、见解不正，不断地造作恶业。

心病，可分为有形与无形两种：有形者能从外表得窥一二，如眼神异样、讲话偏颇、行为怪异，有形地表达出心神紊乱，如此心病还可藉医药治愈；无形者则令人担忧，即心念不正，从外在丝毫无法察觉防治，端赖我们平常能与其结下好缘，引法入心，方可治疗。诸如有些人过去曾经观念偏差，但自从接触慈济之后，慢慢地学习改变自己的习气、观念，对人渐渐懂得付出爱，这就是以佛法治疗，以法水洗涤内心，导正自己错误的观念与偏差的行为，使心"作大正念"。

心能"作大正念"后，身若能再进一步走入人群帮助众生，就是"身心健康，明智福慧，如法受教，念正根具"的幸福人生。诸如二〇〇七年初，玻利维亚境内连续豪大雨，不仅造成严重水灾，还引发山崩、土石流。

当时，正好有一位当地台商回到台湾参加慈济岁末祝福，和一位师姊在言谈中，述及玻利维亚人民的贫穷景况与目前所遭遇到的大灾难，引发慈济投入玻利维亚赈灾的因缘。这就是"菩萨所缘，缘苦众生"，一切好的因缘都在"见闻一念中"，只要有一念不忍与菩萨心，听到任何地方有困难，因缘具足，菩萨群就会走到那里。

那时，美国的慈济人一听要到玻利维亚赈灾，立即表示台湾距离遥远，他们愿发心承担，就近关怀，我问他们："到灾区的路程近吗？"他们说："搭飞机七八小时航程后，再搭车六七小时就到灾区了。"

其实路途很遥远，尤其进入灾区的道路早已损毁难行，他们仍不畏辛苦前往。巴拉圭与阿根廷的慈济人闻讯也不落人后，认为美国的慈济人路途那么远都来了，他们居住的地理位置与玻利维亚同属南美洲，自然不能缺席，纷纷动员。经济状况较好的人搭飞机；有些人则开车，顺道载一些物资与人结缘。

我问："你们离灾区距离多远？"

"搭飞机一个多小时，若是开车要四十小时。"

我再问："会不会很辛苦？"

"不会，我们很感恩，有付出的机会。"

慈济人为了付出，不畏道路险阻遥远，脚步不曾停歇，见到苦难后更珍惜自己拥有的福。在玻利维亚勘灾之后，发现当地不只有贫、病问题，也极度缺乏安置聋剿哑、精神障碍等诸根不具全者的收容所，各种苦难慈济人都一一地帮助。

其实人人的内心皆有一面清净的镜子，只要引入正法，信受奉行，自然能擦亮心镜，清楚映照外境，即"如法受教，念正根具"。身体健康是人生之福，心理健康就有智慧，能"身心健康、明智福慧"具全，比拥有一切身外物——名、财、利等都可贵。

慈济四大志业，宗旨为救度众生，及时拔除人间身心病根。人间之病不只有身体的病，还包括心灵的病。心病要用心药医，心药则不离宗教教法，若能以智慧观照，应病下药，随机逗教，如此就能造就人间福祉，为疗治众生身心苦难的医王、大医王。

佛以四事称"大医王"：知众生病苦——苦，知众生病因——集，知对治授药——道，知病因已愈——灭。

佛陀能知众生的病，所以称"大医王"，并将其分成四事，具有四法成就：第一，知众生病苦。人生在健康时不知苦，心就会不断地向外追逐欲念。许多在医院受病苦折磨的人常说："我什么都不要，只要没有病痛就好，真羡慕你们能来去自由。"那分不自由，很辛苦。

病痛的苦不一定只来自身体，心对境也会产生心理的苦，身心皆有不同的病苦。众生在"生老病死"四苦中，以病最苦，故佛陀说："八福田中，看病为第一福田。"

第二，知众生病因。如同现代人若生病不舒服，会请医师诊察，找出病因，对治下药。佛陀如同众生的医师，同时也是一位心理学家、宇宙大觉者以及众生的慈父，因为了解众生的心性，所以能很快地诊断出众生的病因。

现今医疗科学发达，应用许多科技诊断，将病因愈分愈细；然而佛陀在久远以前，就已能分析出众生的病，源于心理和生理。

第三，知对治授药。古时，许多大德祖师修行，不只是在寺院诵经打坐，也会学习把脉看病，知体质冷热等；只要深入佛理，自然会涉猎身体研究，这是因为人世间的学问都不离"身心四相"：身的四相——生老病死，以及心的四相——生住异灭。身体有病，需以药物对治；心理有病，则需以法药对治。佛陀开八万四千法门，就是针对众生不同的病因对治授药，此即佛陀的智慧。

第四，知病因已愈。佛陀知道众生的身病、烦恼皆已去除。如世间的医师经诊断后对症下药，决定用手术、电疗或是化疗等，经过疗程后，再做检查，确认疾病的病根已完全去除。

佛陀知众生的病不离四谛，因而开示"四谛法"，首先宣说"苦谛"。众生愈多，产生的毛病就愈多；如同家庭愈大，摩擦也会愈频繁，常说"树大分桠"，子孙一多难免意见分歧，往往导致分家,能维持和睦的大家庭并不多。这是因为人心不调和所致,连至亲同胞都难合成一家,遑论众生;众生合不来时,就会导致天下和社会的病。

众生为何不调和?因为心里产生无明所致。就像在家庭里,若人人彼此计较,亲兄弟也要明算账,父母多么辛苦。再如社会上,大家合作共谋发展时很和谐,待稍有成就,就开始彼此计较产生争端,甚至伤害感情而结恨连仇。

一切源于众生无明,才会使得和合的团体变得不合,彼此之间产生是非仇怨,因而祸及社会。归纳种种不调和所导致的"苦",皆由贪瞋痴八万四千烦恼所"集"。

佛陀分析众生之苦,是来自于"集",即集合种种不调和的源头。不单只是源于一个人或一个家庭的不调,所谓"善法从一生,恶法也从一生",种种不调都是由小集大,从人心到家庭、社会,社会中不调和的循环,就会使四大不调而灾难丛生。

因此要消灾解难,必须先从消除每个人心灵的无明做起,倘若人人能"灭"除内心无明,则身心健康。佛陀根据众生根机观机逗教,给予对治的法,就是为了灭除众生的病痛;灭除众生无明病痛的方法，就是"道"。

> 大医王，分别病相，
> 晓了药性，随病授药。

无明烦恼是众生的心病，加上人生理的"生、老、病、死"，都是佛陀所说的人生苦相。当我们幼小童真时很快乐，尚不知人间的苦；随着年龄增长，开始在社会人群中不断地追逐欲念，与人互相争斗，慢慢地沾染各种习气；见他人享受，自己也依样勾勒人生蓝图，追求成为一位名利双收的人，享受财、色、名、食、玩乐等。

众生从年幼时的纯真，慢慢地受后天声色薰染，逐渐开展欲心；带着过去所造的因，再结合此生环境诱引的缘，无明烦恼便会慢慢地入心，导致迷失方向而不断在欲海中浮沉；若后天再造业，更加重烦恼，在业、烦恼中不断地纠缠，在迷茫的人生中长大，逐渐显现老、病，最后是死。

生命中有形的病痛很苦，无形的欲海浮沉，同样苦不堪言，无论身心病痛，都需要"大医王，分别病相，晓了药性，随病授药"。

慈济医疗志业已推展于国际间,诸如美国、菲律宾、马来西亚等地都设有慈济义诊中心,巴西、阿根廷等地也都有义诊的地方。此外,新加坡慈济人医会经常举办跨国义诊,其中菲律宾慈济人医会,自一九九五年开办下乡义诊十余年来,已经举办过逾百次的大型义诊。

菲律宾曾有一则个案,有一对贫病的老夫妻,先生罹患糖尿病,长年累月没钱可看病,终致末梢神经坏死——身体从脚开始腐烂、变形,慢慢地恶化成关节脱落,甚至肌肉溃烂。当菲律宾慈济人医会前往探视他时,只见老先生脚一举高,小腿肚上腐烂的肉就整块掉落下来,清晰可见的腿骨也已变形,血肉模糊。

他的太太也抱病在身,两个生病的老人无力互相照顾,老太太对医护人员说:"屋里很臭。"

古云:"如入鲍鱼之肆,久而不闻其臭。"但是这对夫妻长此以往,仍觉得"很臭",可见臭味有多重。然而人医会医师、慈济人进到屋里,非但面不改色,还更加悲悯这二位老人,长年累月生活在充满臭气环境里的辛苦,悉心地为他们诊治,拔除病痛。

十余年来，慈济在菲律宾的医疗志业跨越宗教，如天主教玛丽教会学校，因校区迁至郊外，由慈济承购原校区土地而彼此结缘，慈济不但为该校学生义诊，帮助数百位患有牙痛的学童治疗止痛，甚至装假牙；有些患有近视、眼疾的学童，则为他们动手术治疗，或配眼镜矫正视力。

学校的修女对此非常感恩，在慈济义诊中心举办第一百次大型义诊前，她利用一个月的时间训练学生唱歌、跳舞，让孩子们的表演能在第一百次义诊的庆祝大会上呈现；修女还亲自上台感恩慈济人，多年来为学生提供医疗保健的善行。医疗人员们如同人间菩萨，不只医病，更为苦痛的人医心。

八大苦中，病为最苦，贫加病痛，苦中加苦。八苦：一、生苦；二、老苦；三、病苦；四、死苦；五、爱别离苦；六、怨憎会苦；七、求不得苦；八、五阴炽盛苦。四大合一，八步跨国，济贫义诊，贫病灾苦，及时拔除，身心病根。

人生八大苦中，除了生、老、病、死四苦之外，还有爱别离苦、怨憎会苦、求不得苦、五阴炽盛苦。"爱别离苦",相爱的人无法在一起,为人间一大苦;不爱的人,见面就生气,偏偏要共处,这是"怨憎会苦";想要却追求不到,即"求不得苦";以及一生的日常生活中,皆不离"色、受、想、行、识"五阴炽盛。

八大苦中,以病最苦。生、老是自然法则,不知觉中就度过了,但是病痛最难堪忍,倘若有能力就医,医师对症下药,便能拔除病痛,尽管苦仍有所依靠;若是病上加贫,而又孤独无依,可谓苦中加苦。放眼天下,哪个国家没有贫困、孤老、病痛的人?老、贫、病合在一起,真是苦不堪言。

慈济四大志业四合一,慈善志业帮助贫、病、孤苦,何处有灾难或贫穷苦难,只要脚走得到、手伸得到,都会去关怀;医疗志业普遍服务人群,只要有医师愿意发心投入,病患就能得救。诸如国际慈济人医会联合志工到处义诊,这是慈善与医疗相结合。

人间的希望在教育,不只是学校教育,社会推广教育也很重要。如何让人人固守人道精神与人本道德观念?需要人文志业广为弘扬佛法、道德观念与人的清净本性,所以需要菩萨在人间。

慈济四大志业跨越国界、种族,及时拔除人间身心病根,人间菩萨,救拔病苦,是造就人间一大福。

> 大船师,运载群生,
> 渡生死河,置涅槃岸。

《慈悲水忏法》云:"多欲之人,多求利故,苦恼亦多;知足之人,虽卧地上,犹为安乐。"人间苦难系于一心,若是多欲的人,内心会不断地向外追求,永无餍足,导致沉沦欲海而苦不堪言;反观知足的人,只要平安健康、家庭和睦,即使穷得家徒四壁,睡卧地上,仍能安然快乐。何种人生才幸福?一切唯心。

芸芸众生身处欲海中,容易迷失方向,需要"大船师"教导航行的方法、指引生命的方向。佛陀是一位大船师,倒驾慈航于芸芸众生的欲海中,"运载群生",使众生得度彼岸;然而只有一艘慈航,力量并不够,需要无数导航师。

茫茫欲海中若只有一艘船,无论船再大也无法度尽众生;不过即使是小船,只要能持续长久救度众生,也能累积巨大的能量。所以只要将佛陀的教法入心,上求佛道、下化众生,就能以心法走入人群，成为芸芸众生心灵欲海中的导航师。因此佛陀来人间设教，讲说三藏十二部经，即是希望指引人人修行的方向，开启心灵的智慧，以法入心，自度再辗转度人。

学佛，如同在茫茫大海中航向正确的方向；而"法如筏者"，佛法就如竹筏，是能帮助我们渡海的工具，竹筏虽轻，但在水上也能航行度人。佛陀是一位大导师，于人间弘扬佛法，在欲海中指点众生迷津，教导我们度人的方法；众生若接受佛法后，自度再度人，如此一位接引一位渡过欲海，就都能到达安全的彼岸。

人生苦于迷在生死之间，而修行是为了要脱离生死。佛陀现相出生人间，住世八十岁，示现"八相成道"①，最后老、病、死，就是为了以身教示人间的自然法则，让我们了解即使佛住世间也有入灭之时。佛陀也教导我们，欲脱离生死，需先学习去除烦恼，人的心理有"生、住、异、灭"四相，生灭起伏，因而造成许多苦；因为不知前世造作，导致此生不如意，只知道此生苦恼重重，故而迷茫于苦海中。学佛，要学得来去自如，

---

① 八相成道。乃佛陀一生之化仪，通常系指：一、降兜率相。二、托胎相。三、降生相。四、出家相。五、降魔相。六、成道相。七、说法相。八、涅槃相。

知晓生命本是无生无灭，若能回归原来不生不灭的本性，便没有生死烦恼，明明历历知道过去做什么，而今如何做，这就是"渡生死河"。

"涅槃"又称"寂光土"，是静寂清澄的心地风光，因为心灵境界已脱离不由自己的烦恼束缚，所以能回归本具不灭的佛性。"置涅槃岸"并非指往生，而是形容大彻大悟者的心灵，已了脱烦恼苦多的世间，回归大寂光土——达到无生无灭、静寂清澄的境界，这就是"置涅槃岸"。

学佛的过程，如同在学习了解生命的航向，感恩人生旅程中有佛陀作为大船师，教导我们航行的方法。"法"原在人人本性中，只因欲念兴波、无明风起，船只才会迷失方向，险象环生；但只要能学习以佛法降伏心灵欲念，生命之船便能安稳航行，平安靠岸。

菩萨游戏人间，意无贪著罣碍，如狮子勇猛，如赤子纯真。

若能有因、有缘来到人间，深入佛法，了解人间事，就应发心修行，除了求利益自己，还要兼利他人。

所谓小乘法是针对小根机、尚未启发大心的人，先使其明白人生苦难偏多、六道轮回，知道能来人间不容易的道理，所以既得人身、已遇佛法，就要深入佛法，沐浴在清净法水中，藉此涤除心中无明，相信佛、法、僧可以度己得救、避灾，而独善其身。

在接受佛法后，若能宽阔心胸，体会人与人之间的长情大爱，进而发愿做一位帮助他人的人，并在助人过程中获得欢喜，学习付出无所求，就走入"中乘"。倘若只在熟识间彼此付出、关心，则这分付出无所求的心还不够宽阔，看见他人有困难，即使非亲非故也愿意帮助，再遥远、艰难的道路，都甘愿走而不以为苦，救助苦难后再引导受教，使众生能得安乐，如此就慢慢地走入菩萨的境界。从小乘、中乘而至大乘，这就是佛陀应机逗教，以佛法引导修行者的苦心。

"菩萨游戏人间"，菩萨要有付出无所求，苦众生之苦、行众生坎坷路的精神；人间虽是堪忍、苦难的世界，但对菩萨而言，因为欢喜而不觉苦，只要心念一转，就能忍人所不能忍，以平静心面对所有环境，度过种种坎坷。

做人间菩萨不仅要堪忍，还要承担责任，因不忍众生受苦难，而发愿投入苦难中抚慰众生，拔苦予乐。诸如缅甸遭遇风灾，使环境严重受创，无数人生活陷入困苦。来自不同国家的慈济人，因不忍灾民受苦，而共同投入，欢喜付出；不仅救灾，还援助灾民稻种，协助近五万甲土地复耕，受惠者接到援助的稻种后，皆满怀感恩地播种；后续慈济人再发放肥料。

看他们不畏烈日，在田里辛勤地耕种，脸上都展露笑容，充满希望；若再加上四大调和，想想能收成多少稻谷？提供多少粮食、养活多少人？不仅能提供现成的粮食，还能"一粒米中藏日月"，粒粒种子不断地延续，这便是以方便法教育，启发人人的智慧，造就众生的福田。

我们先付出，启发他们能感恩、尊重、爱，接着再换他们为人群付出，这不就是人生爱的教育？"慈济人间路"不仅是要自己走，还要接引许多人和我们一起走。菩萨行于苦难人群中，"意无贪著罣碍"，付出再付出，就是希望受苦难的众生除了能得救，还能自立自强，有朝一日再伸手助人；因此慈济在援助缅甸的同时，也给予灾民身体力行的教育。

菩萨心"如狮子勇猛，如赤子纯真"，经典中将佛陀说法比喻成"狮子吼"，因为狮子为兽王，发出吼声时连大地都为之震动，让许多动物惊醒；而佛陀所说的佛法为天地间真理，能使一切众生觉醒，所以叫做"狮子吼"。

学佛不仅要了解佛陀的教法，还必须衷心接受，走入人群，具备勇猛的毅力，因为芸芸众生的心，充满"贪、瞋、痴、慢、疑"五毒，五毒根如繁密的森林，若没有勇猛的心，不能秉持自性，运用佛法，就无法在森林中游戏，所以必须练就一身好功夫。

古云："三人行必有我师焉。"无论面对什么人、何种习气，都是我们的教法。面对贪欲大的人，如何与之和睦相处，引导他能破除贪欲，转而愿意布施？非但不被同化，还要将其度化，这需要有勇猛的心，才不会"本欲度众生，反被众生度"。毅力、勇气如果不够，只知一味度人，反而容易受人影响，因此必须坚定方向——苦众生之苦，行众生之路。

此外，菩萨心还要"如赤子纯真"，孩子天真无邪，内心纯真，未受环境污染，让人见了就觉得可爱，自然想亲近、拥抱。倘若失去赤子般的单纯心，就容易受到世间污染。如何将佛法度入人间？端视我们的菩萨心是否坚定；要坚定菩萨心，就必须勤行道，真正走入人群，才能以佛法度众。

迷理故，起惑造业；解理故，生智轻安；智为行本，故能舍。

"迷理故，起惑造业"，众生因为心迷而起惑，起惑就会造业，一切只因一念无明迷惑内心所致。这个道理大家都懂，但不知能否时时检验自己？生活中面对人、事、物时，到底能不能分析清楚？人与人之间说的话是真或是假？是正确的方向或是偏差的见解？其实道理就清楚明白地在眼前，若只是知道而没有铭刻内心、深入体会，还是容易陷入迷惑，懵懂地空过日子，起惑造业。

常听到有些人做了一点事，就觉得做得比别人多，尤其对成就好事会自我膨胀，不好的事则对他人隐瞒。然而《法华经》云："未得谓得，未证谓证"——没做那么多，却说得那么多；只了解一点点，却说全了解，都叫做"大妄语业"。对待人事物必须用心体会，为人服务时，真的付出多少，才说多少；倘若无法与人事物融会，即使了解很多道理，也不算是真实彻悟。

时日不留人，谁都无法知道是明天先到还是无常先到？今日可以平安度过吗？也许无常就在眼前。所以凡事不能心存懈怠，一旦听闻道理，就要微细地研究、体会，透彻了解自己的观念是否正确?每天都要反省:在生活中待人接物有无私心?经过检讨之后,若没有,才能安心踏实地说:"信己无私,信人人有爱。"

佛陀教育我们,人人本具与佛平等的清净本性,只要去除染著的贪、瞋、痴、慢、疑,就能了彻道理,不会迷失于理中。大林慈济医院赖副院长曾分享过一则轻松的小故事,其中却蕴涵大道理——

有个孩子发现自己遗失了十元,在路边伤心地哭泣。一位好心人问他:"孩子,你为什么哭?"

孩子说:"我丢了十元。"

好心人说:"只是十元,我给你。"没想到孩子得了十元之后,哭得更大声。

好心人以为他是因感动而哭,安慰他:"十元不算什么,不要哭了。"

孩子却说:"我哭是因为如果原本那十元没有丢,再加上你给的十元,我就有二十元了。"

凡夫就是如此，失去会难过，但重获也未必会欢喜，非但不欢喜，反而遗憾更甚。我常说"有一缺九"，诸如有人月领高薪，但只请他多做一件工作，他就斤斤计较没有出差费、加班费等。凡夫迷在理中，即使已拥有很多，还是不断地计较，是不是很辛苦？

反观慈济志工，不但出钱出力、不计时间地奉献付出，还能乐于投入艰辛的救灾环境，付出后只要看到受灾的人能逐渐安定，他们就很欢喜，此即"解理故，生智轻安"。有些志工救灾回来后甚至表示："让我休息数日，处理家事与工作，有机会再帮我安排下一梯次的志工。"因为不忍众生苦，所以志工们来来回回地奔忙，都是心甘情愿去做。

再如现今医师很多，但是愿意不求名利、完全奉献的医师有多少？在慈济世界，无论是人医会或慈院的医师，都很踊跃地奉献，付出得很欢喜；这是因为他们见到苦难人，能体会人生无常；在发心付出的同时，愈深入人间的道理，就愈增长道心并且真正抱持感恩心。常听到他们在付出后说："感恩，让我有机会去。"这就是"解理故，生智轻安"，因为已了解道理、启发智慧，所以能欢喜付出。有些人即便身体有病痛，但是为了服务人群，还是赶紧养好身体再投入，如此轻安自在的心境，就是已经通达道理。

"智为行本，故能舍"，"智慧"是行道的根本，要往哪个方向才正确？端视智慧的分别。智是分别智，能明辨道理；而慧是平等慧，能等观众生。一切众生同在"天盖之下、地载之上"，我们与受苦的众生虽然互不认识，地理距离遥远，不过只要任何地方有灾难，其实都与我们息息相关。诸如医师知道发生灾难时，必定有伤病的人，这与自己的所学有关，若有能力前去灾区救病疗伤，便应义不容辞。

智慧若显现，透彻了解道理，就能引导行动无所偏差，舍去一切名利、时间、金钱、体力而一心付出。

> 能舍一切诸难舍，
> 财宝妻子及国城，
> 于法内外无所吝，
> 头目髓脑悉施人。

"能舍一切诸难舍，财宝妻子及国城，于法内外无所吝，头目髓脑悉施人",即指学佛第一步要"布施",除了布施外在一切物质,还能舍弃内心的"贪、瞋、痴"烦恼。人生倘若通彻道理,就没什么好计较,一切都能舍。

人生苦难不离贫穷、病苦或意外灾难,因而生活有诸多匮乏;既然我们生活有余,就应随分随力舍出有形的物质给予需要的人。诸如慈济志工陈金发居士、罗明宪居士、张文郎居士、张益城居士等,在汶川大地震后,轮流带队投入四川赈灾不遗余力,每次动辄停留十余日,一趟又一趟地去;他们的事业其实都很忙碌,却总是说:"没关系,钱再赚就有,生意等赈灾回来再处理就好。"有些人甚至动员妻、子一起帮忙、付出,可谓"能舍一切诸难舍,财宝妻子及国城",展现修行的大心。

布施不仅要舍有形的物质,还要"于法内外无所吝",诸如夫妻之间互相勉励付出:"慈济四大志业的工作,人手不足,有很多事还做不到,你放心去帮忙,让人手多一点,自然事事做得到。"如此夫妻、亲子之间互相成就,鼓励行善,也是一种布施。

常听到慈诚队、慈济委员们现身说法,向大家发露忏悔过去的生活如何浪费、享受,或是有什么过错等,这都是

"舍"——舍弃过去的烦恼覆藏，向内不断地清出无明脏污。就如慈济人帮助孤老残障者清扫环境时的境界，垃圾若不清出，屋里怎会干净？忏悔即"舍"去无明污垢，也是一种自我清净之法。

为何世间能有这么多不顾一切为众生付出的人？"解理故，生智轻安"，这是因为大家都已经启悟道理，愿意运用生命良能帮助苦难人群，所以无论面对任何事，都能感到自在轻安；进而"能舍一切诸难舍"——愿意用生命付出，将生命的价值，在人群中发挥得淋漓尽致。

要做到"能舍一切诸难舍，财宝妻子及国城"谈何容易？必须先通彻道理，学习去除无明。修行，就是要我们学习从内心去除贪瞋痴慢疑，并展现在日常生活中；但贪瞋痴慢疑向来都是习气，要舍弃习气真的不容易，所以才说"修行，就是修习气"。

习气何处修？在人群中修。世俗充满欲念——如何争取利益？如何赚钱？如何运用手腕等，纷纷扰扰，多苦多难；世俗也如染缸，五彩缤纷，原本干净洁白的布，丢进染缸就染花了。个己不慎犯错，就会扰乱社会、困扰家庭，造作业力。

从前的人出家修行，是舍去小家庭，远离社会人群，进入丛林道场，学习弃俗离欲，在清流中互相启发道心。弃俗舍贪，瞋心自然就少；因为在道场中人人不争不取，不计较自然心宽念纯，没有事可怀疑、值得我慢，所以能远离习气。入慈济宗门，虽然也是入丛林道场，但是在这个道场中，有许多入人群修行的机会，能看到许多人来来去去，也能看到许多在社会、家庭中，真正能舍出"财宝妻子及国城"的人。

佛经中常叙述诸佛、菩萨在修行过程中，为了布施，不仅舍出有形的财产，连妻、子都能舍。如《阿含经》中有一则故事——一群生活清寒的劳动者，每天都必须做粗重劳苦的工作，才能得到微薄的收入，换得全家温饱。

有一天大家在工作时，一位劳动者向其他人说："释迦牟尼佛已经游化到我们村里，很多人都去供养、听法。听说释迦牟尼佛是一位大觉者，听他说法能得到累生福报，可惜我们没有福能够去供养、听法。"

此时另一位却说："我们也能供养。"

大家回头看着他，有人说："你比我还穷，自己都衣不蔽体了,哪有办法供养?"

他说:"我们这么多人,大家集合起来,不就能供养?"

大家纷纷附和:"对!大家集合起来,应该能供僧、供佛。"说完大家都欢喜地回去凑钱了。

这位提议者,虽然因大家附和他的提议而感到很欢喜,但是他的心里却很烦恼——家里的妻儿都还在等我今天所赚的钱,好拿去买米煮饭,自己的家计如此困难,如何参与供僧、供佛?

当他回到家,太太看到他的表情异于平常,关心地问:"你好像闷闷不乐,有什么心事?"

他说:"佛陀来到我们村里,我想结合大家的力量共同供佛、供僧。因为有一群同心、同志愿的伙伴支援,所以感到欢喜。"

太太说:"这很好,我也替你欢喜。"

他无奈地看着太太说:"但是我们要用什么供僧?"

太太心里想：我们家徒四壁，身上穿的衣服也无法替换，连要一小块布补丁都有困难，要用什么供僧？但是她心念一转，鼓励丈夫："有，你还有力量能供僧。"

"我还能用什么供僧？今天这份工资恐怕还无法让我们一家吃饱。"

她说："没关系，你还有我。去看看哪个有钱人家里缺佣人，你将我卖出去，将卖得的钱拿去供僧。"

先生说："因为我想供僧而将你卖出去，这不公平。"

太太却笑说："你供僧的钱是来自我的身体，你去供僧，我也有福。"

先生心开意解地说："对！因为穷，所以我们的福共分。"

于是先生找到一个富有家庭，正好需要保姆帮忙照顾孩子，约定雇用他太太三年的时间，代价是一串钱，这些钱刚好补足大家所欠缺的部分，圆满供僧、供佛。

当佛陀为这群贫穷苦力人说法时,对这位将太太卖出三年,才得以供僧、供佛的贫困人,慈祥地说:"这次供僧,你一人的功德等于二倍大。"大家不明就里,面面相觑;佛陀就将这位发心的劳动者,为成就供僧、供佛而将太太卖予他人帮佣的事迹讲出来,大家都对他很赞叹。

那位雇用他太太的富人,在听到他人传述这段事迹后,也深受感动,于是告诉他的太太:"你的家庭不能没有你,你在这里帮忙的这三天时间,已足抵三年,赶快回去和家人团圆吧!"佛陀听到这个讯息后说:"这位长者也有一分供僧的功德。"由此可知,只要能从内心发一分无私付出的爱,"财宝妻子及国城"无不能舍。

在现代也不乏类似的故事,回顾慈济当初在建设慈济医院时,有许多人也是拿"年头钱"——与雇主约定工作三年,并请雇主预先支付三年的工资,再以先生的名义圆满"荣董",为建设医院出一分力。这不就是布施"财宝妻子"?也有人为了捐赠一间价值三十万元的病房,每天清晨两点就起床扫马路,以一个月八千元的收入,慢慢地累积圆满一间病房的资金。

回顾慈济的历史,许多感人的事迹与佛典不谋而合,至今做工捐善款的人仍然很多,"能舍一切诸难舍",只要愿意发心,就能于人间行菩萨道。

"国城"是较大的范围,古时占领一个城池的统治者就称为国王,国与国之间往往为了互相侵占国土,攻城掠地、大动干戈,导致民不聊生。

现今世界也有类似事件,诸如二〇〇八年时,俄罗斯、格鲁吉亚二国,为了占领一条往来亚欧间的天然资源运输路线,彼此对立,以军机炮弹互相轰炸,造成双方无数家园、人命的损失,虽然国际劝和,希望平息争端,但仍未能让二国立即谈和,十余万流离失所的难民,被迫远离家园,真是苦不堪言。只为了少数人的执著或是欲念,便如此攻城掠地,互不能舍、让而造成灾难,灾民何辜?若一方愿舍、一方愿让,自然没有冲突产生。

古时要舍国城很简单,只要国王愿舍就能舍,现今是民主时代,国家为人民所共有,哪有办法舍?就广义而言,诸如慈济许多环保站,都是私人愿意将土地捐出来才能成就,常有人说:"为了救地球,我愿意将土地无偿提供给慈济做环保。"许多人不仅提供土地使用权，甚至连所有权都捐出来。

布施要能舍一切财物、妻子，甚至国城，若非有宽大的心、透彻道理，单要舍弃财宝都没有那么容易；然而若真正发心、了解道理，即使没有钱，也会积极地付出劳力，或以劳力赚取金钱布施。

常听到有些先生对我说："师父，我让太太专心做慈济，家事都不必她担心。"相对的，也有些太太说："我让先生全心投入行善，家事、事业都不必他担心。"无论是妻子施或丈夫施，甚至夫妻同入菩萨道，都是因他们愿意舍，能了解人生的真意义。

布施——财施、法施、无畏施。借用脚手力量布施，使用脑力用以布施，直至最后为之妙用。

世间万物供应人的生活，每个人来到人间都需要物质。如婴儿刚出生时，首先接触到的是一双为他接生的手，接着是沐浴的水，然后被保暖的布包起来；虽然人是由父母所生养，但若没有营养的供给,衣、食、住、行等物质的帮助,谁能生存?

若用这个角度思考,每个人从一来到人间,就已经接受施予,哪个人没有接受他人的布施与供给?也许有人会认为,物资是用钱买的,却未曾想过钱其实只是用来换取物资的"货币"罢了。

各国的币值都不同,譬如二〇〇七年津巴布韦爆发严重的通货膨胀,当时一条面包售价要一千万元津巴布韦币;到了二〇〇八年时一条面包售价已是七十亿元;短短时日,物价上涨超过百倍,当地货币的最大面额,从二〇〇七年时的五百亿元一张,至二〇〇八年时已是一千亿元一张,当地民众陷入有钱也买不到粮食的恐慌。

其实金钱、货币只是代名词,无法让人温饱,真正实惠的是物品,譬如用钱买米,米则需要种种条件会合——天地气候调和,有适宜的土壤与水分,加上农夫耕耘,才能长成五谷杂粮供人食用。因此金钱并非万能,而是要靠天地自然和人力共同付出,才能有供人享用的物质成果,细想:人人是否都要感恩?

出家僧众每餐过堂都要行《食时五观文》，用餐前虔诚合掌，心存感恩地观想：当思来处不易，粒米滴油皆来自多少人的辛苦。每个人都是受惠者，所面对的他人也都是布施者，因为士农工商无不提供人类生活物资，这即是互惠——互相付出、接受。

我们接受许多人的付出、布施，自己也需付出、布施，再去启发更多人的爱心。例如缅甸风灾后，种子的价格日益高涨，不过由于慈济人付出的爱心，感动当地政府、企业家，使他们愿意降低种子、肥料等物价，让慈济人得以用较低的价格采买，顺利发放物资，此即"财施"。而用钱买种子布施农夫，经农夫播种、耕耘、施肥，收成后又能再供应人人，农夫也是在布施。此外，也因慈济人用真诚的爱付出，实践法义，才能感动当地企业家和执政者投入，照顾那么多的灾民，此为"财施"、"法施"平行。

除了"财施"、"法施"之外，还有"无畏施"——无论任何地方发生灾难，穿着"蓝天白云"的人间菩萨——慈济人，都是及时赶往救援，令受灾者安心。如二〇〇八年七月，海鸥台风、凤凰台风接连袭台，造成台湾中、南部水灾，多少孤老无依的人不知该如何整理家园？有些人家中停电、停水，打扫工作困难重重。但当灾民看到慈济人赶到，许多人都说："看到你们，就知道我们得救了，安心了。"看见灾民们的愁容转变成笑颜，就表示慈济人是真正能作为他人的依靠，能行"无畏施"。

能帮助灾民打扫，不就是"借用脚手力量布施"？在日常生活中我们常借用他人的手脚，或以自己的力量助人，这都是布施。此外还有"使用脑力用以布施"，诸如现今生活中，大家常饮用瓶装水或饮料，因此产生许多宝特瓶，"慈济国际人道救援会"从数年前即开始研究，如何将回收资源转化成国际救灾可用的物品，如此不仅能保护地球，还能节省资源。

经过用心地研发，慈济人援会的研究开发小组终于在二〇〇六年成功研发出一种利用回收宝特瓶所制成的环保布料，由环保布料再开发制成的环保毛毯，质地非常柔软、品质良好，已用于国际赈灾或急难救助之用，让国际人士赞叹不已。这样一条环保毛毯的诞生，需集合许多人的智慧，此即"使用脑力用以布施"。

环保布料于二〇〇七年开始制成卫生衣，并且在冬令发放时运用。目前不仅已广泛被用在国际救灾，二〇〇八年初，慈济人援会与国际企业家，包括纺纱工厂、织布工厂、成衣工厂等，还组织一次大型展览，企业家们对于慈济研发的环保布料都表示肯定；后来有不少纺纱工厂向他们购买原料抽纱，也有织布厂商向慈济购买环保纱制作成布，全数所得都捐作国际救灾。

"于法内外无所吝"，学佛要能舍，只要是合于佛陀的教法，就不要吝于舍。如同二千五百多年前的佛陀时代，就有许多贫穷苦难人愿意供佛，并非只有富人才能布施。过去慈济推动"教富济贫"，现今还要再加上"济贫教富"——富有的人能布施，贫穷的人也能救人。

贫穷的人，若缺衣食，我们就给予他温饱；若没有住所，我们就设法为他安身，这是"财施"。常见慈济人帮贫穷苦难人打扫，换床铺、铺棉被；为生病的人施医、施药，这都是布施。

而"法施"，就是除了自己能守戒，在听闻经典后，还能再传给他人佛陀的教法；不要只是自己知道道理，而不告诉他人，既然知道就要说，还要教他人身体力行。倘若人人听到善法后,能及时行孝、行善,这都是布施。无论是有形的财物,或是无形的法都应不吝舍出。

"头目髓脑悉施人",学佛要学得解脱,能"大舍无求,慧命大用",难得来人间,除了善用短短数十年的生命行于菩萨道上,生命圆满时,也要发挥大用。许多慈济人在世时以慈济宗门作为一生依归;往生之后,仍继续"静思勤行道,慈济人间路",将躯体捐献给医疗教育,成就出许多为人拔苦的医护人员,圆满"无畏施"。

当身体健康时,可以发挥智慧脑力,大家共同研究,对人类做出巨大贡献,这是脑力、智慧的布施。如同科学家互相用心研究、讨论,不断地改善物质技术,彼此不藏私,发挥各人专长、互相合作,分享方法、技术,最后才能推动成品。

大家如此努力奉献并非为了自己的事业,而是为利益大众,这种无私的付出,不正是"于法内外无所吝"?无论是研究过程,或是推广,大家都愿意会合在一起,布施头脑、看法、眼光等一切所长,不断地奉献所学。就如同宇宙大觉者佛陀,将他所证悟之天地万物的道理,运用于人的身上,帮助人人发挥良能，布施就是如此，并不困难。

"直至最后为之妙用"，意思是人活着时能做好事，到生命终了仍然能做好事。如慈济不断地推动器官捐赠、大体捐赠，用于医疗抢救生命，用于医学探讨人体奥秘，即是为实践佛陀的教法，善用有限的生命，延续长远的慧命。

> 奉持诸佛清净戒，
> 乃至失命不毁伤。

修行必须用时间成就道业，因此时间最宝贵，所谓"岁月切莫虚闲度，唯勤精进莫懈怠，守戒法奉教行道，善护戒规长慧命"——岁月不饶人，唯有勤精进、守戒法，依教奉行落实于生活中，时时善护戒规，才能成长慧命。

既然发心立愿，就要把握时间精勤受持，虔诚闻法、思考、身体力行。佛法若没有"闻、思、修"三合一，即使每天听很多法，仍然无所得；我们在听法之后，要好好地思考自己平常是否守规戒？即使忙中也要时时警惕，不要懵懂度日，懈怠虚度光阴。

生命不断地随着时日减少，过一年便减少一岁，我们的慧命是否与日俱增？若精勤一分，绝对能成长一分慧命；倘若懈怠、空过时日，不但生命减少，佛法未得，还会导致身、口、意业散乱，累积业力，而使无明增长。所以每天需常反省思惟：生命如何运用？是否朝正确的方向精进？如此才是真正在道场中的修行者。

修行必须"能舍一切诸难舍"，重要的是要舍去内心的烦恼。佛陀所说的教法，能让每一个佛教徒，无论出家、在家都能随时随地奉持受用。然而我们是否已将法印入内心，能应用于外？是否能调伏自己的烦恼，并且身教奉行再教育他人？在人群中，无论身处何处，若能不断地思惟、反省，则何处非道场？佛陀对我们的教育，若能分秒不离心，心即是道场。

《无量义经偈颂》云："奉持诸佛清净戒，乃至失命不毁伤。"既是佛教徒，当然必须重视并奉行诸佛的清净戒法，假如放纵自己，就容易犯戒而损伤慧命。诸佛修行的过程不离戒，戒律的功能，是为了保护我们的身心不被恶法侵入，使恶业不生。"持戒"能防非止恶，帮助我们的心守本分，自爱爱人，不损人利己。在行为方面，我们要时常提高警觉——起心动念有无恶念？举手投足是否不利他人？须坚定守戒，无论何种恶势力强迫，即使自己的生命受毁伤，也不能做出不利人群的事。

常听到犯罪者说："在我背后有一股恶势力，所以我才不得不贩毒、作恶。"这是因为不能坚持守戒所致；若能守戒、自爱爱人，就不会做出损人利己的事，即使损失自己的生命，也要守护戒律。

佛典中有一则故事[①]——一天黄昏，一位在远行途中的年轻人走到一间房子前，眼看天色将晚，担心再往前已无人家能借宿。于是他向这户人家敲门，主人一开门，看到这位年轻人相貌庄严、有威仪，不禁心生敬仰，便很有礼貌地请他进入屋内，并问他："你从哪里来？准备去哪里？再走过去还有很远一段路，沿途都没有人家。"

他说："我从舍卫城来，但是我不能再回去。"

"发生什么事？"

---

① 出自《佛说戒消灾经》。

年轻人说:"事情说来惭愧,舍卫城中人人皆信奉佛陀的教育,严持五戒,我的父母也是虔诚的佛教徒。但是有一天,我去拜访一位同窗朋友,他很客气地劝请我喝酒,我难以推辞便接受了。回家后不敢欺骗父母,坦承自己喝了酒,犯下五戒之中的'不饮酒'戒,因为犯了重戒,父母很生气地把我赶出门。我希望能用一段时间补修'不饮酒'戒,否则无颜再回舍卫城。"

主人觉得这位年轻人很善良,于是亲切地带他到客房休息。其实这一天,主人正忙着准备每月例行的"祭拜三鬼",即每个月为了供养三鬼,主人都在家中备办丰盛的祭品,请三鬼享用。这日天黑后,三鬼来了,却只敢在屋外远处徘徊,不敢靠近;主人见三鬼迟迟不进门来,就赶紧跪拜顶礼说:"我已经准备好祭品。"

三鬼这时才远远地说:"今天你家有贵客,布满护法正气,我们无法接近。"说完就消失了。

翌日天亮时,主人准备了丰盛的早餐,请这位年轻人享用,同时提起昨晚祭三鬼的过程;年轻人听后,微微一笑说:"我奉持佛教,勤守五戒、行十善,虽然一时破了'不饮酒'戒,但是还有四戒,所以护法正气仍在身边。"

主人问:"什么叫做五戒、十善?"

年轻人便将佛陀所说"守五戒、行十善"的道理,说给主人听。主人听得心生欢喜,很感恩年轻人让他明白祭拜鬼神并非正道、奉持佛教才是究竟的道理;既然受持戒律能护身,主人自然也乐于信奉佛法。

主人随后向年轻人说:"我要赶快准备前往舍卫城,求佛授我三皈五戒。"

这则故事告诉我们,佛教徒应勤于守戒,若犯一戒,就会失去一分护法正气与慧命;正若失,邪就侵,时时皆要奉持正戒。

"奉持诸佛清净戒,乃至失命不毁伤",要有坚定的毅力,必须立志才能恒持。犹记慈济人在汶川大地震后,及时投入急难救助、义诊等工作,同时带动当地许多小志工投入救灾,因此与他们结缘。小志工主要的工作是翻译,因为四川当地人说的话,外地人不容易听得懂,所以需要这些小学生、中学生充当翻译。志工发现其中一位小志工年仅十二岁,却已经染上酒瘾，原来他从九岁开始，每天喝一瓶酒，养成了天天喝酒的恶习。

慈济高雄人医会的叶添浩医师也参与了义诊，在义诊期间，叶医师一直陪伴着这位小志工，慢慢地劝导他，告诉他喝酒过量可能会引起罹患癌症的危险，如肝癌、肺癌等，并让他明白，丧失健康后除了会受病苦折磨，也会丧失智慧。这孩子和叶医师很投缘，听进叶医师的劝导，他发愿："我绝对要戒酒！"

台北慈济医院的赵院长听到这个讯息，却不禁担心：从九岁开始，每天一瓶酒，如此累积长达三年的酒瘾，想戒除可能有困难。以他在肝胆科长期看诊的经验，深知许多病症皆是因酒引起。其中许多二十余岁才开始喝酒的年轻人，短短数年就已经难戒酒瘾，何况这位小志工九岁就染上酒瘾，要戒除不免更加困难。

从医疗理论上判断，这位小志工要戒酒也许不容易，然而若有清净的环境，加上有慈济志工陪伴，相信他一定能戒得掉。只是不知当慈济人离开后，身处仍有诱引的环境中，他能否把持得住？所以必须先有一个宗教观作为支持，还要有大环境守护，以周遭众人的正气、戒的护法来帮助他，才能成功戒酒。

有不少慈济的慈诚队员，过去也曾经历过不能没有酒的日子，有些人甚至已达中毒的程度，没喝酒就浑身发抖，但靠着决心戒酒，也就甘愿忍受痛苦，守志不移，这需要花一段很长的时间。这么严重的酒瘾都能够戒除，相信这个孩子一定也能做到。

仅仅守"不饮酒"戒就这么不容易，何况五戒？所以我们要立志，分秒都要提高警觉，才能改正习气，守好戒律。

忍而敬让，是则真忍；自爱谦恭，是大宽量。

"忍"字在六度中，是稳定平衡的核心，无论是布施、持戒、精进、禅定、智慧，都不离"忍"字，"忍而敬让，是则真忍"，即学佛平日要修学的功夫。现今慈济能普遍于各地，也是经过一番"忍"的功夫，才有如此成果。

回顾一九九一年，中国大陆的华东遭遇严重水灾，大部分受灾民众原本就家境贫穷，再遇上洪涝，真是苦不堪言。当年海峡两岸的政治关系还处于紧张状态，但是为了赈灾，王端正居士、花莲慈院曾文宾院长,还有慈济委员李忆慧等一行人,排除万难踏上受灾土地访查,勘灾之路难关重重,一步步如履薄冰。

人与人之间只要能以发自真诚的爱、虔诚的心互相沟通,自然能建立互信。慈济勘灾团一到大陆,便先造访民政部,与部长恳谈来意,寻求协助。部长告诉我们:"全椒是安徽省受灾最严重的地方,可以全椒为救灾重点区,提供灾民最直接的帮助。"

于是慈济人赶赴全椒,一抵达灾区,映入眼帘的景象是处处水深及腰,他们只能乘坐着木桶,摇摇摆摆地划行前进。伴行的官员指着一处墙上的水痕说:"现在水已较退了,本来是淹到这里。"仔细看,一只一只的虫爬满了整面墙,可以想见灾难时的惨重景况。

勘灾到水稍退之处,看见多数的土砖屋都已倒塌;再继续往更偏僻的地方去,则看到一位阿嬷赤着脚,满脸愁苦,手上抓着几条小鱼,喃喃地说:"没有家了,没有家了。"

李师姊问她:"阿嬷,您去哪里抓到这些鱼?"

朝阿嬷所指的方向望去，不远的前方都是水，河、溪与陆上的水已漫成一片。

有一张历史相片，可见证当时那些贫穷苦难人遭逢重灾的景况，回顾起来多么悲凄。那时，慈济基金会联合吴尊贤基金会与统一超商以"用爱心挡严冬"为号召，发起全台劝募；许多台湾人都无法理解我们为何要到大陆赈灾，因不了解而错解。然而慈济人勇猛精进，以宽大的心胸，坚定秉持"大爱无国界"的心念，那分爱心的表现很感人。

慈济为了救助海内外重大灾难，数度动员全球慈济人走上街头劝募，也曾遇到因肢残而以乞讨维生的人，勉力爬行追赶捧着爱心箱的慈济委员，只为捐款；由于路上嘈杂，慈济人没能听见他在喊叫，直到旁人提醒，慈济人一回过头，看到在爬行的乞者手里拿着铁罐，慈济人赶紧上前蹲下，恭敬地捧着爱心箱，让他将罐里的钱倒入，他说："感恩你们，我只能捐出今天的乞讨所得，我也和你们拥有同样的心，只是我无法走到灾区，拜托你们了。"

他虽然残疾，却也是菩萨，看到慈济人流着眼泪感恩，他还安慰慈济人："我看到你们被骂，不要紧，当是在为我们消业。"慈济人说:"我了解。"如此互相感恩、打气,彼此都是在修"忍"的功夫。

一九九九年土耳其发生大地震时,慈济人同样走上街头劝募,曾有人因不满而伸手捶打爱心箱或抢夺劝募旗,甚至有人伸手想拿走爱心箱里的善款,当下志工赶紧往后退,深深地鞠躬,顺势放低手中的爱心箱,并且带着微笑恭敬地说:"感恩。"化解了可能发生的冲突。

有时慈济人在市场劝募,一些摊位的老板会疾言厉色地驱赶:"你们站在这里劝募,我们怎么做生意?"慈济人则赶紧向老板道歉:"对不起,我们没有注意到,感恩。"

有时也会遇到护持的老板,撑开一支大阳伞,恭敬地说:"你们辛苦了,太阳这么大,站在伞下比较凉。"

在劝募的过程中,我们会历经形形色色的人间冷暖,为了救济布施,坚持向前精进,因此甘愿接受磨练,无论他人如何谩骂,即使出拳相向,仍然保持尊重,鞠躬感恩以对,这就是"忍而敬让"的功夫。

我常对慈济人说:"真了不起,委屈大家了。"

他们却说:"师父,我们不委屈,感恩给我们修行的机会。"

"别人这么骂你们,不生气吗?"

"不会,轻松面对。"

"忍而敬让,是则真忍","忍"必须做到"忍而无忍",而非"忍无可忍"。"忍无可忍"是凡夫压抑脾气或不耐烦的境界,一旦忍不住爆发,便会不可收拾;"忍而无忍"并非忍得很痛苦,而是能做到忍而敬让,以致不觉得是忍。

做人本应礼让,遇事礼让他人就不必忍,因为已透彻世间事本没有什么值得计较,便不觉得忍,这就是能自爱——对己谦虚、对人恭敬,是具备真忍的功夫。

子曰:"一箪食,一瓢饮,在陋巷,人不堪其忧,回也不改其乐。贤哉回也。"孔子在众多弟子中,曾一再地称赞颜回,是因为他不仅好学也能守志奉道,不为简陋的环境所苦,而能乐在其中。

孔子称赞颜回"其心三月不违仁,其余则日月至焉而已矣。"指相较于其他弟子,颜回听到孔子的教诲,可以长达三个月不违背仁德之心,不只是身体堪忍外在的苦,内心也能守持不受动摇,其他弟子则是"日月至焉"——只能坚持一天或一个月,可见"忍"的功夫不容易。

所谓"无生法忍"①,忍也是一种法,世间是能让我们修忍辱行的大道场,慈济人无论面对严寒、酷暑,或是贫穷苦难、挫折逆境,同样都能面带笑容,不移感恩之心。

"自爱谦恭,是大宽量",即我们要做到自爱、对人谦而恭敬,坚定此道心,才能修得布施、忍辱的功夫。因此我常赞叹慈济人,真正做到了忍辱、精进,忍而无忍;不仅有爱道的心——自爱,也做到谦让又恭敬,具有大宽量心。菩萨游戏人间,能以游戏的心入人群,就能扮演好人间菩萨的角色,而这一切皆须从"忍"字开始。

---

① 无生法忍:谓观诸法无生无灭之理而谛认之,安住且不动心。又作无生忍、无生忍法、修习无生忍。

> 若人刀杖来加害，
> 恶口骂辱终不瞋，
> 历劫挫身不倦惰，
> 昼夜摄心常在禅。

修"忍"，能开阔我们的心胸。《无量义经偈颂》云："若人刀杖来加害，恶口骂辱终不瞋"，这就是"忍辱"。忍，是修学佛法功夫中最困难的——无论他人对我们施展多么强大、残酷的压力，面对任何逆境考验，我们都要学习忍，内心必须学习不起一念瞋；若不能忍就会互相对立，瞋恨心一起，以牙还牙，互相伤杀，业力就会愈造愈重，冤冤相报何时了，所以必须忍。

行菩萨道须修忍辱，无论遭遇任何事、任何压力或迫害，都要学习以坦然的心接受，让心回归清净本性。若见人用权力压迫他人，除了起不忍、同情的心之外，还要引以为戒，明白用霸权迫害他人，实则迫害自己。

常说："看别人不顺眼，是自己的修养不够"，还有"不要拿别人的错误来惩罚自己"，话语虽简单，但仍需入心，才能培养正确的观念，明辨人与人之间的习气，见他人错误时不再随他人的错误继续错，进而感恩对方，警惕我们保护本性。

人间冷暖，需亲身体验才能知晓。遭人辱骂时，能忍得下来吗？不仅要忍下，还要恭敬以对。若别人拳脚相向时该怎么做？应赶紧退开礼让，还要心存感恩；因为若没有遇到如此境界，我们就无法得知世间也有冷酷的人生。

在和他人起冲突时，我们若能自爱，也就是秉持爱自己的道心，自然能表现出"谦"的态度，自始至终不起"瞋"，不发脾气，则能保护我们安然度过"刀杖加害"、"恶口骂辱"的困境。

近年来，为了赈济几次国际大灾难，如南亚海啸、巴基斯坦强震等，慈济人都不懈怠地在全球发动街头劝募；各国慈济人有些在霜雪天中，即使全身已积满白茫茫的雪，却仍坚持捧着爱心箱站在街头；有些地方下大雨，他们就穿着雨衣在雨中劝募；有些地方则是烈日当空，慈济人依然顶着骄阳欢喜劝募。

在南非，慈济也是自一九九二年起即积极投入当地的济贫、救急、开凿水井等社会服务；一九九七年起，更帮助祖鲁族村落援建学校，慈济所做的一切，深受当地民众与政府的肯定。

有一次，适逢体育场举行盛会，祖鲁族的慈济志工向人拜托进入劝募时，大家一见到志工们便很欢喜，不但表示欢迎，还主动传递爱心箱，接力投下零钱——远看爱心箱，就像飞起来一样；其实大部分的当地人都不富有，每个人投入箱中的捐款可能只是几角钱，但是那种欢喜踊跃的爱心布施，很令人感动。

"历劫挫身不倦惰"，是指无论经历多久的时间，身心遭受多么严峻的考验，还是始终如一愿意付出，这就是"精进"。就如在静思道场中修行，常说要把握时间、空间、人与人之间，做好事须把握当下，发心立愿要恒持刹那，永远都要将心念对准方向，精而不杂、进而不退，丝毫不偏差地步步向前精进。

"昼夜摄心常在禅"，指"禅定"。就是在担柴挑水、行住坐卧等动静之间，无论昼夜六时，心念皆须保持"正"，"定"于三昧中。定即定力,日常生活中容易受周围环境、人我是非影响道心,若能时时保持"定",就不会受影响。

自心保持稳定,即"禅定",禅定则来自"智慧",《无量义经》教育我们,人群即道场,只要能学习好好稳定自心,把握环境,磨练出"忍"的功夫,则"无量法门,悉现在前,得大智慧,通达诸法"。

要达到如此境界并不容易,正因为不容易,难行能行,才是真行者、真精进者。

遍	学	一	切	众	道	法	,
智	慧	深	入	众	生	根	。
于	如	来	地	坚	固	不	动	,
安	住	愿	力	广	净	佛	国	。

"遍学一切众道法,智慧深入众生根",若能遍学众法,开启智慧,自然能深入众生根,学佛若只是自度并不够,还要度人。大家为何要学佛?是因不忍众生苦,所以发心修行。成

佛就是为了要度众生,若缺乏一念悲心,自然无法启行,所以要"以慈导悲,以悲启智,以智显慧,以慧平等",法法连贯。

学佛修行必须将每天听闻的法,点滴入心、身体力行,精进于道不懈怠;如此才能达到"于如来地坚固不动,安住愿力广净佛国"之境。

《无量义经》的道理,是对治现代社会人与人之间问题的道理,也是慈济人勤行菩萨道的宗旨。在静思道场中,大家要殷勤地耕耘世间福田,不只是在道场内自修,在道场外也要兼利他人。每天需自我反省:可有勤行道?对外是否有成就他人,让更多人走入人间路,让慈济的道路更开阔?

所谓"师父引入门,修行在弟子"。师父教导一项道理,弟子是否能举一反三?就如孔子曾问子贡:"你和颜回相比,谁了解的道理多?"

子贡回答:"我哪能和颜回相比?颜回闻一知十——听闻老师的一句话,就能知十种道理;我只能闻一知二。"因此当大家听到师父说一句话,自己就必须思考是否听懂?究竟只能听懂一种道理，还是已经能了解十种道理？若能从这些道理中再进一步思考、推究，才能"遍学一切众道法，智慧深入众生根"。

在美国有位卢居士，原籍越南，一九七五年越战结束时，因当地经过战乱，人民普遍贫困，越共体制下的生活又不自由，于是卢居士于一九七八年搭乘难民船逃离家乡，在海上漂浮了十六天，被台湾的船只救起；一九七九年，他以难民的身份辗转抵达美国，由美国政府安排他安居就业，而后成家；二〇〇五年退休后，专心投入慈济做环保。

卢居士有个十七岁的儿子，看到父亲投入慈济感到不解：退休后为什么不好好享福？慈济到底是什么？虽然他不会说华语，但是透过上网，找到慈济的网页平台，无论是"人间菩提"或"静思晨语"的节目内容，他都仔细地听、看。他说："上人讲的道理都很好，在一般书籍、报章杂志中看不到，透过慈济能看到世界各国的灾难，也能了解人间道理。"

原本他是个很叛逆的孩子，经过听法入心之后，开始自我转变，觉得自己应该要做个好人，也有心想回台湾，而认真学习中文。这对父子虽然远在美国,却能与我如此贴心;尤其这个孩子不会说华语,竟然能将法听得这么入心,还跟着父亲一起做环保,数年来都全心投入、不断地付出,真的是能以智慧闻法入心的成果。

"一生无量,无量生于一",世间虽有这么多事物,道理却只有一个,只要用心,世间事物都能会合在一句道理中。所以尽管众生有八万四千烦恼,但若能一门深入,就能以"智慧深入众生根",进而造福众生,庄严佛道。

"于如来地坚固不动,安住愿力广净佛国",我们都看到佛陀修行的过程,乃是以自己的人生为众生示现修行的方法,以身作则从"能舍一切诸难舍,财宝妻子及国城,于法内外无所吝,头目髓脑悉施人",到"奉持诸佛清净戒,乃至失命不毁伤",佛陀在此生未成佛前,生生世世都奉持着过去诸佛的清净戒。

《阿含经》、《本生经》等经典中也都能看到佛修行的过程,无论用多少功夫、历劫多长时间、经历任何环境,若都能安然自在地走过来,精进修持"布施、持戒、忍辱、精进、禅定、智慧"六种方法,就能施展"六度万行"。

"经者,道也;道者,路也。"佛典为我们展示的正是佛陀所走过的路,经中所讲的道理,无非就是为了教导我们走上同一条路。人人本具如来本性,只要能学习舍出缠缚、覆盖在内心里的烦恼,外在勤修六度,自然就具足万行,能回归如来本心而坚固不动;并且"安住愿力",使我们的愿力永远安住,进而净化人人的心,达到"广净佛国"的境界。

六度万行日常中,学法行道熏德香,赞佛德行难思议,是为众生大导师。

学法行道,需在日常生活中不断地"熏习德香"、力行实践,佛陀如是教导,我们如是修行,才能修得佛法真谛。

犹如将一块普通的木头与沉香放在一起封存,一段时间后,这块木头自然会沾染香气;又如用一张普通的纸包着香木,一段时间后,这张纸也会散发香气。同理,只要我们殷勤学习佛陀的德行、教法,自然也能熏染"道风德香",如同与有德的人同行,自然会学习其德。

譬如有人会说:"他是好人,和他在一起的人,一定也是好人。"这就是"道风德香",与好人在一起,他人会认定我们同样是好人。学佛只要学得很真、很用心、很虔诚,自然能行入菩萨道。

《德行品》的精要,在于赞叹与重述佛陀的德行——从佛陀出现人间,在生命过程中发心立愿求道、力行六度万行,并将身心与大地境界合而为一,启发智慧、烦恼尽除等历程,都是在向我们示现修行的方法。

我们能得到好的法或教育,就须深入内心,再布施给他人,毫不吝惜;如得到一句好话,能开启他人心门、让人与人之间和睦,就要赶紧与大家分享,不但自己受用,也能劝他人一起用。

有些所谓"秘方",因担心他人受用而不愿传出,就渐渐失传了。其实无论是人伦道德或其他善法,学进内心都应再传出,这叫做"传承"——承先启后,上求下化,是学佛者的本分事。

《德行品》所述佛法包含着无量数的力量,确实是难思议,但是这些佛法,其实都在日常生活中。佛陀是为众生大导师,带领众生能"于如来地坚固不动,安住愿力广净佛国"。不只是一人净化,人人都能净化。

心净即土净,则人间不都是佛国净土?只要努力听闻、学习种种佛的功德、德行,我们也会受熏陶,因此时时皆要不忘赞扬佛德,"心中有佛,行中有法",就能在人与人之间以佛法利益大众。

说法品第二

木中有火不钻不出,沙中有金不淘不得,心中有道不觉不悟。① 一佛成道解世迷思,法界众生尽受福慧。无量即一,一即无量,知无量即遍知一切法。菩萨以此法门,能速成正觉。

"木中有火不钻不出,沙中有金不淘不得,心中有道不觉不悟",我们所见所闻的大地万物都含藏精纯的道理,只是凡夫未发觉。如火从何处来?现代人可能会认为是从石油等能源中产生;其实大地万物都含有"火",就像世间有温度,若没有温度,生物便无法生存。白日透过阳光照射,可以提供万物所需的温度,夜晚没有日光时怎么办?大地蓄积的温度能量,足以供应我们生活所需。

温度的能量存在何处?其实,大自然中无处不有,除了阳光能供应热能之外,触目所见,甚至是看不到的物品内,都含藏着温度的能量。诸如石中有"火",石与石互相激烈地擦撞会产生火花;人的身体有"火"吗?倘若较多人聚在一处,会

---

① 参考《续传灯录》。复云。木中有火不钻不出。砂中有金不淘不得。心中有道不学不悟。

感到人气聚集的热度,这就是人含藏在体内所看不见的温度能量。

大自然中每一棵树也具足"火"在其中,所以古人钻木取火,是利用工具钻动、摩擦木头而致;木中为什么有火?因为木头含有油,比如桧木能蒸炼出很香的桧木油,油能生火,所以"木中有火"。

"沙中有金",从前台湾有许多人在台北九份淘金,将水、沙盛起,仔细过滤,能淘洗出金子;此外还有山中的金矿,无论是在水中或山中的沙土,经过淘洗、开采,都能滤出其中的矿物。以上只是略举象征性的例子,说明普天之下道理俯拾皆是。

同理,人人"心中有道",只是我们"不觉不悟",若能透彻眼见事物中的精纯,就能得见正确的道理。道理说来简单,要分别却很复杂,唯有觉者能体悟,并为我们指点出普天之下大地万物中含藏的道理;否则凡夫都是不觉不知,不仅不知外在万事万物有精纯的价值,也不知自己心中本具精而纯的道理。

凡夫因无明厚重，以致思想脱轨而迷，看到外物，只是眼见、分别——能看到有这么多人与众生相，所想的都是粗相且复杂的事。其实眼睛所看到的人，无论老人、幼童都统称为"人"，是众生之一；所谓"众生"是涵盖所有的有情生命，从中再分别出人、猫、狗、猪、牛、羊等不同的形相，所以会有无数的相。

　　人，历经时间的过程，又可分别出婴儿、小孩、少年、中年、老年阶段，各阶段会产生不相同的形相。在不同的空间中，有不同的种族、不同肤色的人种；而决定肤色、体质等差异的源头，以现代话语来说叫做"基因"，以佛法而言就是"业因"，即佛陀所教育我们的因缘果报观。

　　芸芸众生中，每个人都含藏着如来本性、清净的智慧，就如木中含有火性、沙中含有金质，只是我们没有用心淬炼出来。常说"一念无明生三细"，我们的心往往只因一念无明，启动"贪、瞋、痴"，以致不断地与外境粗相纠缠，覆蔽本性，因此沉沦于因缘果报，这都导因于一念的迷。

　　佛陀为了解开世间迷思，故来人间示现成道，让我们知道天地万物各有精纯的道理；所以"一佛成道解世迷思"，若一尊佛出现在人间，解开众生迷思，自然"法界众生尽受福慧"。佛陀引导我们了解无论三界①、六道中的宇宙万物，无不具其精纯的法；只要众生都能明白道理，进而造福修慧，尤其是人类若能觉悟，体会宇宙万物的真理，利群造福，众生自然都能得福。

诸如我们推动斋戒、不杀生，不仅免除众生造灾殃，同时也清净空间，让人身心健康。许多迷信造成众生不得安宁，因此人若能觉悟，脱离迷思，就于正信正法，遍虚空法界中，众生自然各归其位，安然相处，处处平安。

佛陀为我们解迷，宣说许多的道理，其实道理总归于"一"，我们若能一理通，则万理彻，这也是《无量义经》"无量从一生，一生无量"的道理。天下万物"无量即一，一即无量，知无量即遍知一切法"，意即道理是"一"，"一"中却含藏无限的法在其中。

如电脑触控笔称作"笔"，却无法在纸上书写；铅笔书写的字迹，能轻易地擦拭；圆珠笔写的文字则无法用橡皮擦去；

---

① 三界：指众生所居之欲界、色界、无色界；此乃迷妄之有情在生灭变化中流转，依其境界而分之三种阶级。

这些笔因应不同的用途,由不同的物质制成,却通称为"笔"。又如不同的树木,经过淬炼,可得不同的精油,桧木是桧木油,檀木是檀木油,樟木是樟木油;木材虽然同样有油质,但是成分各有不同,作用也不同。可见物质各异,却有其"一"的道理存在。

"菩萨以此法门,能速成正觉",若想修菩萨道,就要学此法门,做一个利己利人的人。佛陀所说的教法,能让我们去除迷思与错误的观念,若去除内心所有的烦恼,了解精纯的道理,自然净者自净,清者自清——面对天下万事万物,清净的本性便不会被外境牵引、不会被粗糙的外相混淆,如此就能去芜存菁,留存本具的清净智慧。

人生来到世间的作用为何?很精纯的作用,即为人群付出。如何才能为人群付出?要开启智慧,了解事物的道理,所以佛陀来人间一大事因缘,就是要"开示"众生"悟入"佛之知见。

我们起初不懂,需要佛陀指示,这是"开、示";学习之后,知道道理,叫做"悟";"悟"之后该如何做?只是知道就好了吗?不是,知道法之后还要身体力行,并且普遍以法度众生,灯灯相传,法法相度,此为菩萨修行的法门。

　　菩萨以此法门修行,能速成正觉;正觉不离自心,不离天下万物,我们与天下万物合而为一,就是一个道理;要知道无量法门都是从"一"个道理所生,知"一"后,就能从"一"发挥无量。天地万物都能回归为一个道理,若能通彻一理,就能珍惜天下万物,清楚万事万物的道理。

悟极正觉,任机而通,开明四真谛法。会苦、知集、求灭、会道,此仰圣之感也。用慈施悲,启智显慧,即救世知应也。

　　佛陀在悟道时,体悟了宇宙万物的真理,心境开阔如天空,无一挂碍,心欢喜,希望能将这分内心体悟到的无上正等正觉——"悟极正觉",即"大觉",印证给众生了解。然而道理太微妙,众生根机不一,无法接受,佛陀只好运用智慧"任机而通",随顺众生根机施教,从"开明四真谛法"开始,让人人能先明白四谛法——苦、集、灭、道,众生透过"会苦、知集",才能知道原来人生的苦,是集了种种的因、缘,所结的果、报。

既然在生活中能体会到人生是苦,也知道"苦"是"集"种种的因缘而成的果报,如何离苦?佛陀教导我们必须先断除既成的因缘,使之不再与业、无明会合;过去既已造恶因、恶缘,成就了恶果,就要学习以甘愿的心面对已造就的业,防止再造未造的恶,如此尽管现世身受苦,心理仍能因明白因缘而开阔,此谓"求灭"。想"求灭",自然"会道",心与道会合,则会生起"此仰圣之感也"。

佛陀施教四圣谛,一一分析苦、集、灭、道,宣扬世间真理,让大家明白人间苦的因由,并为众生指引解脱之道,因此众生无不仰仗佛的圣道、德行、智慧。

"用慈施悲,启智显慧,即救世知应也",以佛陀之德,应现于人间救世,叫做感应——佛有感、众生有应,佛陀如是教育,众生依教奉行。

有慈悲便能造福,常说"福从做中得欢喜",多少人因为启发慈悲,克服老、病、贫,投入造福人群的志业,因此做得很欢喜,仅在慈济团体中,就能常见典范,诸如有人年纪已大,却能克服行动不便;有些人虽经济状况不好,仍能利用时间投入助人,在大爱台的节目中可以看到许多人现身说法。

而"慧从善解得自在",智慧是明了一切法,也有富中之富的人因接受佛法,开启智慧,投入人间菩萨道,做得很自在;可以看见很多人在人生困境中,不但学习克服困难,还进一步能帮助他人。

世间是一个道场,每个境界都能让我们修行,只要想入道,处处是道场。诸如有一年,慈济约旦分会为了庆祝周年庆,展开长达两个月的大型发放,其中一次发放点来到约旦北部贝都因游牧民族所住的沙漠地区——马夫拉克,距离首都安曼约九十公里,车程近二小时。

约旦的哈桑亲王也亲自到马夫拉克参与发放。哈桑亲王是一位地位崇高的皇室成员,为约旦现任国王的叔叔,由于陈秋华居士长年担任亲王的侍卫长,亲王因而与慈济结缘。陈居士常向亲王介绍慈济活动,无形中让亲王慈心生起,经常关怀贫苦,同时也成为慈济的会员之一。

慈济多次进行国际赈灾,亲王都大力支援陈居士投入救灾工作,并受慈济精神所感动,多次参与慈济的救济发放,悲心不断地受到启发,进而"启智显慧,以慧等观",他了解自己虽然贵为亲王,但是与一般人平等,因此在发放的场合,常与贫困的人打成一片，就如爷爷般地疼爱所有孩子，和慈济人同样以爱付出。

哈桑亲王与慈济人一同到马夫拉克时，一直要求和大家一起搬运物资，不过陈居士担心亲王年纪已大，于是恳请他："请您发糖果给孩子。"亲王很欢喜地说："好，有工作可做就好。"拿着糖果和孩子们结缘；发完他又想帮忙搬运物资，陈居士只好再请他："拜托您先将这些包装拆开，再将物资分类，包装成一户一户。"亲王依然做得很欢喜。

陈居士在当地带出不少慈济志工，约旦籍的慈济委员阿比尔居士，在发放同时，也向贝都因族人宣导有关慈济"竹筒岁月"的故事。当地人长年累月受慈济人疼爱，慈济人所说的话他们都点滴入心，明白平日所受，是来自于许多人的关怀，并了解小钱能成大爱，因此即使生活贫困，还是愿意捐出点滴善款。

还有位已高龄八十四岁的慈济志工，与慈济因缘深厚，过去她居住澳洲时，曾因病苦而难以维持生活，为当地慈济人的照顾户；当她的女儿——莉莉师姊，前往澳洲探望母亲，才知道原来母亲受慈济人照顾，将母亲接回约旦之后，母女都投入慈济做志工。

当陈居士为亲王介绍这位老太太的故事时,亲王对慈济人不分种族的大爱非常赞叹,逢人就介绍慈济,在皇宫内也常欢喜地与人分享。

哈桑亲王透过认识慈济,因而以慈导悲,以悲启智,以智显慧,以慧等观,无论是贫富、贵贱之人,亲王都能与他们会合在一起,如此平等的生命观,是多么美的画面。

菩萨在人间修,人间即是道场,只有人间才有真正受苦难的人,而在苦难中才能觉悟——苦、集、灭、道,因此佛陀来人间示现修行成佛,即是为了告诉我们,人间是成正觉的道场,佛法不离人间,佛陀所说的教法是谓人间法。

有	一	法	门	无	量	义	,
疾	令	菩	萨	成	菩	提	,
自	本	来	今	最	真	谛	,
万	物	性	相	本	空	寂	。

《无量义经》:尔时大庄严菩萨摩诃萨,与八万菩萨摩诃

萨,说是偈赞佛已,俱白佛言:"世尊!我等八万菩萨之众,今者欲于如来法中,有所谘问;不审世尊,垂愍听不?"佛告大庄严菩萨及八万菩萨言:"善哉善哉,善男子!善知是时,恣汝所问。如来不久当般涅槃。涅槃之后,普令一切,无复余疑。欲何所问?便可说也。"

《德行品》中叙述过,佛陀在开演《无量义经》前,道场中有一位大庄严菩萨带领在场八万多位菩萨,共同赞叹释迦牟尼佛之德。赞叹之后,大庄严菩萨见大家皆身心不动、心生欢喜,期待佛陀能再深入说法。因此《说法品》一开场,大庄严菩萨代表所有菩萨向佛请法:"世尊,我们在场的八万多人已经沐浴在如来的法中,还想追求更深入的法,请问世尊能慈悲为我们开示吗?"

佛陀内心由衷欢喜,知道这些菩萨都能了解佛心,也已发心深入求法,于是回答:"善哉善哉,善男子!善知是时",意即赞许菩萨们懂得把握时间求教,知道当佛陀开始演说《法华经》时,就表示佛在人间的时间已不多了。

佛佛道同,过去诸佛开演《法华经》时,皆已是接近入灭的时候。佛陀看到菩萨们如此虔诚、用心,已沐浴在法中,仍要把握时间再深入请法,就表示自当满足大家求法之心,说:"佛法深奥,有疑便尽管问,不要等到我入灭后,大家还抱着怀疑的心。"佛陀如此轻松地回答,让听的人心生不舍,也让我们感受到佛与菩萨之间知心知己的法亲之爱是多么温馨。

于是大庄严菩萨与在场的八万菩萨把握机会,请示佛陀:"菩萨要用何种方法,能最快体会人间道理,即刻就入法门,真正为人群付出?"

"有一法门无量义,疾令菩萨成菩提"。佛陀对大庄严菩萨及八万菩萨说:"有一法门,能令菩萨疾得阿耨多罗三藐三菩提。若有菩萨学是法门者,则能疾得阿耨多罗三藐三菩提。此法门名为'无量义',无量义从一法生,一法中包含无量义,若用心深入,就能知道此为万物生在人间的法——因缘和合法,因此法无量,不离一切,不可思议,这叫做'无量义'。"

"阿耨多罗三藐三菩提",意译为"无上正等正觉",此法门能令菩萨快速证得无上正等正觉。正觉,即信正法、觉道,觉道即菩提。只要信得正确,慧心就会随之产生,一旦启发慧根、信根,同时实际行动,就能体会得更多,于菩萨道上精进。

"自本来今最真谛",佛陀告诉我们,若已发菩萨心、行菩萨道,就要好好地入人群修学无量义,才能"无量法门,悉现在前",并非只念佛就可到西方极乐世界,也不是光靠打坐便能脱离三界;每个人都有不同的烦恼,烦恼即菩提,透过了解不同的烦恼、体会不同的苦,才能透彻世间的相——原来是相非相、是人非人、我亦非我。

只要细心观察一切诸法,用心一一地分析芸芸众生的苦,则可发现人间如此多的烦恼,原来都可以化整为零、化零为整,再分析到最后,不过是"四大"的会合。人若没有贪念,不贪名著利、不霸权争端,自然不起烦恼。

纵观宇宙一切诸法,无一法非因缘会合而有,因缘不具,则一切诸法悉皆空寂。即使我讲经时,也是因为有人聚集来听,才布置一处讲经场所,空间会合,因此成就讲经因缘。

所以说"一切诸法悉归毕竟空,如此之法,行遍竖穷",若法入心,能归纳诸法"毕竟空"——达到静寂的境界,不受外境所动摇,如此含融一切法,就能将法"行遍竖穷",无论横、直向都普遍透彻。"法性空寂而随缘遍现",法性本是空、是寂,这也是静思的理与法,因为静思理法本寂静,所以能随缘遍现,"森罗万象而一寂全修",仅是一个寂静便能全修一切法——将万法全归纳于一法,遍照森罗万象。

我们每天生活中的人、事、物,都不离真谛道理,若能以无量的智慧观察大地,听大地的声音,则无时无处不是生活在法中,无论面对何种环境、人事,都是在道理中,人事圆融,道理就圆融,所以说"自本来今最真谛"。

"万物性相本空寂",天地万物一切的性相原本空寂,一切为因缘造就——有因、缘会合,才有万事万物;因与缘一分离,则什么都没有。学佛,必须清楚明了时间、空间中一切的物理、生理、心理法,虚空无有二法,灭除纷扰,寂静自显,此法道理开阔而称为"无量义"。

诸法空寂,不纵不横,非一非二,不离四大,非相有无,无我无人,等同虚空不可思议。[①]

"诸法空寂,不纵不横,非一非二,不离四大",含义好像很

---

① 参考释智谕著《无量义经略解》:故诸法空寂,空寂诸法。不纵不横,非一非二。既不相属,亦非相应。无能无所,无我无人。等同虚空,不可思议。

深奥，道理实则就在日常生活中。诸如从精舍走出户外，可见一片树林，放眼望去，只见枝干纵横交错，相连难分。这些枝干到底是直是横？若乍看一棵树，可能会认为树干是直、树桠是横；但再深入观察地下的树根也有直、有横；无论是横、是直，都在空间中互相无碍，造就境界。

遍布大地的大树、绿草、花朵，是直、是横？因为彼此调和无碍，在虚空中共为一体，所以"不纵不横"，看来"空寂"；大地、虚空原本空寂，但在其中的万物却"非一非二"，不是一，也不是二，而有无数无量。

天地之间很奥妙，万物之相众多复杂，但一一分析到底，其生成都不离四大——地、水、火、风。如前面提过"木中有火"，木除了"火"也要有"水"；诸如种子缺乏水就无法生长，必须具足土壤、水分、阳光、空气这"四大"，才能成长为树木。

常可听闻欧美大陆的广大森林，有时遭逢干旱，树叶会因欠缺水分而凋落；若吹起焚风，干燥的树枝互相摩擦生热，一起火，整片森林大火就一发不可收拾。风原本凉爽，为何会变成热风，让枯枝起火？因木中有"火"，"火"由"风"起，

"风"能生"火",一旦不调便会酿成灾难。在大乾坤中,四大若调和,世界就显得空寂,能依循自然法则展现生命力;若一大不调,脱离法则,就会造成灾殃。

"非相有无",如在虚空中的一棵草,于晴朗的清晨能看到草尖有水,那是露水;虽然没有下雨,也无法感觉水存在空间中,但是空间中有湿气,所以会结成水。水平常受阳光热气作用,变成蒸汽;到了夜晚热气散发之后,又再凝结为水。想想,空间虽然无形,其中却有万千变化,能含融万事万物,然而分析一切,其实都是由"四大"——地、水、火、风所互生互成。

《无量义经》云:"其身非有亦非无,非因非缘非自他。"虚空本无相,但其身却"非有"也"非无",既不是"无相",也不是"有相"。空间有相吗?生成何种样貌?正因为虚空无形,才叫做"空间";但是空间里能看到桌椅、花草,又显现出"有"。无形的空间能容纳有形的万物,有形的万物则必须在空间中才能显现,所以"有"与"空"无法分离。

在大空间、大宇宙中的万物之相,如同虚空,其身同样是"非相有无",所以我们无法分析其相到底为何。"无我无人"也同此理,哪有"我"?"我"也是由因缘和合而来——我们和父母有缘，父母之间有因缘互相吸引，父精母血，因缘会合，才有了"我"。

"我"具有身体，身体是什么？分析到底同样不离"四大"——身体、骨头等坚质部分属"地"；流动的呼吸气息是"风"；痰、泪、血液等为"水"；体温热气等是"火"。若是四大不调，身体就会百病丛生；四大会合，一切就相生相成。

因缘需和合，才有世间诸相。例如在火车经过时，我们能听到声音，但通过后还有声音吗？其实有，只是声音存在的空间已不同；在这列火车的缘和这块土地的缘尚未接触前，我们听不到声音；当这辆火车慢慢地顺着铁轨和这块土地的缘会合时，在这个空间的范围内就可以听到声音。

因此声音不是无中生有，是"因"有那列火车，"缘"着空间上的铁轨、适当的距离范围，火车才能从远处驶来而会合出声音；因缘不合，声音就灭；因缘相合，声音即生。火车经过后，声音在这个空间中虽然消灭，但是火车经过的空间中仍真实有声，只是声音已不存在于过去的空间中。

人生也是如此，此刻"我"在吗？有，但是经过无常之后,"我"便不在了;回溯过往,曾有这个人吗?人虽已不在却仍是有。与火车声音的道理相同——本性空寂,相则随因缘生灭。

"等同虚空不可思议",人生包含在虚空中、天地万物之间,也在诸法中。明明我们所接触到的范围,什么境界都有,但是一切诸法悉归毕竟空,皆是随因缘而生灭,"有"存在于"空"中,所以说"空中妙有"。

空间中存在的"有"若是调和,境界就显得空寂。如我讲经时,现场虽有很多人,但是因为大家都能守规矩,安静地听着,相互无碍,所以虽有似无,如此宁静、开阔,这不就是一个很美、祥和的境界?人与万物皆共存于这个大空间中,只要能时时保持感恩、尊重、爱的心情,珍惜万事万物,如此心便能不受污染、是非动摇。

心念本无形,空寂无一物,唯恐狂惑迷思,贪念浮动,自乱心向,执秽生浊,妄缘互障。心净,大圆镜智现。于一知无量者,而一入于多,而多不碍一,一一诸法,悉皆互摄互入,是为无量义。周遍圆融,一切无碍,一切诸法性相湛寂,如如不动,犹如虚空,于如来地,坚固不动。①

"心念本无形",无论起心动念是什么都无形,譬如大家齐聚一堂闻法,各有不同的心思,比邻而坐却彼此不知道,因为心思起落于无形,无法得见。

我们的心本是"空寂无一物",明眼人用眼睛接触外境时,根、尘一会合,很快就能分别一切境界,并收入在内心的意识

---

① 参考释智谕著《无量义经略解》:诸法空寂,故佛于无量知一。空寂诸法,故佛于一知无量。于无量知一者,是多入于一,而一不碍多。于一知无量者,是一入于多,而多不碍一。一一诸法,悉皆互摄互入,周遍圆融,一切无碍,是为无量义。如是空寂,离一切相,故无大无小。空寂之法,毕竟不可得,是故不可得生,不可得灭。因为生灭之法,缘起如幻。以缘起如幻,如幻则不实,以不实故,是以性相空寂,无有生灭。所谓生灭者,众生妄见也,众生不如实知见,故于不生不灭中妄见生灭。若离于妄见,便不见生,亦不见灭了。一切诸法性相湛寂,如如不动。故不来不去,不进不退,犹如虚空,平等不动。细观此心,本自清净,本不生灭,无来无去,无相无法,无住无碍,妙湛不动,斯应一切。故能以无相应一切相,无知应一切知,无法应一切法,无变异应一切变异。故行人若能直观心性,便知即时生住异灭了。一念才动,便生住异灭宛然了。故古德有云,学道先须细识心,细中之细细难寻,可中寻到无寻处,方知生心是佛心。菩萨如是观已,于是于一能知无量。深入众生之根性欲,所谓悉知一切众生心心所法。因为众生根性欲无量故,所以说法无量。因为说一切法者,为对治一切心故。

中。可是有些人眼盲看不到,该怎么办?我会说用"心"看,心在何处?心也是无形不可见的。

人心无形却很精密,造就多少现代科技。如相机,照相时"咔嚓"一声就能收摄影像,或者能以摄影机录下对境的刹那影像。然而所摄入的影像到底在何处?想看影像,光有影片还不行,需要有放映机,透过科技辅助,录影、放映因缘会合,才能再现当初的影像;因缘若分开,影像则消失。即使现代科技能留住刹那形影,然而再观看时,却也只能见到平面的影像,而无法触碰到影像里的形体,这是因为形体所存在的境界已不在。

世间万物皆幻化,种种境界虽然看来有高低起伏,但是实际上"空寂无一物"。心同此理,话说了即过,有心的人会记在心里,记忆在脑海中;无心的人,脑中没有存住记忆,还是无一物。科技录影的原理如同心的记忆,是经由人的智慧所生、由心所造,然而无论科技如何进步,仍无法留住真实人生,因为此刻的境界一迁移,诸相便空寂、消失。

世间相本空寂,但人的心却常因"狂惑迷思",导致"贪念浮动,自乱心向",狂就是乱,心的次序若狂乱、迷惑,对人、事、物就会产生颠倒乱想,即迷思。

人人心中原有一片如来境地，但是对现前的境界一旦产生迷思，贪念就会浮动，使清明的如来本性有所晃动；如摄影机原本录得很清晰，投影在白布上的影像也很清楚，但若放映空间中有人晃动，就会干扰投影的影像，使人无法看清境界。

到底何人乱了我们的心？其实是自乱己心，让自心的方向偏差，所以修行者须时时守护这念心。诸如我们前去缅甸援助风灾灾民，在发放稻种、肥料的同时，也会把握机会介绍慈济理念，需借重放映机，在克难的露天环境下播放"竹筒岁月"的历史影片；风一吹，投影的白布随风摇摆，影像摇晃不清，志工们却能临危不乱，手拉着白布，心念明朗，以坚定的意志安定浮动的境界，展现的道心深深影响当地人。

"执秽生浊，妄缘互障"，指心妄执于"秽"——外在污染的境界，让欲心生起，使无明在心中造成污浊障碍。五浊恶世是由众生互造，因大家五浊的心念——劫浊、见浊、烦恼浊、众生浊、命浊，纷扰不休，才会相互障碍。心妄，外在境界才能扰乱我们，让我们所见、所想混乱不明，容易与人结下恶缘；或许原本有人的心很清净，已发一念道心，却因自我或旁人的观念偏差而受影响，障碍彼此的心。

"心净，大圆镜智现"，自心譬如一面圆镜，能清楚地映照出万物的境界。如前面提过，镜子与镜子间若有一盏灯，镜子透过互映，能不断以倍数复制灯的影像；倘若自我衡量不正确，就容易受镜子所迷，意即被环境所迷惑。所以我们不要关闭心镜，在内心不断地复制幻境自迷；心镜若开启，常保清净、分明，内在智能起了清楚分别的良能，就能现出大圆镜智，透彻遍照各种境界。

"于一知无量者，而一入于多，而多不碍一"，倘若内心清净如镜的智慧现前，照彻境界，则无论山、水、道路、森林等万物都能清楚分明，一切无碍心智。由明净的心智所产生的良能，力量不可思议，所以佛说"神通"；"神通"是什么？其实就是精"神"敏睿则一切"通"达。我们的心智若明朗，对于世间万理便能清楚通达，互相不障碍。

如此就能达到"一一诸法，悉皆互摄互入"，如同录影一场演讲时，讲者摄受境界，摄影机同时摄受讲者的影像，彼此并不会相互干扰；虽然摄入的影像，在录影设备关闭后就消失了，但是若因缘会合，就能再度播放；尽管录影当下，讲者要用心叙述、解释，工作人员也很辛苦，但是若听闻的人能有所启发，无论付出或接受的人皆能互摄互入，彼此道心互相成就，如此"是为无量义"。

只要去除无明，显现本具的智慧，世间彼此就能"周遍圆融，一切无碍"。"一切诸法性相湛寂，如如不动"，心本无一物，天地万物也本静寂，这是天地间原本就存在的"法"，却因为众生的心不平静，迷了思想、乱了思路，佛陀才需以诸法对治调整；倘若大家的心都很清净，就不需要用法。如摄影机，因为要录影，才被使用而产生作用；不录影时，摄影机则闲置，摄影机本身有法，却因不需要用法，而呈现出湛寂的状态。

"犹如虚空"，好像虚空原本静寂清朗，是因为四大不调，才会聚云下雨、狂风大作，一旦风雨过度，便会产生灾难，其实虚空原本静寂。同理，人人若能回归本性，清楚人生一切都是幻化假相，不受迷惑，则任何外在境界便不能使我们动摇，心自然能"于如来地，坚固不动"。

虽说一切空，然于——爱处生爱，瞋处生瞋，慢处生慢，痴处生痴，自诳身心。

《般若心经》云："心无罣碍，无罣碍故，无有恐怖。"道尽一切皆空,即"色、受、想、行、识"五蕴皆空;虽然经中的道理我们都知道,也能背诵与讲说其理,但是能落实于日常生活中吗?尽管知道一切是空,然而身处爱欲的环境,当境界来临时,心中爱欲仍无法断除;看到令我们不喜欢的人、听到不中听的话时,瞋心还是会生起;遇到不如意事,仍会发脾气。

常说人与人之间要放下身段、谦卑、礼让,但是当境界现前,还是常常产生自大我慢的心,或是因听他人诱引,而对法、对人生疑;于是疑处生疑、痴处生痴,无明当然舍不去。

贪、瞋、痴、慢、疑等无明习气,容易随着环境,不断地在我们的心中产生、复制。当我们告诉他人:"《般若心经》说'五蕴皆空'。"自己实则没有"空",在日常生活中,身、口、意还是不离贪、瞋、痴、慢、疑,身心不断地自诳、自大,这就是自欺自诳——自欺己心,也欺他人。

在环境中若能看清楚财、色、名、食、睡为"地狱五条根",就知道应该要时时勤精进,不能在"爱处生爱,瞋处生瞋,慢处生慢,痴处生痴,自诳身心"。

众生执染秽为清净，安其陋习污浊，不求出离，譬喻指冰即水，不求融化，水还是冰，哪可饮用。

众生执著，常执污秽为清净，分不清什么是清净？什么是污秽？因为长久安身在陋习中，无法清楚觉察自身的习气，才会将错误视为正确。需知一切罪源皆从身起，因人的身体行动才造业，而一切行动无不是由心造作，所以心能清楚分别，自然就不会受污染而不自知。

修行是为了要觉察、去除习气，若能清楚觉察自己安住在陋习中，应赶紧改过，学习调整习气，进而慢慢地去除，坚定正确的方向。康庄大道应该直行，不要绕道，若起步偏了一点方向，也许就会离目标愈来愈远，无法再找回大道。

有人说："师父不是常说一切只是原理而已，所以不用执著。"不必执著的是名相，一个道理能有许多名相，但是我们不能只执著于名相，或将名相变成道理，却不深入了解它的意义。譬如冰和水的差别在于"相"，冰是冰的相、水是水的相，物理上水能结成冰、冰能溶为水，我们却不能只执于"水就是冰，冰就是水"的原理。倘若执理为无相，那么道理还是行不通，因为口渴时需要喝水才能及时解渴；冰却需要时间等待其溶化后，才能一饮解渴，因此尽管冰能溶为水，但未溶化前还是无法饮用。

如同人性本善，人人都有成佛的可能，然而在习气未改除前，仍难以通达万物事理，展现智慧。就像请一个缺乏耐心又性急的人，担任人与人之间的沟通桥梁并不适合，因为还不是时候，必须经过时间，耐心学习谦和忍让，才足以承担此任。就如化冰为水，必须等待。

有时觉得某人足堪重任，却未料在赋予重任之后，他却陷于执著权力，单纯的心思变得复杂、刚强。由此可知，环境会影响人的本性，同样一个环境，能让复杂多欲的人变得单纯，在待人接物中体会并改正过往的错误；不过有时单纯清净的心，也会在相同环境中，不自觉渐渐地受到外境的尘埃所污染，因此生活中须时时擦拭心镜。

诸如有位二十余岁的年轻人，出身良好的家庭，父母都是慈济人，家中事业经营有成，对这个孩子则呵护备至，然而父母的关爱却让孩子嫌弃，感觉是管教，于是他向外寻找自由、快乐而结交坏朋友。曾有人劝他："你的父母如此疼爱你，还有这么好的家庭环境，应该把握机会好好地学习，将来继承父母的事业。"他却觉得：我为何要继承事业，工作得这么辛苦？并不珍惜父母给予的好环境与事业前途。

幸好他本性善良，当朋友邀他去打架时，他觉得这样的行为不对，所以不去，朋友相邀不动，就逐渐远离他。他既不接受父母的关爱也失去友情，一个人感到很孤单，后来甚至得了忧郁症；父母不得其法的关心形成压力，让忧郁症更加严重，变成躁郁症。由于始终安不住心，就医成效自然不彰，父母整日担心烦恼，最后求助慈济人帮忙。

有位慈诚队员很有智慧地邀他："你陪阿伯到养老院。"

他说："为什么要去养老院？"

"你听阿伯的话，今天陪我去。"

到了养老院，他看到一位孤单的老人家，问慈诚队员："他家很穷吗？"

"不,他们家不穷,你可以问这位老先生。"

老先生告诉他,自己有孩子,家境并不穷困,他忍不住说:"你的孩子怎么那么不孝。"话一出口,就感觉:仿佛在说自己。

养老院里还收容有智慧障碍或肢体残障的人士,有些年幼、有些已成年,当他看到一位年轻人吃饭需要人喂食,就问:"他到底几岁了?为什么吃饭还要人喂?"

慈诚队员请他自己去问,尽管心里有些不情愿,他还是走过去问:"你几岁了?"

对方因罹患脑性麻痹,导致生理无法自主,很辛苦地勉强回答:"二十七岁。"

声音却怎么听都听不清,还得靠旁人翻译,他不禁想:这位年轻人与我同龄,为何只是说一句"二十七岁",就如此辛苦?

他心生不舍,又问:"他为什么被送来这里,没有父母吗?"

"有,他父母年纪大了,身体有病,家庭又困难,不得已才将他送来这里。"

他想:自己的父母年龄也不小了,但自己的家庭环境很好,身体也很健康,与这位年轻人相比,难道不应知足?

回程时,慈诚队员告诉他:"你都看到了,你很好命,因为没有接触到其他的环境,所以无人可比较,可知道你的父母现在已经五六十岁了,人生无常,没有人能知道下一秒会怎么样?"

他反驳:"有人活到八九十岁。"

慈诚队员说:"今天你再陪我去一个地方。"

慈诚队员就带着他到医院当志工,去慰访小儿科及癌症病房,当他看到有幼小的孩子在加护病房急救,又看到许多罹患癌症的病患,才二三十岁,或五六十岁。他终于恍然大悟:人生原来如此无常,我还要求什么?于是对这位慈诚队员说:"阿伯,我是不是能常和你在一起,听你说道理?"

"可以,但是你还得跟着我做。"

"好,我跟着你做。"

从此,这位慈诚队员带着他一起去做环保志工、关怀老人院、服务残障人士等工作,也曾到静思堂做志工。他的父母告诉我:"师父,我很感恩,捡回了一个儿子。"这位年轻人原本不知自己是个好命的人,因为他不曾和他人的境界比较,安住在优渥的生活中,却不知道心已蒙尘,在看尽人间相后,心境豁然开朗,不再执著在自身相,生命从此有所转变。

人生若是执著,心就容易受污染,若能及时明白道理,就能破除执著的障碍,回归本性;每个人虽然随着生活环境、年龄、业力等不同,会产生不同的相,其实本性皆同。学佛者须明白,许多道理看似平常,但若未经时间考验,真正去理解力行,仍难以透彻而无法增长慧命。

不久前,一位慈济委员带她的女儿前来拜访,告诉我她的女儿要出国进修。一看到女孩长得这么大了,不由得回忆起当初她年纪还很小,妈妈曾带她来访时的可爱模样;而今淑女般端坐着,言谈之间,可以感受到她战战兢兢,仿佛很拘束。十余年前年幼时的相,为何与现在的相不同?小时候天真无邪,无论对方是谁,只要她喜欢就会靠近对方,将对方抱得紧紧的，为何现在已不是这样的形态？人的性情也会受环境影响而不断地转变。

　　人时刻都在变，只是自己不知觉；人的相，会随着时空转变而不断地产生变化，性也会随之成长，渐渐能分别事理等，但本性不会改变。在变化过程中，心若受污染而产生习性，习性就会累积污秽，覆盖本性。因此学佛要照顾好心，将心安住在清净的本性中，而不要安住在陋习污浊中，若能使智慧时时显明，所学的法便不会漏失，而能入群处众，自在运用。

> 只因众生虚妄计，六趣轮回苦难离，
> 佛陀宣说第一义，普令一切复无疑，
> 所发慈悲明不虚，诸众菩萨应修习，
> 一闻能持一切法，令诸众生得大益。

　　"只因众生虚妄计，六趣轮回苦难离"，众生往往因一念虚妄计著，心生欲念，自起烦恼，如俗云："人心不足蛇吞象。"自己没有那么大的肚量，却要吞下那么多的东西，这就是"虚"——不踏实。我们要心包太虚，将天下视为一家亲，而非内心虚妄、迷乱,妄想独尊天下,将天下占为一己所有,处处横行计著,不按道理行走,内心充满贪瞋痴,犹如人间的魔。

"佛陀宣说第一义,普令一切复无疑",佛陀希望引导人人都能走上正道,才不断地倒驾慈航,示现人间,时时以方便法或真实法教育众生,权中隐实、实中有权,但无论权实,直指一法——真实法,即是"无量义"。

无量义即"第一义"——唯一的真实法,能应万法诸相,以事相应众生根机,在事相中有真实的道理存在,这就叫做运权巧——能在实法中运权,权并非虚妄,在方便法中亦不离实相。佛陀宣说真实法,目的就是为了开导众生的智慧,让一切众生都能信服,没有疑问。

所以经文中佛陀对大庄严菩萨和八万菩萨说:"你们若有疑问就赶快问,时间所剩不多,我不希望大家心中对佛法还有怀疑。"众生有八万四千种烦恼,佛陀因此应机逗教,就如医师研究各种病例,应病下药。又如现今常听到发现罕见疾病,医学界为找出治病的方法,不断地以生物学或生理学等方法来研究人体,渐渐发展成治病的科学。佛学、佛法,不也如此?学佛不能只停滞在二千五百多年前的观念,应该随着目前时空的生态了解佛法。

"所发慈悲明不虚,诸众菩萨应修习",佛陀教化众生,是为了要让人人皆能发起慈悲心、行菩萨道,精勤修习,上求下化,把握分秒投入,不要让所发的慈悲心虚妄空过,进而"一闻能持一切法,令诸众生得大益"。

诸如慈济人常接到弱势家庭的救助个案,透过访视、帮助这些家庭,能更了解人生是苦,见苦后便可以反思:自己还有什么好烦恼?如此见苦知福的课题,并非看一次就能透彻道理,而是要不断地深入众生群中,无论是个案家庭或是社会人群,都有不同的烦恼、苦难,能带给我们不同的修习议题。

我们应一边复习,一边进修,如同要成为慈济委员,需要先见习再培训,并不是受证之后功课就完成了,此时才是真正要投入"苦"境中,修习体会人间之苦的开始。

菲律宾有一则个案——二〇〇七年八月间,帕布、梧提两个台风接连侵袭菲律宾;当地有个"梦乡村",离马尼拉市约两小时的车程,地处海边,生活环境脏乱,是个贫穷的渔村,平时居民生活已很穷困,在连续遭遇两个台风侵袭后,更是陷入令人难以想象的悲苦环境。慈济人在风灾发生后,立即前往梦乡村救灾,此后并定期举办义诊,关怀村民。

梦乡村有个六口之家,家中有一对父母和四个孩子,家计全靠一家之主尼顺出海捕鱼维生。二〇〇八年一月间,尼顺出海回家,发觉脚趾有点肿,不以为意;但过些时日,脚趾却慢慢地起泡肿大。

他曾到马尼拉市就医,回家后按照医嘱,以漂白水混合药物消毒脚趾,结果反而造成溃烂,情况恶化到甚至右脚掌脱落也毫无知觉。于是再次就医,医师看诊后,却只要他继续清洗伤口。尼顺因家境贫穷,无力再转诊,只好任凭脚继续腐烂,全家长期忍受满屋恶臭。

慈济人医会前往梦乡村义诊时,听到这个讯息,一位王医师便立即赶到尼顺的家中为他看诊;当王医师一打开伤处,整群蝇虫飞起,恶臭让身边的人赶紧遮掩口鼻,但王医师却不避恶臭,先赶紧为他初步清理严重的伤口,隔天再将尼顺送到马尼拉的医院请骨科医师吕振盛为他看诊。吕医师一看到尼顺的脚就说:"要赶紧截肢。"随后安排尼顺住院,悉心为他治疗,圆满完成截肢手术。

医师表示,尼顺的感染主要是因长期烟、酒,加上用药不当,导致末梢神经已经坏死,才会脚掌掉落也没有知觉;虽然花费不少医疗费用,但是在经过多日治疗后,尼顺终于出院,脱离了病苦。尼顺说:"我欠慈济一条命,现在保证会好好爱惜身体,以生命重新回报社会。"

不久后,当慈济再次前往当地发放时,尼顺也现身说法,鼓励大家要珍惜生命、回馈人群;而他的太太也开心地说:"医师就像第二个上帝,拯救了我的先生,我很感恩慈济。"

人间菩萨不仅要帮助众生脱离苦难,也要救助众生的心。佛陀以《无量义经》教育我们,世间法本来简单——一善、一恶,能让人间成净土,也能使人间变三涂;若善法普遍人间,就能教育人人回归如来本性,使人间成为净土,令诸众生得大利益。

起信心故,方向不杂乱,坚固定心;起慧心故,观心即闻即行,起精进心。

"起信心故,方向不杂乱",经云:"信为道源功德母,长养一切诸善根。"我们要坚立正信,而不要迷信。信的方向很重要,若正确,自然没有杂乱干扰,而能"坚固定心"——心志就能坚固不动;否则有一点偏差,则"差之毫厘,失之千里"。

倘若能持正信,志坚力行,则"起慧心故"——自然能在心中建立起智慧,进而"观心即闻即行,起精进心"。修行得时时反观自照,一般人多是观察外在,能建立起智慧就能使我们反观自性——自己的心;心常清,耳根即能闻世间大地万物、一切众生与人与人之间的声音。

常说心静时,能贴近大地,听见大地呼吸,除了草木动静、虫鸣鸟叫之外,还能感受空间静无一物的声音。如孔子的弟子——公冶长,听鸟声能知鸟语,就是因为心静则境静,所以听到任何境界无不是说法的声音。《阿弥陀经》中也叙述,在西方净土中,无论是众鸟、诸树等,无不都在说法。

我们若能静心听一切法,闻自性佛心,坚定心、行的方向,就要赶紧行自性智慧的法于人群中,行动中自然能起精进心。听法后,若不能身体力行,永远只是停留在原地,闻而如不闻,即使有缘与法会合,法在身上没有作用,也只是徒让时间空过,随身体不断地老化,懈怠人生。

在慈济,有一位虔诚、精进的环保志工,她日日拜佛、诵经,诵得句句分明;她不只拜佛虔诚,还认真力行佛法,真正做到信行合一。

她曾与大家分享:"我很烦恼。"

旁人问:"你如此虔诚拜佛、念佛,又认真投入环保,还有什么烦恼?"

她说:"我很认真听师父说法,知道发脾气就是自起烦恼,但仍无法控制自己,脾气一来,说话就会伤人。"

她一发脾气,话说出口之后,知道伤害到他人,当下立即反省,也知道要改习气很困难,因此说:"我很懊悔,于是赶紧到佛前礼拜、忏悔。"

这位志工虽然已潜心修行,时时听法,相信人人心中都有清净的如来本性,也知道过去因造就现在果,此生才受尽人间喜怒哀乐的苦磨,但是仍尚未调伏烦恼,可见要降伏习气真的不容易。

所幸她有坚定的信心、正确的方向，身体力行，持续坚持去除习气，所以能不断地精进——过往的习气虽重，但能一犯就知错，习气再现就立即反省、改正，表示她时时在警惕；能够如此勇猛精进，无论习气多重，相信都能慢慢地修正进而去除，使智慧增长。

> **菩萨如是谛观，生怜愍心，发大慈悲，将欲救拔，深入诸法，住异灭诸法相如是，诸善恶法亦复如是。**①

"菩萨如是谛观"，"谛"即甚深、透彻的真理，菩萨以智慧深入观察天地万物事相的道理，透过观察人间诸相，思考天地万物原本空寂，却为何如此复杂多相？此"相"不离大自然的"三理四相"，物理的境界——成、住、坏、空，人的生理境界——生、老、病、死，以及心理境界——生、住、异、灭。菩萨谛观众生诸苦，故"生怜愍心，发大慈悲，将欲救拔，深入诸法"，菩萨救拔一切众生的方法，即是教导众生深入诸法，而

---

① 参考释智谕著《无量义经略解》：菩萨摩诃萨如是谛观。生怜愍心发大慈悲将欲救拔。又复深入一切诸法。法相如是生如是法。法相如是住如是法。法相如是异如是法。法相如是灭如是法。法相如是能生恶法。法相如是能生善法。住异灭者亦复如是。

诸法就在天地万相中。

"法"即是知道,"相"就是能分别,然而知道、分别后,还需身体力行才能"通达"诸法实相;否则境界现前,很快又会被牵引。人有人相,事有事相,理有理相,千般万法,无不都是在相中显现。

行菩萨道、自度度人,就要学习菩萨深入诸法,通达诸法实相,才能运用权智逗教众生。佛陀因应众生根机施教,才开启诸多方便法门,以权智逗教,其法广大,不可思议——此法收摄,只是简单一法,散放却是广大无边,此即为何行菩萨道要学法。

世间实相为何?是相非相,无相无不相,相相无碍;一能生多,诸法不碍于一;世间的万法万相,实则归于一实相,"住异灭诸法相如是,诸善恶法亦复如是",行菩萨道若不能通达此理,如何运用权智度众生?佛法如大海,唯有不断地精进,才能深入一切实相,真正了解法的由来。

诸法不离四相——人的心态有"生住异灭",生理有"生老病死"的过程,天地则有"成住坏空";内心无明会影响日常生活的生态,造作种种恶业,直接或间接地造成天灾人祸。归咎种种灾祸的发生原因,都是源于烦恼纠结,无论善法、恶法同样不离四相循环,转一个方向是善法循环,稍微偏差就会导致恶法循环。

"四相"——除了三理四相之外,还能再解释为"人相、我相、众生相、寿者相",但此四相仍不离生住异灭、成住坏空与生老病死。世间万物瞬息分秒无不在生灭变迁,因此我们应透彻了解"四相"的意义。此刻你、我的形象看似如此,并不觉得有什么变化,其实身体无时无刻不在新陈代谢,体内的细菌、微生物,不断地生灭,以新换旧,才能维持身体健康;身体犹如小乾坤,瞬息分秒或呼吸间,皆在变动、变异中。

菩萨因能微细、缜密地观察,悉遍知已,故能进一步"谛观"入理——深入真谛道理中观察诸法。所以人人要先入谛理,若没有入理,想了解法就很困难,这也就是佛陀为何说法首要宣说"四谛法"——苦、集、灭、道的缘故。菩萨在四谛中观诸法,就能清楚法是"念念不住,新新生灭,复观即时生住异灭"。

心能安住在法中,心念清净,念念不住,自然没有人我是非,即使清楚知道谁是谁非,但由于心不记恨,如船过无痕,所以仍在法中。如佛陀讲经,常提起提婆达多于过去生如何迫害他、在这一世破坏佛法等故事,但这只是以法比喻,目的是为了让大家知道何者正确、何者不正确;过去无论有任何恨、愁、怨都已过去,心并无挂碍。

法同时也新新生灭,就如我们身体的新陈代谢,不断地汰旧换新;又如晨昏的循环运转,时间在分秒中转得很快,黑夜过去,太阳便升起,一秒钟都不曾停歇。在谨慎仔细地观察大乾坤和自己的小乾坤后,便能知道天下谛理诸法,皆是瞬息间生、住、异、灭。

> 斯经譬如一种子,百千万亿从它生,
> 千亿种子复又生,展转乃至无尽量,
> 一法能生无量义,无量义者一法生。

"斯经譬如一种子,百千万亿从它生,千亿种子复又生,展转乃至无尽量",即是《无量义经》的精髓。常以果树为喻,无论是龙眼、荔枝、芒果、莲雾、苹果、水蜜桃等,一棵果树能生出累累的果实，都是从一颗种子所生；一颗种子入土后，经因缘会合、时间累积，会茁壮成大树，每年随着季节开花、结果，有时能结果长达数十年，无法计算果实的数量。将每一颗果实里的种子再拿去种，又能长成无数棵树，如此不断地生长，就能"展转乃至无尽量"。

倘若了解《无量义经》中"一法能生无量义，无量义者一法生"的道理，就能通达人间诸法；如同一颗种子，能生生不息，长养无数林木；又如点燃一支蜡烛，便能再点燃无量无数的蜡烛，照亮无数暗室。人人本具光明本性，只因被无明覆盖而不觉，就像一支尚未点亮的蜡烛，所以需要借火点亮，才能展现本性的光明。

大陆贵州自古贫瘠，当地孩子就学不易，平均一百位孩童中只有二三位有机会受教育；由于地处偏远，环境艰困，愿意到此地教书的人很少；在师资缺乏的情况下，当地的孩子若能小学毕业，或只读小学四年肄业，就能当老师，长期以来教育品质并不高。

慈济在十多年前走入贵州助学，不仅帮助他们改善生活环境，还鼓励父母让孩子读书，使贵州孩子们普遍能有就学机会。近年教育逐渐普及后,孩子们不只能上小学,也能继续就读初中、高中,甚至大学。有位年轻人——谢东,在城市就读大学外语系毕业后,毅然婉拒企业邀聘的高薪工作,回到家乡贵州罗甸县当英语老师。

他回乡后,一个人执教三个班级,每周还花四个晚间帮学生们补习,将时间全数用在学生的教育上;教书的薪水微薄,加上乡下物质条件不丰,常缺乏菜、米、油、盐等,他不但不抱怨,还种菜和学生分享,让学生能全心用功。

学生们感受到老师付出的用心以及大爱,纷纷立志向老师学习,希望将来学成后能为社会付出,回馈老师及所有曾帮助他们的人。这一群师生虽然生活简单、物资匮乏、教室简陋,但是琅琅不绝于耳的读书声,却表达出他们充满希望的喜悦。

谢老师一心求学,用时间换取知识、智慧,学成后,克服贫穷、交通与物资缺乏等困难,再回乡奉献教学;尽管刻苦,但是只要听到学生们认真读书的声音、看到学生们精进用功的身影,他便心不退转,可想见不久的将来,一颗颗种子就能茁壮而成为菩提林;一支支蜡烛点亮后,便能彻照环境,使黑暗变成一片光明。

我们应体会"斯经譬如一种子,百千万亿从它生,千亿种子复又生,展转乃至无尽量"的道理。佛法是智慧的种子,智慧虽然人人本具,但是若因缘未会合、未将法入心,这颗种子仍无法成长,开展智慧。无量的法在人群中,只要好好地运用善法,自利利他,他人获得善法后,也能再影响无数人,这就是"一法能生无量义,无量义者一法生"的道理。

我们若能入理,便要以身作则,不只是言教,更要身教,开辟心地、广播善种。若能如此,相信不只自己的心地能变成菩提林,还能将累累果实的种子再撒播于其他地方,使林迹广布。虽然我们距离佛的时代、故乡如此遥远,但是只要有此经在心中,相信就能一理通、万理彻,开启无量法门。

无量义者,从一法生,其一法者,即无相也,如是无相,无相不相,不相无相,名为实相。

"无量义者,从一法生",天地万物、万事、万理无不是从"一"生,常说"一理通,万理彻",若只是知道,但是心不通,即是还未"悟"。

"开、示、悟、入"是佛陀来人间的一大事因缘——众生有八万四千烦恼,佛陀就"开"八万四千法门对治;还要一一解释这些烦恼与法门,为"示";大家还不能"悟",是因为仍无法深"入",因为众生健忘,万般法门时时得从头说起,其实"无量义者,从一法生",一觉一菩提,佛陀觉悟宇宙万物的真理,无不收纳于一觉——一念妙湛不动的心;觉者自觉,不觉者还是不觉。

我们要时时细思,好好地观察这念心,才能透彻清净本性是妙湛不动、奥妙精细,生生世世不生不灭,在凡不减,在佛不增,只不过一切法为对一切心故,其实心外本无法,法皆由心生。

心如镜,是透过照映外境,才会显现出种种境界,其实镜本清净;所以有时闻法,心会感到赞叹——可以感受到佛陀觉悟人间万法的无穷道理,以及过去的祖师大德,衷心体悟佛陀教法后,所化成文字结经的精神,每每深入经文,走入忘我、微妙的境界,就会深刻体会到这念心是如此真实,妙湛不动。

人间境界无不在"成住坏空"之中,往往因四大不调,在同一时间,不同国家就有不同的灾难,有时面对世间法,即使只是借重现代科技,打开电子信箱,接收国际间传回的讯息,就已觉得天下之大。透过观察世间事，我们自然能明了佛陀所说的教法——宇宙万法的道理。

佛陀为教育未觉的众生，而开启无量法门，使其能了解"其一法者，即无相也"；无相，即是妙湛不动的境界，因为此境界如此美妙、精湛，只能体会、觉知，无法以言语形容，也无法表现出实相，所以"如是无相，无相不相，不相无相，名为实相"。

万物各有其自性存在，诸如花有花的种子，树有树的种子，种子各有其本性，花绝对不会变成树；但是树会开花也能生油，樟树可以提炼出樟脑油、制成樟脑丸，桧木能精炼出桧木油；同样是木，不同的木有不同的性在其中，炼制出的油也各有其性和作用。万物各有本性，却能显示出万相，然而万相分析到底，其实是无相，无相却也无不相。

若有精湛的智慧，自然通彻种种道理——能以"智"分别诸法万相，以"慧"等观众生。众生因为执著——执我所有、执我所爱，因执生欲，故烦恼无量。欲因著相而生，但是我们在世间无法不分别相，因此重要的是如何在分别过程中，能学习不执著、不受相所障碍，不会纠结在烦恼中。

学佛，除了"开、示"，还要"悟、入"，在自己开启本性、了解法以后，还要发愿以法度众生，灯灯相传、法法相度，这就是菩萨道。只要正觉不离心，不离天下万物，心与天下合而为一，如此就没有善恶、粗细的分别，才不会执于天地万物之相，导致生欲而烦恼不断。一切就从我们的心开始，倘若能仔细观察自心，便可知一切都是法，一切唯心造。

心即佛，佛、心、法本一体，万物有性相，无量不思议。

人人本具佛心，本性清净无染著，以此心观日常生活，则无处不是法，"心即佛，佛、心、法本一体"。既然佛说无量法从一生，为何还要说这么多的法？因为天地万物各有其性与相，时时诱惑着我们的心，人心在与万物性相会合后，自然会造作各种分别而起分别相，只要生起一念分别心，贪婪就会随着天地万物转变而生无量烦恼，因众生烦恼无量，故佛说法无量。

"万物有性相，无量不思议"，如此多万物性相的道理，其实分析到最后都可化整为零——种种物质的根本若分开，"相"就消失不见；然而所有物质也皆可化零为整——若有因缘会合，"相"就会产生，因此天下物理深奥，不可思议。

诸如在慈济人文志业中，有不同的部门，结合各部门的专业技术与现代科技的力量，能让数万里外的影像讯息展现在我们眼前；或者能分析微生物或是生物形成的过程，还能变成影像，用动画模拟呈现出平常肉眼无法轻易看见的世间现象。例如模拟一只鸟诞生的过程，从它在蛋壳里成形、破壳而出，到羽翼丰满等生长阶段，都能细腻地透过动画呈现让我们看得到、体会得到，了解其生成原理。可知这需要发挥许多人的智慧，整合种种发明才能达到。

在一个事相会合的整体过程中，每个人往往只知其一，不知其二，并非全能；凡夫再能干也有限量，然而会合无数的有限量就能成为无限量，和合无数人的力量才能成就整体。佛陀已透彻世间一切万事物理，所以为我们开启此法门，让我们能探索、了解。天地本为一体，而法无量无边，这就是佛陀觉悟的境界。

《无量义经》：尔时大庄严菩萨复白佛言："世尊！世尊说法不可思议，众生根性亦不可思议，法门解脱亦不可思议，我等于佛所说诸法，无复疑惑；而诸众生，生迷惑心，故重谘问。世尊！自从如来得道已来，四十余年,常为众生演说'诸法四相'之义……往日所说诸法之义,与今所说有何等异,而言甚深无上大乘'无量义经'?"

由大庄严菩萨所问的这段文字,就能证明《无量义经》的重要性,佛陀在说法四十二年后,才开演《法华经》,《无量义经》作为《法华经》的开经,其内容收摄了过去佛陀所设的权巧方便法,并开始转至真实法,说明此经正是一个转折。

"世尊说法不可思议",佛陀所说的法都是真理,虽然深奥,但是佛陀一说,大家都能体会了解,真是很不可思议。"众生根性亦不可思议",众生有八万四千烦恼,一烦恼一菩提,佛陀针对众生,一一对治,因此开八万四千觉悟的法门。试想,我们在日常生活中,有时只是要教会一个人懂道理都已不容易,何况迷茫众生?所以说众生的根机不可思议。

佛陀觉性明朗,不可思议;众生的迷茫、烦恼,同样不可思议,因此"法门解脱亦不可思议"。佛陀为使不同根机的众生都能清楚、明白道理,脱离迷思,进而彻底解脱,因此开无量无数的法门对治,难以计数,也是不可思议。

佛经中往往会使用很大的数字描述数量，例如仅一个道场中，就有菩萨八万人，国士、国女等百千万众等，甚至因为无法计算，而给予一个代名词——无量。经典中常使用"无量百千，乃至万亿"这样的数字，其实这只是一种形容，目的是为了要让大家能感受无量不可思议的境界。

在不同国度，使用数字的习惯并不相同，曾有一群来自美国、香港、印度的教授、博士来访静思精舍，他们专研人体神经——研究如何让中风的人透过脑部细胞修复，能再度恢复语言神经系统，或是肢体复健等功能。

谈话中，一位印度科学家提及，在印度有位"拥抱圣者"很有爱心，因为疼惜贫困苦难人，每天都要拥抱一万人。我好奇地问："不可思议，每天拥抱一万人，时间到底如何分配？有可能吗？"当时在场的医师、教授，都无法回答。

一天有八万六千四百秒，一秒钟只是一念间而已，况且还需要休息时间，平均拥抱一个人至少要花数秒钟，时间该如何分配？我锲而不舍地追问这位印度学者，他说："我不是数学家，所以无法分析。"现代也有如此不可思议的数字，因为我们无法理解，所以会感觉不可思议。

"我等于佛所说诸法,无复疑惑;而诸众生,生迷惑心,故重咨问",大庄严菩萨禀告佛陀:"您所说的教法,我们全部都了解,没有疑惑,只因为众生的根性如此多,无法透彻了解,容易心生迷惑,我才重新再问。"菩萨重新请佛说法,并非是不了解或是对佛过去所说的法有怀疑,而是因担心未来众生无法了解佛法,疑惑心会愈来愈多,才请佛陀亲口再解释。

菩萨继续问:"如来得道已来,四十余年,常为众生演说'诸法四相'之义……往日所说诸法之义,与今所说有何等异,而言甚深大乘'无量义经'?"佛陀过去所说之法不离四相之义——生住异灭、成住坏空、生老病死,还有人相、我相、众生相、寿者相等;而今在《无量义经》中仍说四相之义——苦义、空义、无常、无我,以及性无大、无小、无生、无灭的道理,为何却说现在所说之法是"甚深无上大乘'无量义经'"?到底现在与过去有何差别?大庄严菩萨为使未来众生能解惑,因此请佛陀再为我们分析。

众生无机,虽近不见,慈善根力,远而自通,慈善根力,有无量门,机多教异,其迹必广。

"众生无机,虽近不见",众生见佛需要有因、缘,还要根、机会合,否则尽管生值佛世,与佛同处一地,也"虽近不见"——无法看到佛，何况听闻佛法？

佛陀在世时，曾到一个有九万人口居住的城市弘法，其中三万人得见佛陀，亲闻佛法；另外三万人只知道迦毗罗卫国有位悉达多太子成佛，这位觉者已经来到这个城市，却不曾拜见，也不曾听佛说法；其余三万人，则从未听闻佛陀与佛法。可见众生若无机缘，即使离佛法很近也无法知觉。

"慈善根力，远而自通，慈善根力，有无量门"，慈善根力就是充分的爱心，只要内心有慈善根力，即使离佛遥远，还是能通达道理，不需亲闻佛陀说法也能了解佛法，启发善心、爱心，引导自己与他人走入慈善之路。

有慈善根力，能开无量善门；常说"自爱是报恩，爱人是感恩"——能自爱的人，身心就不会犯错，不会让长辈及关爱的人担心；若常怀感恩心待人，心中自然不起贪、瞋、痴、慢、疑等烦恼，不仅能善待自己，也敬爱他人。

"机多教异，其迹必广"，因为众生有许多不同的根机，所以佛陀开各种善门以应。世界各国有不同宗教、不同根机的众生，故有不同的教育方式，这就是"机多教异"。例如现代人生病,会求诊西医、中医等,在不同地方有不同的治疗方法;以华人而言,传统医疗源于中医的饮食和草药医学,眼睛所见、日常生活所吃的食物无不是药,无论米粮、面粉、大麦或是各种蔬果,都对身体有疗治作用,能补充养分。

医学上,有段时期提倡少吃淀粉类,以避免摄取过多糖分,或者鼓励痛风患者少吃豆类。其实无论是米类、豆类,适当就好,身体要健康,需饮食均衡,若偏食会造成身体不调;倘若身体不调时,中医师会告诉我们需要吃什么食物调理身体,或是结合不同的草药对治,这就是华人传统的药物治疗。所以佛教称晚餐为"药石",意思就是饮食是为了添补身体营养所设,视饮食为药。

医疗是一门很深广的学问,从中国到西方的医疗文化,发展内容广泛、脚步日新月异。中医的诊疗方式,是透过把脉以了解病患的身体状况,进而开方治疗;西医则透过仪器诊察,如用听筒听病人的心跳、喘息声,甚至运用内视镜、电脑断层扫描观察体内等,只要仪器一照,体内的筋骨、血脉、内脏等影像,无不摄入仪器中,能直接用光影显像。中、西医使用不同的方法诊断、疗治,就是"机多教异"的例子。

又如现代科技发达,使用卫星视讯不只能"一眼观天下",

还能"一眼观时千眼观",天下一时都能摄受在眼前;甚至可以从太空中拍摄地球,以观察气候转变、风力方向等,无远弗届的科技发展也是一种法。众生的教育之门愈开愈阔,因为"机多教异"所以"其迹必广"。

佛陀为宇宙大觉者,启一理则能通达万法,宇宙万物万法,都是从一个道理开始,端视众生根机是否了解。只要与佛有缘就有机,即使在远处也能明白佛法,诸如慈济人分布在许多不同国家,但只要一听到"慈济"之名,他们就起欢喜心,这就是有缘;只要一粒种子落在当地,因缘成熟就能引导更多当地人加入慈济,共同会合做好事,这就叫做"机缘"。只要有善根,机缘自然显现,再远也能通达道理,开启无量法门,使足迹广遍。

有慧不多闻,是不知实相,譬如大暗中,有目无所见;多闻无智慧,亦不知实相,譬如大明中,有灯而无照。①

人人智慧与佛平等,只因在六道流转中,本性被无明遮盖,

---

① 参考《妙法莲华经玄义》卷第一上:"有慧无多闻是不知实相。譬如大暗中有目无所见。多闻无智慧亦不知实相。譬如大明中有灯而无照。"

智慧才无法显现。如今有缘得遇佛法，就要懂得把握时间听闻；若"有慧不多闻"——只是知道佛法很好，信而不探究，不深入去了解，"是不知实相"，如此仍无法体会佛法深奥、真实的精髓意义；就"譬如大暗中，有目无所见"，犹如身处在黑暗的空间中，即使有眼睛，也看不清周围的环境。

"多闻无智慧，亦不知实相"，闻法要用心"闻、思、修"——听闻后不但要思考，还要身体力行；否则只是听，却没有入心，不能仔细地思考、力行，即使听再多法，还是无法了解实相。

"譬如大明中，有灯而无照"，如在室内虽然灯火通明，但是自己若躲避在暗角，灯光依然照不到；既然听法，就要把握时间思考、力行，否则听法而无心，自我障碍，仍是无所得。我们有幸沐浴在佛法中，一定要多闻法，听法入心，让法常在心中，才能行入人群中利益大众。

> 一句一偈能得闻，
> 百千万亿能通达。

常说一理通，则万理彻。譬如我们都知道，欠缺营养就必须设法吸收,营养可从吃得来,"吃"这一法,不需要教,如婴儿一靠近母乳便懂得吸吮,这是我们与生俱来就知道的法——人身本具有的智慧。既然有许多的法在自己身上,倘若不把握并应用,直说:"我不懂,也没时间研究。"智慧依然无法开启。

有位慈济委员林师姊,投入慈济已逾十年,年纪并不大,健康状况却很差,罹患肺癌、胃癌以及眼角膜剥离,全身动过十余次的大小手术。然而她仍承担许多志工工作;例如担任人文导览员,尤其在举办记录玄奘法师取经的"西域记风尘"或"郑和下西洋"等大型展览时,她用心深入经典和历史,导览讲解内容不亚于专业教授。

她担任医院志工时,常对病人现身说法:"我身上有十三处刀痕,开过十三种刀,但我还是能做事。"林师姊经过多次手术后,是否身体都无病无痛了?其实病痛仍随身,每回病痛发作时,她都凭借着坚强的忍耐心,开朗面对;发病就再开刀治疗,手术后照样当志工。除了做志工之外,平时也在社区里做环保,围着护腰忍痛地做,她说:"师父说'痛快',痛时才会知道我还活着。"

她运用智慧转化身体病痛为修行的动力,视病痛为道场,精进而不空过人生,每天都充满笑容,不被疾病打倒,认为自己还能贡献良能。她常说:"我就剩一张嘴、两条腿,还能说话、走路,所以要利用时间说慈济、做慈济事、走慈济路。"只要是慈济的事,有人邀约她就参与,并且做得很欢喜。她的这分毅力感动了许多人,全家人也一起跟着她做慈济。法在她身上不断地发挥出来,影响他人,这不就是"一法能生无量义,无量义者一法生"吗?

因为她已听法入心,深入法而生智慧,身为志工,她将每个人都视为一部经,读后深深记录在心版上,"一句一偈能得闻,百千万亿能通达",因此任何障碍都难不倒她。佛法是智慧,并非只在白纸黑字上阅读才是法,也不是端坐听经才是闻法,每个人举手投足间,用耳朵"看"、眼睛"听"[①],无不是法。智慧人人本具,切勿懈怠而空过时间,只要懂得运用智慧,就能时时精进,增长慧命。

发菩提心,修六度行,增长善根,自内精修,诚正信实法,向外勤行,慈悲喜舍行。

"发菩提心,修六度行,增长善根",是修行必经的路程。菩提

[①] "耳朵看,眼睛听"是证严上人特有的诠释,表示用心去领会。虽然未能眼见,但是听闻时用心体会,就如亲眼看到,所以说"耳朵看";"眼睛听"亦然,即使听不到,也可以从肢体语言、表情等体会与感受。

心即觉悟，觉悟者就是觉有情，有情即是众生。放眼所见、倾耳所听，无数不同形类的生命，都叫做众生；尤其人类是万物之灵，更需深入了解所有有情众生的苦难，培养广阔无边的爱心，将爱普及所有众生，如此才叫做"觉有情"——觉悟一切有情生灵。

在《本生经》、《六度集经》等经典中，描述佛陀在无数的过去生中，曾舍身命救度众生，对所有生命界都以平等大爱付出，此觉悟不离六度行——布施、持戒、忍辱、精进、禅定、智慧。修习六度即是培养爱的方法，面对不同的众生，要用不同的方法去爱，只要能深入众生界，学习爱大地一切众生，自然就能增长善根。

众生有不同根性，因此有无量无数不同的欲念。单以人类而言，每个人就有不同根性，所以每个人都是一部"大藏经"，若能多了解一个人，就能增长一分智慧；能了解许多人，就能分辨善恶、清楚是非。行菩萨道需先深入六度万行，在生生世世学习了解不同众生界的根性，进而增长善根，这就是诸佛修行的过程。

"自内精修——诚正信实法，向外勤行——慈悲喜舍行"，修行需从内心下功夫，除了内心虔"诚"之外，语言、思想、行为等方向也要"正"确，才能向外深入人群。"正"即——"正见、正思惟、正语、正业、正命、正精进、正念、正定"八正道。此外,"信为道源功德母,长养一切诸善根",有"信"心才能坚定守志不动摇;而"实"就是真实不虚假。

人生本来无常、虚幻,"如梦幻泡影,如露亦如电",但是众生因执迷于外界的虚妄假相,内心不坚定,所以无法踏实人生;如今既然要修行,就要"内修诚正信实,外行慈悲喜舍",坚定信守自己修行的方向。

"静思勤行道,慈济人间路"是依循《无量义经》中的方向而行,勤修佛陀的教育——"慈、悲、喜、舍"四无量心。同时开启智慧,用心走入人群实践四无量行——慈,行大慈无悔;悲,行大悲无怨;喜,行大喜无忧;舍,行大舍无求。

以慈悲为首,以众生为念,如是发心,佛种不断,菩萨慈悲,无量无边,众生根机,无量无边,慈悲心法,无尽无量。[①]

---

① 参考释智谕著《无量义经略解》:菩萨发菩提心,以慈悲为首,众生为念。如是发心,佛种不断。菩萨慈悲,无边无量,以众生界无边无量不可穷尽故。虚空无尽,故众生无尽。众生无尽故,菩萨慈悲心亦无尽。

发一念菩提心,如何能志坚不退转?应"以慈悲为首,以众生为念",学佛若只是独善其身,闭门造车,时间一久难免会感到境界枯燥;若能投入人群,不断地藉由外在境界,见悟种种人、事、物的道理,自然更能坚定道心;常说"见苦知福",要培养慈悲心,须先观天下众生相,才能启开心门。

我们是众生之一,也有烦恼,但可藉由观他人的烦恼而生起自己的菩提;就如要让一棵树或五谷杂粮成长,除了要有土壤、水分、阳光、空气等因缘会合之外,还需要施肥,提供充足营养,作物才能长得好;要使慈悲种子发芽成长,除了需因缘具足之外,也需将芸芸众生的烦恼当作肥料,以滋养慈悲心增长。

许多现前的苦果,追究其苦因,都源于众生心灵的烦恼,然而这也是修行的机会,能让我们学习观境定心。佛在众生中成,菩萨则是在苦难中成就,因此我们应以感恩心走入人群,不断地启发自己的慈悲心念,不离弃苦恼芸芸的众生,"如是发心,佛种不断",只要发慈悲心且能恒持,则佛种不断,这就是道心的开端。

"菩萨慈悲,无量无边,众生根机,无量无边,慈悲心法,无尽无量"。菩萨面对无量无边的众生根机,如此复杂,要救度到何时?只要有慈悲心法,慈悲的力量就能随着众生无量根机不断地产生。众生是何根机,就给予什么法,只要种子能不断地衍生扩散,佛法就能在人间推广,开阔无尽无量。

> 菩萨安住于实相,所发慈悲明不虚。
> 于众生所能拔苦,苦既拔已复说法,
> 令诸众生受快乐,三世诸佛所共护。

"菩萨安住于实相,所发慈悲明不虚",我们有幸来到人间,应学习将心安住于实相——不受外在境界影响,不起欲念烦恼,回归人人本具的清净本性,也要在时间、空间、人与人之间,发心行菩萨道,以慈悲为己心,以不离众生为己行。

在慈济有对黄姓夫妇,二人都已年过八十,居住在山上,数十年来,他们在认真耕作之余,同时也用心做环保。老先生因长骨刺曾动过手术,虽然脊椎还需借助金属固定,但是他只有在手术住院期间休息,其他时间都不曾荒废做环保;由于不会骑车、开车,他就以步行的方式捡拾山区的垃圾,临近村里人家的废弃资源也都是靠他一肩扛回。

有人问他:"阿公,您扛那么重不累吗?还要爬山。"

他会说:"累一点,晚上才好入眠,睡得好,明早就会感到很轻松。"做得如此欢喜。

再问:"您开过刀,为什么不好好休息,还坚持继续做环保?"

他回答:"师父说'能做就是福',地球只有一颗,做资源回收能防止污染、破坏地球,为子孙造福。"

"身体开刀过的地方还痛吗?"

"虽然会痛,但是痛一下就过了,若感到较痛时,就做轻松一点的工作;较不痛时,就多背一些回收资源。"

老太太也和老先生同样认同"能做就是福"的观念。他们从幼年时就过着很清苦的生活,却能"将吃苦当作吃补",所以能快乐做,健康欢喜生活,生命过得很有哲学。

他们有四个孩子，个个都很有成就，三位大学毕业、一位专科毕业，孩子们从小到大的奖状可以摆满一整桌；阿公说："我小时候没机会读书，所以年轻时下定决心，无论日子多苦，都要让孩子读书。"

"现在怎么不让孩子回家来？"

"既然读书，就要为社会做事，家中不需要他们操心。"

黄老先生对现在的生活很知足，他说："感恩师父开启环保这条路，否则我们老人不知道能做什么？"这种根性就是菩提根，尽管身心受尽折磨，经历过人生种种酸甜苦辣，他们仍然没有埋怨，保持质朴的根性。

他们夫妻俩就像两棵菩提树静静相对，合心互爱，真正"安住于实相"，不受现实环境而影响那念安住乐道的心，无论什么境界现前，就是按照道理、人伦道德过日子，一生辛劳为家庭、为社会，心念非常明朗，用爱为人间付出，就如人间菩萨。

"于众生所能拔苦，苦既拔已复说法，令诸众生受快乐"，芸芸众生，无处不苦，并非只有指人类而已，其他众生也会感受到痛苦，因此慈济人长年致力宣导斋戒、护生，就是希望人人皆能启发慈悲与智慧；人类是万物之灵，应建立正确的心念方向，保护万物众生，不该因迷信祭拜而杀害众生生命，或是为了一时口欲而吞食众生肉。

众生有各自生活的世界，随业力各有依报、正报，然而人类以外的生灵，却常遭到人类捕捉、杀害等诸苦。许多人不识因果，不知能为人、依报出生在人间，实是因业力所受的业报，因此有些人依报能生在富有强盛的国家，在美好的境界与环境中生活，感受到人与人之间浓厚的爱；有些人依报只能生在贫穷弱势的国家，人与人之间常彼此对立，互相残杀，人祸偏多，民不聊生。

既为人身应知足，还有什么可怨叹？何况能生活在如此平安、和睦、风调雨顺的世界，是否要知福？若人人都能知如是因如是果——种好因得好报，就会懂得爱护一切众生类；心若无残酷的念头，世间自然能平安祥和。

《无量义经》告诉我们，行菩萨道除了要走入众生的世界、保护众生之外，若众生有苦难，还要助其拔苦。学佛须先学为人之道，人为万物之灵，应发挥宽大的爱心，保护一切万物生灵,疼惜大地、保护环境,只要有一念好生之德,就有菩萨的本性存在。

现代资讯发达,何处发生灾难,只要新闻一发布,各地很快就能收到讯息。当慈济收到讯息,都会立即动员离灾区较近的慈济人前往关怀;遇有苦难者,就及时勘灾,了解他们需要什么帮助,应苦难者所需提供帮助,此即"于众生所能拔苦"。

"苦既拔已复说法,令诸众生受快乐",在帮助众生拔除生理苦难后,再用佛法帮助他们面对内心的悲凄与惶恐不安,为其安心,放下苦恼的事,给予正确的方向,使他们能振作,面向未来。

久旱得水,饥时得粮,寒冬得衣,温暖身心是最快乐。

学佛除了自修还要兼利他人,人与人之间是生命共同体,需以无私大爱互相付出,才能利益彼此的人生;若能给予他人需要的帮助,如久旱获甘霖、饥饿得粮食,或是寒冬送衣物,如此温暖他人的身心,自己也能得到快乐与轻安。

现今科技发达、交通方便,尤其视讯普遍,让我们的眼界可以宏观天下,看到各个角落的受难人。当我们听到、看见他人有难时,都会生起一分不忍心,就如同久旱不雨时,大家会赶紧虔诚祈祷,希望众人的善念能感动天地,下甘霖化干旱。

因此当慈济人有机会踏上苦难的土地,协助受灾民众,给予他们物资帮助以及陪伴、辅导时,只要是做得到的总是尽力付出。例如有人饥饿虚弱时,赶紧送上一杯水、一碗饭,不仅帮助他补充身体营养,也让他的心灵感受到被尊重、真诚的爱所关怀;如果他的生计面临困难,就再帮助他渡过生活难关,使其恢复斗志,提起奋斗的精神,为未来谋生。如此为他人"温暖身心",自己同时也能体会助人的快乐。

世间苦难偏多,处处都有人需要我们助他一臂之力。有一年,慈济在中正纪念堂举行浴佛法会,数万人虔诚参与,场面整齐庄严;慈济人看到,有位残障人士坐着电动轮椅,独自来到会场,一手拿着呼吸辅助器,一手拿着小小的录影机,赶紧走近问候。

他说:"浴佛法会很庄严,我想录下来给妈妈看。"

慈济人问:"怎么不带妈妈来?"

他说:"我妈妈罹患大肠癌,无法前来,所以我代替她参加,同时录下画面,回家再剪接、播放给她看,她一定会很高兴。"

慈济人为了完成这位陈先生想让母亲能参与浴佛的心愿,所以在法会过后,贴心地将活动的浴佛台、琉璃佛及香花水,送到陈先生家,再布置一次。当陈妈妈看到慈济人所带来的浴佛用品如此庄严,就如道场再现家中,心中非常欢喜。

慈济人探访得知,陈先生是很坚强的人,自幼罹患小儿麻痹症,造成足部弯曲;二十六岁时,想透过手术矫正,却未料在医疗过程中肺部受到感染,从此必须终生使用呼吸辅助器。尽管如此,他未曾被艰困的环境打倒,总是乐观以对,在大学毕业后,与七位同样身患残疾、志同道合的朋友,共同组织了一个"飞鹰团队"[①]——七人各自在家分工合作,架设网络,使用电脑沟通、开会等,以网络设计谋生。

---

① 飞鹰计划创造网络奇迹——以远距视讯方式协助身心障碍者学习生存技术。重残电脑专业人员居家庇护性就业计划——"居家就业团队之培训与经营"简称"飞鹰计划"是本会(台湾辅助科技促进职业重建协会)创会理事长周二铭博士在一九九六年便开始与公家机关合作的研究方案,历经"领航员"结合台湾数位顶尖的重度脊髓损伤身心障碍者成功地获得就业的契机之后,"飞鹰人"的成立,可说是辅助科技与社会人文结合的极致。(摘录2004年6月6日《台湾时报》网络世界)

即使每天生活得很辛苦，长时间倚赖呼吸器，忍痛坐着轮椅，面对着电脑、机器不断地工作，他还是乐观地说："我又完成了一天的工作，生活很充实。"用成就感和感恩心，忘记身体的病痛。常说"生命在呼吸间"，然而他连呼吸都需要仰赖呼吸器，虽如此但他的生命活得多亮丽，充满斗志，比四肢健全却软弱、消沉、懈怠甚至心灵偏差的人还有价值。

　　陈先生想要尽孝心，因此到浴佛现场录影，然而慈济人能帮助他将孝心更具足地送到家，成就陈妈妈的浴佛之愿，让陈妈妈过一个快乐的母亲节，这样的尊重与爱，让人感到温暖、和乐与轻安；虽然医疗有限，无法改善陈妈妈的大肠癌，但是我们却能尽力成就她的其他愿望。

　　无论他人有何种困难，我们都尽力帮助，令其能得快乐，相信这就是诸佛菩萨对我们修行的期许。

佛法教人，心自守护，内外困境，自知解脱，拔除无明，入正信念，造福善念，诸佛守护。

　　人生，谁没有困难？常说一切由心造，只要心境转，外境自然就转；若任由无明、愚痴覆蔽，心就会受到外境不断地诱引而造作烦恼。

一念无明生三细,一念清净的本性若无法固守,毫厘偏差,心就会和外在境界会合,诱引出很多微细的无明烦恼,生起贪、瞋、痴,造作恶业、结下恶缘,自己却不自觉。以为做人理所当然就该与人争,或认为只要是自己想要的东西,就可以不择手段地争夺。

"佛法教人,心自守护,内外困境,自知解脱",我们接受佛法,须殷勤受教,将法入心,拳拳服膺,才能守护好自心;只要自心能守好,心念不偏差,就能内外分明——内心清明,外在的人、事、物种种境界就无法困扰我们,自然能学习解脱困境,进而"拨除无明,入正信念",建立起正确的信仰,让念头时时守护在"正"中,以正信对一切的道。

内心若建立起正信念,善根就能在正信念的基础上不断地生长,甚至能引导误入歧途的人回归正轨。"造福善念,诸佛守护",只要守护好正信、善念,自然能造福人群,在佛法的轨道上,得诸佛守护。

在慈济有许多看似平凡却能发挥不凡智慧的人间菩萨,凭借守持信念,自转心念,进而解脱困难。诸如在台南善化环保站,有位陈老居士,过去是位卡车司机,有一次当他行驶在高速公路时,听到广播播报慈济要前往蒙古国赈济雪灾的新闻后,很肯定慈济的行动,从此开车一定收听"慈济世界"广播节目。

后来他听到我在广播中呼吁:"砍一棵二十年生的树,只能生产五十公斤的纸浆,但所制造出来的纸,却常遭到随便浪费,请大家一起来推动环保,保护地球和树木。"他得知环保的重要,于是利用工作之余投入环保志工。

他与太太的感情很好,太太往生时,他一度非常悲伤;后来他以佛法正心,克服悲伤,退休后将时间全部投入做环保,化悲伤的心为造福人群的心,度了许多人一起做环保。

在陈老居士居住的村里,有位王居士,常与人打架闹事,吃、喝、玩、乐、赌博样样会,全村人对王居士的行为都感到很无奈,可说是人见人厌。但人生无常,王居士在四五十岁时忽然生病,被诊断出罹患肝癌,曾昏迷十多次又被救醒,时常进出医院。

有一日医师对他说:"你的生命只剩三个月。"他心中非常郁闷,在路经环保站时看到陈老居士,便诉苦:"医师说我只剩三个月能活。"陈老居士鼓励他："管它剩多久，不要想那么多，一起来做环保，做就对了。"

因全村的人都排斥王居士，亲友也不理睬，所以他落得无家可归。陈老居士就邀他："你就住在环保站里，做一天赚一天。"王居士便开始做环保，经过两三个月后，尽管病态仍显著，但是搬运回收资源、分类集中等工作，动作依旧很俐落。

问他："你现在觉得如何？"

"睡得着、吃得饱、有工作可做，每天都很轻松，'做一小时赚一小时'。"

过去陈老居士告诉他："做一天赚一天。"现在他自己则说："做一小时，赚一小时，能吃、能睡又有得做，很欢喜。"可见只要心念正确，就能克服病魔、生死困境，虽然无法预料生命到底还有多久，但是他看来是如此轻安自在。

还有一位郑先生，原来是修理飞机的技术员，退休后也受陈老居士邀请来做环保，他在环保站里专门负责机器回收，淘汰损坏的、留下可用的零件，重新组合，使机器重新获得新生命。

他分享:"这里是另类的器官移植手术房,例如一台旧电扇经过清洗、汰换故障的零件之后,再整理一番,就像新的一样,才拍卖一百元。资源回收不但能赚钱做善事,又能减少垃圾、延长物命,一举两得。"

陈老居士因为已透彻道理,所以能洒脱地将人生完全奉献。其实他年纪也不小了,还罹患骨刺,但他却说:"就是要忙才会忘记身体的病痛,人生的价值就是如此,痛快地做,生命才会有所得。"

人间就是菩萨道场,有许多人间菩萨,因为秉持佛陀的教育,做到"心自守护",因此能"内外困境,自知解脱",只要"拨除无明,入正信念,造福善念",自然得"诸佛守护"。

多闻利智慧,是所说应受,无闻无智慧,今使闻慧兼修,义观双举。①

每天人与人之间所发生的事,无论是好事或坏事,都是一种教育,也是世间法。

---

① 参考《妙法莲华经玄义》卷第一上:"多闻利智慧是所说应受。无闻无智慧是名人身牛。今使闻慧兼修义观双举。"

世间法善恶交杂、是非难分，因此众生会不断地受苦难，我们所居住的世界如容纳众生的容器，叫做"器世间"，有"成、住、坏、空"四相。人与人之间总是善恶拔河，恶愈多，善便愈弱；若恶强善弱，业就会愈造愈多，合成许多世界灾难。

佛陀不断地来人间说法，就是希望人人能分清是非，因此仔细地为我们分析因缘法——若是造作恶因、恶缘，就会得恶果、恶报，造成恶的轮回；世间万事、万法、万相，都是从一法生，一法即心法，为清净的如来本性；清净本性原是空寂，然而这种空性是"真空妙有"。此理说来简单，其义却很深奥，并非一闻能透彻；因为凡夫总是不断地陷于无明恶道的轮回中，所以佛陀才不断地倒驾慈航来人间说法度化。

钝根机的人需要花很长的时间，透过种种方法循循善诱，才能救拔。是否这一辈子就能得度？有时此生善的种子才刚种下，却因欠缺善缘，周围恶缘不断地浮现，因此善种很快地又被埋没，众生的根性好忘，因此必须以长久的时间多闻善法，才能利益智慧。

多闻，就如诵经时师父会教导我们不只是读，还要背诵——

即记在心里，除了能背诵，还要深入了解这些经文的解释；因为即使是同一部经、同一段文，不同的法师也会有不同的解释，世间事很多，各人透过不同的角度，观察世间众生的无明烦恼，再加以叙述、分析，因而产生不同解释。

佛经中常见譬喻——以人事物比喻道理，同一段经文，若以不同事相譬喻，会产生不同角度的解释。倘若经文的道理能入心，再以许多不同的解释加以印证，就能了解原来诸法为一理所生，而以一理看任何人、事、物，则无不都是法。恶有恶法、善有善法，而佛法的功能，就是能引导我们回归本性，学习觉照一切。

既然人人本具清净的如来心性，为何还要再向外听法？只因本性往往被烦恼习气缠缚，一层层不断地捆绑，才需要拨除无明，入正信念，改变习气。常说"迷信不如无信"，种种迷信，往往是因为心念不正，造成无明覆藏所致，诸如迷在财物、色欲等，要去除无明，就需多闻善法。

"多闻利智慧，是所说应受"，智慧增长，无明自然减少，因此我们要信受佛陀所说的教法，佛陀虽然已不在人间，但是佛法恒在人间，只要是合于佛法的善法，不但要多听，还要信受奉行。

"无闻无智慧,今使闻慧兼修,义观双举",若不能听闻正信的佛法,智慧便无法增长。听法之后,再透过修行明了道理,如此就能不断地启发善念,提升智慧,外在偏差的邪法,自然无法干扰自心。

坚持于正信愿行,立志最初一念间,心佛合一入群众,人间中辅正方向,不能偏毫向邪念,诸恶邪魔不侵入。

既然立志修学佛法,心念要坚持在正信愿行中,坚守最初的一念。常说"发心如初,成佛有余",能恒持最初发愿的那念热诚,日日、月月、年年,乃至一生都精进在最初的一念,如此就能成功地走在修行的康庄大道上。

人常因一念偏差,人生的方向就失于千里,所以必须要厘清人生的观念与方向;我们要心佛合一,依法行入群众,在人与人之间辅正方向,心只要立于正确的信愿行中,不丝毫偏向邪念,则所有邪、魔境界就无法侵入我们的心。

我们走入人群，在苦难烦恼的众生中，还要保持道心，坚定正确的方向，确实不容易。记得有一年我行脚到屏东，当地慈济人曾分享一则个案：

有一位六十余岁的李女士，原籍大陆河北，在老家原本已有家庭，还育有二子一女。十余年前她选择抛夫弃子来到台湾，再嫁给一位比她年长二十岁的老荣民，未再生育；由于经济环境并不好，因此她必须工作补贴家用，工资还得全数交给先生，丝毫没有花用的权利，生活过得很苦。

有一年，她罹患子宫癌，开刀后健康状况并未好转，隔年再度检查，竟发现罹患多发性罕见疾病，病情已经恶化转移成骨髓瘤、心脏病等严重疾病，呼吸有时会突然停止；所以医师嘱咐她戴氧气罩，每晚均赖大量的安眠药才能入睡，七十余岁的先生也在那年离开她，真是苦不堪言。

公家机关虽然已给予她重病补助金，但是治疗费用仍不够；由于她无法自主呼吸，生命时时处于危险中，因此屏东的社工很关心，在家中为她安装了一个警示器，一启动就会通知附近的警察局前来救援。警察局常派人探望她，但是警察觉得即使常来探视，仍无法照顾她的起居，于是将这个个案转介给慈济。

慈济人赶紧前往访视,将她列为长期照顾户,不仅每个月补助她生活费,还密集地关怀生活起居。然而她因长期受病魔折磨,加上婚姻、生活不顺遂,导致内心非常郁闷、脾气暴躁。慈济志工每次去探望她,都成为她的出气筒,忍受言语辱骂。

其中有两位慈济人,常去为她整理家务,挨了整年的骂,有时还得忍受她动粗的行为。慈济志工再有修养也难免偶有埋怨:"我为什么要去帮助她,还要被她骂?"不过当烦恼一生起时,便立即觉醒,自我安慰:"我们既然发愿要投入人群,就必须在人群中接受磨练。"自省后,仍然以感恩心继续前往关怀。

经过慈济人长期的肤慰、陪伴与照顾,李女士刚强、爱骂人的个性,渐渐地变得柔软,因为有爱的辅导,她已经能自立振作,还能上菜市场买菜,或投入志工活动;有时慈济举办活动,她也坐着轮椅上台现身说法,现在的她不再骂人,口中常说的是"感恩"。

心若没有照顾好,一念偏差,魔境入心,就由不得自己,将受业魔的牵引,不知去向何处。业魔牵引着李女士离乡背井、病痛缠身,受尽种种苦难,所幸她在过去生曾结过一分好缘,因此今生得遇人间菩萨,帮助她解脱苦难。

"万般带不去,唯有业随身",所以这一念心一定要很准确,不能偏毫向邪念,若坚定正愿行,相信偏差的邪念就无法诱引我们退失道心。

> 无有众魔能得入,一切邪见难坏败,
> 无常无我与苦空,诸法四相不思议,
> 法性法相本空寂,不出不没不来去。

学佛若没有建立正信,即使正法在面前,也无法体会;心若能常常维持在"正"中,有正则无邪,一切魔冤便不会靠近。

入众生群修行会遇到形形色色的境界,常有魔境现前,"魔"就是烦恼;除了烦恼之外,还会有许多困境、磨难,遇魔时若能以悲智化解,心就不会受干扰,能坚持正念、正信愿行。佛陀在菩提树下将要成佛的刹那间,心中有无数魔境现前,但佛陀一一克服,坚定自心,故"无有众魔能得入,一切邪见难坏败"。生命的字典里不该有"难"字,立志学菩萨度众生,难免会遇到许多困难,但只要坚定信心,一一降伏困境,就能"降魔"——战胜魔境。

世间本是"无常无我与苦·空",虽然众生的苦难分析到底皆是"空",但是"空中妙有"。"诸法四相不思议",常说三理四相——"生、住、异、灭"是心理四相,人的心念是不定性、不定心,随境转心,有时会生起一念好心,有时会生起恶念。

"生、老、病、死"是生理四相,人在孩童时天真无邪,少年时青春俊美,晚年时鸡皮鹤发、佝偻老迈,人从一出生开始,外相就无时不在变。

"成、住、坏、空"是物理四相,世间万物、宇宙繁星的运行,皆有其理,无一物能永存;如今科学发达,透过科学的天体观、宇宙观,已能知道星球有爆炸毁灭时,因此地球也会有"成、住、坏、空"的时刻。

天地万物,人我众生,都在无常中——无常、无我与苦空,诸法皆不离四相，所以不可思议。

"法性法相本空寂"，法原本简单，为何佛陀还要说法四十余年，为众生不断地解释？其实只是希望能让大家了解"心、佛、众生三无差别"，说法种种无非就是为了阐释性相收摄总归于空寂，但是法不可见，只有亲身力行才能体会道理。

佛陀说世间是苦，苦为何物？有人一生顺遂，财、子、寿具足，就一点儿也不觉得世间苦；忽然间他最爱的人生病、死亡，或是受到伤害，才能体会到人生是苦。因此我们在见到穷苦人的生活之后，应该要见苦知福，将心比心。

法到底是在内心还是外在？其实法"不出不没不来去"，就在日常生活中，如此奥妙，唯有"心中有佛，行中有法"，才能体会到法无所不在。

四弘誓愿之要，因即智慧庄严，缘即福德庄严，果即一念相应，必得大觉朗然。

学佛须发"四弘誓愿"——众生无边誓愿度，烦恼无尽誓愿断，法门无量誓愿学，佛道无上誓愿成。

"众生无边誓愿度"，指若愿意发心处群入众度众生，就已经踏出学佛的第一步；入人群难免会产生烦恼，此时就要学习"烦恼无尽誓愿断"。众生有众生相——爱、恨、情、仇皆在众生中，每一种众生的形象，都反映我们心灵的境界。

面对芸芸众生，生起烦恼时，就要立誓断烦恼，并且"法门无量誓愿学"，学习以无量法门深入不同众生的根性，对机引度，才"有法度"。如此终归"佛道无上誓愿成"，成佛是学佛的目标，人生苦难偏多，六道轮回苦难当，每天许多世间相无不在提醒我们"因缘果报"，只要借世间事相好好地修学，就能一步步向目标前进。

"四弘誓愿"之要即是——"因即智慧庄严"，人人需启发心中本具的佛性，具足智慧庄严的因，才能深入众生；还需"缘即福德庄严"，具足福德庄严的缘，如此因缘兼具、悲智双运，才能"果即一念相应，必得大觉朗然"，使智慧、慈悲时时相应于一念间，透彻世间一切法。

> 甚深无上大乘义，
> 真大慈悲信不虚，
> 以是因缘成菩提，
> 安乐人文多利益。

"甚深无上大乘义"，佛陀法未说尽，是因为大乘的道理很深，众生未能完全理解，所以佛陀才不断地倒驾慈航来到人间，因应众生无量的根机，用无量数的方法施教。

"真大慈悲信不虚"，修学佛法必须启发大慈悲心——大慈无悔，大悲无怨，大喜无忧，大舍无求；同时要正信愿行。信愿行重在一个"正"字，在日常生活中，无论面对人群与事物，心都要非常坚定，没有偏差，上求佛道、下化众生，行菩萨道，绝对不退转，才能趣入真实道，体会甚深无上大乘的无量义。

"以是因缘成菩提，安乐人文多利益"，即使发大心，也要有因缘，才能在人群中互相成就。慈济四大志业，不但有救济贫困的慈善志业、救拔身体病痛的医疗志业，还有净化社会的教育志业，以及美善人间的人文志业。四大志业的宗旨是希望人人都能启发善根，培养有智慧的人生，成为世间的希望，利益人群。

贪吝贫穷苦,皆由不惠施,若欲求福德,智者应普施,心贪恒不足,是为最贫穷人,名薄福无德人。

修行须悲智双运,福德、智慧双修,一般人却往往只想求福、禄、寿、财、子,不求福德、智慧。有些人纵使已拥有福、禄、寿、财、子等身外之物,内心却仍不满足,觉得还有欠缺,这就是"有一缺九"的人,永远觉得自己所得到的只是一分,还有九分尚未得到,贪婪无度。

真正的福,是身心无贫。物质生活的贫容易得见,如贫穷、病苦、残疾等身外之贫,倘若心不贫,就不觉得身贫是苦;心贫比身外之贫更苦,需知"贪吝贫穷苦",人若不肯舍,只想贪求,即使身外富有,心仍会陷入贫苦,这就是"身富心贫"的人生,一切"皆由不惠施"——不肯布施所致。

"若欲求福德,智者应普施",若要求福田,须启开智慧,了解世间财应该用在世间——取诸社会,用诸社会。倘若富有财物的人,能投入人群付出,将拓展营利的事业心,转为救济人间苦难的爱心,藉由惠施求福德,如此就能成为福慧双修的智者。

诸如慈济志工潘居士、施居士，长年在南非推动慈济志业不遗余力，不但帮助祖鲁族人改善贫穷问题，也带动许多祖鲁族人加入慈济志工的行列，如今已在当地播下无数爱的种子，目前仅在德本就有二千余位的祖鲁族志工。这些祖鲁族志工生活普遍贫困，却因为投入做志工为人付出，而感到很快乐。

看这群祖鲁族志工外出访贫、关怀艾滋病人时，总是边走边唱歌，步伐很有韵律感；其实他们大多体态丰腴，走路并不灵活，有些人还要拄拐杖，经过崎岖的山路格外辛苦，但是即使走得摇摇摆摆，大家仍是满面笑容。

尽管物质生活贫乏，健康条件不佳，他们还是很有智慧，知道自己有余力帮助他人，是身贫心不贫，因此无论道路多遥远，都能忍着身体的病痛与疲累，快乐地付出。

祖鲁族人不仅在肤色、体态、生活形态上与华人不同，且多数信仰天主教、基督教，然而在接受慈济投入志工之后，让他们更了解到，想上天堂的人须先在人间造福的道理，因此他们利用生命，走入人群，照顾艾滋病人时，总是仔细地为病患清理身体、喂餐，以及整理环境、发送物资，在身体有余力时，尽量帮助他人，由此可见做善事、做好事未必是有钱人的专利。

带动祖鲁族志工的慈济人潘居士本身也不富有,只是秉持投入人群造福的一念心,积极推动人间佛法、慈济精神,而愿意长期留在南非付出。另一位施居士为了要推展、深耕慈济精神,也致力于关怀当地教育、援建学校、帮助贫困家庭等,让每个孩子都能有快乐的学习环境。

因为有这群人间农夫愿意在当地勤耕福田,才能造就一颗颗爱的种子发芽,可见布施并非一定要很有钱,"若欲求福德,智者应普施",只要愿意付出、造福德,身心无贫,即是最富有的人。

> 习性不同众生欲,
> 种种说法方便力,
> 开权显实应根机,
> 心佛众生无差异。

凡夫在六道轮回中历经了无央数劫,也就是无法计算的时间，因此累积了深重的习气，并不容易去除。

时间能累积难以计数的习气，以人间为例，光是短短数十年前的生活，与现在就相差甚远，从人伦道德观念、生活方式、穿着、日常习惯到社会流行的风气皆迥异。诸如七八十年前，一般人的生活普遍还是点油灯、蜡烛来照明，厨房里用大灶、小炭炉烹煮食物；然而今日，家家户户都已使用瓦斯炉、电灯、空调，随手打开开关，室内就能通明，冬天有暖气，夏天有冷气。

随着生活方式迅速变动，文明发展也日新月异，各地建筑愈盖愈多，用电量高涨，过度开采、耗用能源的结果，制造出大量二氧化碳，导致空气严重污染；科学家近年来频频提出"温室效应"的警讯，呼吁世人要节省耗用能源，除了担心资源匮乏的危机之外，更重要的是二氧化碳排放过多，已影响气候剧烈变迁。水资源同样面临匮乏的威胁，水为生活中的必需品，试想若停水，光是浴厕就难以使用。

现代人的生活过度仰赖各种能源，并且在数十年间已经过度耗用，养成享受的习性。习性缘于根、境会合，不同性欲的众生，缘着外在境界的诱引，会产生许多不同习性，如爱抽烟、喝酒等欲念；欲念无穷，就会纠结出人与人之间的爱恨情仇，使众生苦受牵绊。

"习性不同众生欲，种种说法方便力"，众生的根机无量、欲无量，即使在同一时间听同一法，都各有不同的理解。如佛陀成佛后，到鹿野苑初转法轮，为五比丘宣讲四谛法，最先体会的是阿若憍陈如，其他比丘了解得并不彻底；于是佛陀再转法轮，又有二位比丘了解，另二位则稍微深入，但仍无法透彻；三转法轮之后，五比丘才终于完全了解。

想想，光是让五比丘皆体会同样的四谛法，佛陀就必须三转法轮；而佛陀说法四十余年，所遇芸芸众生，根机又有多少？因此佛陀不断地反复说法，同样的法，对不同根机的人，以不同的层次再次讲说，不厌其烦地教育众生，就是希望使人人皆能明白。

众生无明不离"贪、瞋、痴、慢、疑"，因五毒而造作五浊，因此苦不堪言，受尽千万层苦的折磨，在六道中轮转不休；所以虽然是相同的法，但是大庄严菩萨再次启问，请佛陀用不同的形态再次解释，就会有更多人进一步了解，得以心开意解——开启心门，了解意义，如此可以解除更多苦难众生的迷惑。

"开权显实应根机,心佛众生无差异",虽然法相同,但是佛陀为度性欲不同的众生,所以过去四十二年间,还未能以真实法的面貌为众生演说;而是以种种譬喻、方便法讲说,希望引导不同根性的众生都能接受了解。因此佛陀弘法最初先让大家知道因缘果报——众生皆轮回于三界六道中,人道、天道、阿修罗道为三善道,畜生道、饿鬼道、地狱道则为三恶道;做人已很辛苦,若再堕入三涂更是苦不堪言。众生畏惧堕入三涂,所以会寻求脱离之道,先求独善其身,佛陀便应小乘者求独善之心,说种种方便法,先建立起人人对佛法的信心。

然而只求独善其身,仍未能将小爱遍及成为大爱,为使人人皆能发愿度他人,接受"救他人实是救自己"的法,佛陀因此应众生根机施权教,先深入众生的心,说法四十余年后,待众生根机因缘成熟,才终于开权显实,演说真实法——《法华经》;然而开经之前先说《无量义经》,就是为了让众生能回观转念,了解法就是如此简单——心、佛、众生三无差别。

人生身命,乏水不能活命,天地万物,无水无以生机,净水清流洗涤世诸垢污。

"人生身命,乏水不能活命",人的身命若缺水就无法存活,水分约占人体组织的百分之七十，无论五脏六腑、筋骨血脉或是皮肉等都需要水分，最明显的就是血脉，如动静脉血管、微血管等，时刻都需要血液的滋养，才能维持身体的机能。

"天地万物，无水无以生机"，天地万物若欠缺水分同样无以维持生存的机会；宇宙间有无数的星球，其他星球迄今未曾发现生物，是因为缺乏水的缘故，可见水对人类万物多么重要。水为四大之一，人间不能缺四大——地、水、火、风，自然大乾坤的四大若调和，天地之间自然安详、平稳；倘若不调，就会造成灾难。

俗云："水能载舟，亦能覆舟。"地球的组成成分，如同小乾坤，同样有百分之六十是水，大海辽阔，倘若水大不调，再加上风大不顺畅，诸如起大风大浪，船只就会摇摆不稳，甚至翻覆，造成人类的危机。常听到台风、飓风、龙卷风等天灾，瞬间就使许多人的家园破灭；又如地震，是因为地底热能不断地累积所造成，动能愈活跃，地震就愈密集，这就是地大、火大二大不调。

人间因四大不调而引发的灾难，其中许多源于人类的贪欲。诸如超量使用地下水、滥砍滥伐，致使山林丧失水土保持的功能，即使建造水库，让家家户户有自来水可用，一旦久未下雨，水库干涸，仍会面临无水可用的窘境；下大雨时，泄洪过量，平地又会淹水，危及民众安全。从前的人类大多只利用地表的水，如河、溪，水利若做得好，地下水脉充足，山林自然茂盛，能形成良好的水土保持，如此即使只使用地表上的水，也足以灌溉土地、种植五谷杂粮供应人类生活。

现今气温愈来愈高，夏天有时一进入人多的室内，就能感受到一股由人体温度所散发的热气，人若聚集愈多，温度就愈高，想想目前全球人口已有多少？再加上人类不断地超量使用石油、水等自然资源，造成许多工业污染，令人担忧。

而今想推动节能环保并不容易，因为社会普遍已养成奢华的生活习惯，在不知不觉中心欲愈来愈难控制；但是倘若四大不调，造成天地无以生机，人身同样也无法活命，因此大家还是要尽己之力推广。

"净水清流洗涤世诸垢污"，无论是雨水、泉水、溪水、河水、井水等，只要是干净的水，都能供应人类、大地使用，不仅能长养大地生机、维持众生身命，还能洗涤所有垢秽。现今世间垢污如一池浊水，这是因为众生所造的业愈来愈重所致，需要以清流洗涤、调和人心,才能为众生指引正确的方向。

法譬如水,若能以清净无染的大爱,为人类付出,净化人心,自然能洗涤世间一切污垢。因此我们应让法水流入心中,减少人心欲念对人间的破坏,四大调和,自然能减轻世间灾难。

以佛眼观,一切诸法,不可宣说,以诸众生,性欲不同,随方就圆,名相不同,水性无异,洗涤尘污,等无差异。①

"以佛眼观,一切诸法,不可宣说",佛陀以智慧眼光看世间万法,知道难以一语道破。就如同样的一片天空,有时乌云密布,有时天清气爽;今日是蓝天无云、虫鸣鸟叫的晴天,昨日却是雨声沥沥的阴天,相同的空间,然而境界完全不同。

---

① 参考释智谕著《无量义经略解》:佛以独具之佛眼,观一切诸法,知不可宣说。因为甚深无上的佛法,高深到不可思议。如果宣说,众生难以生信。因为众生性欲不同,机感有钝有利,而佛法甚深,是故不便直说。于是因众生的性欲,作种种不同的说法。以往所说,只是权巧方便,未能直显真实之义。故曰四十年未曾显实。……佛称大庄严菩萨说,善男子,譬如水能洗除垢秽,无论井水池水江水河水,乃至溪渠大海之水,均能洗除垢秽。法水亦是一样,无论人天乘法,声闻缘觉乘法,乃至大乘法,均能洗除众生之烦恼垢秽。

又如耳根所听到的名称，也会随外境而有所不同，诸如"今天"和"明天"，是因为时间改变而产生的不同称谓。我们每天虽过着平凡重复的日子，却是完全迁移的境界。

虽然昨天和今天的境界不同，下雨无法同时是晴天，但是无碍本性。因为一切诸法无法一语道破，所以要个别分析，这就是真实法。

《无量义经》云："静寂清澄，志玄虚漠。"即告诉我们要自观内性，才能体会心境本来就是"静寂清澄"，不生不灭，没有过去、现在、未来的分别；只因我们缺乏"志玄虚漠，守之不动"的毅力，心常外放，缘外境而舍离本性，所以才会即使发一念大心、立大愿，也会很快消失。

众生的性欲不同，因此佛陀必须以种种说法引导我们了解。如《法华经》中有一"火宅喻"——一大群无知的孩子，在大火焚烧的屋内玩耍，浑然不知危险逼近，不肯离开，着急的父亲不得不在门外以各种珍玩，吸引孩子们出宅："来啊！羊车、鹿车、牛车，来挑选你们喜欢玩的玩具。"屋内的孩子被吸引才向外冲，保住性命，如同佛陀根据众生所想、所爱设方便智慧，帮助众生脱离险境。

佛陀再以水为譬喻，众生本性如水，无论是雨水、泉水、溪水、河水、井水，尽管水的名称、形相不同，水性都一样，能洗涤污垢；然而众生却自己将水污染了，就如大水泛滥时，眼见周围都是水，却无清水可饮用，且混浊大水会破坏大地、家园等；同样是水，清浊有别，造就不同的境界。

然而混浊的水若静置一段时间，沉淀杂质，还是能逐渐回复清澈。如同从前还没有自来水时，人们会先舀起路边或屋前水沟的水，先存放在水缸中加入一些明矾沉淀杂质，隔日这些水就可用来煮饭、洗菜等；所以只要有能让混浊的水静止沉淀的环境，就能恢复其原本的清净本性。

"以诸众生，性欲不同"，为因应众生的根性、业、环境有种种分别，所以法譬如水，能"随方就圆，名相不同，水性无异，洗涤尘污，无等差异"。无论是污染的脏水或清净的饮水，只要能恢复其清净的水性，都能洗涤尘污，没有差别。

造作善业或恶业，端视众生的一念心，若向善，懂得以法水滋养自己的慧命，就能净化自己与他人的心；倘若向恶，便会牵引出许多不调和的灾难，因此需要以法水来浇灌人人的爱心与大忏悔心，以佛法治疗人心，反恶为善，才能去除恶业造福业。

> 法譬如水能洗垢，若井若池若江河，
> 溪渠大海悉能洗，洗垢法水亦如是，
> 水性是一水各异，法性如是无差别。
> 水虽不同俱能洗，洗净烦恼涤习气，
> 佛转法轮四真谛，诸法本来是空寂。

"法譬如水能洗垢，若井若池若江河，溪渠大海悉能洗，洗垢法水亦如是"，无论是井水、池水或江河的水，水性相同，都能洗涤垢秽。人的本性原本清净，只因受习气的熏染才导致本性蒙秽，如同水能洗涤污秽，同样要降伏习气也唯有用法，才能令人人本具的善性展露。

"水性是一水各异，法性如是无差别"，水因受环境的限制而有不同的名相——河水、泉水、溪水、江水等，虽然名相不同，但是本性相同；法性如水性，都没有差异。"水虽不同俱能洗，洗净烦恼涤习气"，修行就是要洗净烦恼，降伏人人在六道中轮回流转所囤积的厚重习气。

如考古学家从沙尘层层堆叠的地底，挖掘出千年前的古迹建筑、石器、铜器等等，可知这些古物并非因人为因素而掩没地底，而是经过天然灾变或日久月深的沙尘堆积才被掩没。沙漠中的境界时刻都在变化，如沙的形体就像浪潮般改变，这是因为沙的体积细小，会随风飘散，风一吹，蒙古沙漠的沙能飘到北京，甚至影响到台湾，可见沙尘的威力之大。习气就如沙尘般，会不断地掩埋我们的本性，所以必须下定决心、毅力，才能"洗净烦恼涤习气"。

"佛转法轮四真谛，诸法本来是空寂"，人生因心随外境牵引而产生贪爱、争著等欲念，进而造业，但最终仍须回归大自然的法则，一切本来空寂。佛陀教育我们，天地万物万法中都有妙湛本性存在，虽然形相各异，但是其本性不移。就以"柴火"而言，到底是火烧柴还是柴烧火？难以分辨，因为本为一体，不可思议。

其实柴就是柴，如何知道其中有火？自远古时代，原始人类就知钻木取火，可见人人智慧本具，并非是经过佛陀教导才生智慧。佛陀只是在觉悟之后，希望引导众生回归本性，所以才转"四谛法"、开示"十二因缘",目的无非是要我们能透彻人生,并发心透过"六度万行",走入真实法,体会生命的正确价值。

好水如法,随境应机,分别诸法,晓了净慧,无处不有,无事不摄。江河泉井,名称各异,水性是一,滋生除垢,三法四果,二道不一。

"好水如法",洗除世间脏污要用好水,去除烦恼则须用法水,水性和法性,虽然名相各异,但是本质无别;法是慧命的源头,有法的滋润,才能成长慧命。"随境应机,分别诸法",佛陀说法随应众生根机而说方便法,是为了引导众生皆能"晓了净慧,无处不有,无事不摄",体悟佛法就在生活中。

诸如大林慈济医院有位林医师,曾在四川震灾后前往当地义诊,当他看到灾区一望无际的灾难,面对着灾后乡亲的悲痛,处处残败的瓦砾堆,突然体会到什么是"苦"。

他表示过去自己对《无量义经》中"静寂清澄,志玄虚漠,守之不动,亿百千劫,无量法门,悉现在前,得大智慧,通达诸法"的经句并不明其意,直到在义诊期间才恍然大悟,原来当自己生活在好的境界、环境中,心境是如此清净,不必随着滚滚红尘翻搅而痛苦。

在灾区中所见所闻的种种苦难,让他的心境体验到"苦"的万千形象,顿时启悟智慧,觉得这不就是"无量法门,悉现在前"？在同一个环境里,他体会到人间法——有快乐也有无常、苦难,人生可以是天堂亦是地狱；虽然灾难造成伤害,但是也有很多志工愿意倾听悲伤苦痛的人诉说心境的苦,并给予辅导、肤慰,付出源源不绝的爱。

当林医师真正面对人事的无常、无量众生的感受,终于体悟到人生苦谛。这都是出于净慧——人人本具的清净智慧,只是自己原本不知道,若能透过世间法,通达智慧,自然能"无处不有,无事不摄",了解无处不是法。

万事万物皆有法含摄其中,无论是树木花草或是使用的物品,无不含藏法则；诸如桌子可供人写字、吃饭,时钟能让我们知道时间等,一切形相皆有法则；人也有法则,大自然有生、老、病、死,宇宙间有四季轮替,日常生活中的时间、空间、人与人之间,一切也尽在法则中。无量法门在生活中,只是智慧往往被无明遮盖而不察,所以我们要学习拨开无明,才能展现本具的净慧。

"江河泉井,名称各异,水性是一,滋生除垢,三法四果,二道不一",无论是江水、河水、泉水、井水等,虽然名称不同,但是水性一样,都能滋润大地;如同法水能洗涤内心的无明,同时还能滋养我们的生命、慧命。三法为暖法、顶法、世第一法①,四果为须陀洹果、斯陀含果、阿那含果、阿罗汉果②,二道则是辟支佛道乃至菩萨道。

"三法四果"不离"教、行、证"。第一是"教法"——佛陀一生中所说的一切法,无论是方便法、真实法,说有谈空,都是佛陀以智慧施教的教法。

第二是"行法"——佛陀教示我们,让我们知道佛法有哪些名相意义,而且不能只是听闻、知道,还必须身体力行依法

---

① 暖法:修四念处、四正勤至这种境界,功夫已渐得力,就如钻木取火,虽未得火,已有暖气上升,快要燃火了。顶法:又名顶位,是暖法善根渐次增长,至圆满时所生的善根,此法最胜,犹如人的头顶。世第一法:为世俗中第一殊胜者,是有漏智的最极至。

② 四果指小乘声闻修行所得之四种证果。其阶段依次为预流(须陀洹)果、一来(斯陀含)果、不还(阿那含)果、阿罗汉果。

修行——从"四谛"进入法的门径,接着要了解"十二因缘",进而实行"六度万行",这叫做行法。

佛陀为我们开示,欲晓了智慧,首先要了解"苦、集、灭、道"四谛法,接着深入十二因缘,体悟众生皆是在"生、老、病、死"的轮回间不断地造业,随业而来、随业牵引,生生世世不断地流转。若已知四谛十二因缘,欲求解脱,就要发心修六度万行——布施、持戒、忍辱、精进、禅定、智慧,走入菩萨道。

第三是"证法",有行才有悟、有证,若没有实行就无法体悟。如林医师的分享,参与义诊体会到"无量法门,悉现在前",所以要"通达智慧",必须亲自力行才能证悟,依修行而证得菩提涅槃之果。

生住异灭,代谢不住,瞬间念顷,逝流不息。涅槃偈云:诸行无常,是生灭法,生灭灭已,寂灭为乐。为阿若拘邻等五人,转四谛法轮时,亦说诸法本来空寂,代谢不住念念生灭。中间于此,及以处处为诸比丘,并众菩

萨辩演宣说：十二因缘。①

日常生活中，无论大乾坤、小乾坤，总是瞬息变迁，不断地以新换旧，未曾停歇。如随着季节变化，外面的境界也历历分明；若每日定时起床，在夏天晴朗的清晨，能看到天边清楚地浮现红、蓝、橘各色曙光；秋分一到，日夜对分，晨光则渐渐地失色，天空一片曚眬，见到这样的景象，就知道即将进入冬季了。

在大乾坤中，春、夏、秋、冬更迭交替，是大自然的法则。在小乾坤中，人从婴儿、童年、少年、中年到老年各阶段，代谢的时间更短，每天都在代谢中生起、消逝，新旧不断地轮转，婴儿转眼长为可爱的儿童，数年后即长成少年。

现今医疗科学发达，已经可以用内视镜清楚观察体内血液流动的迅速状态，就好像气象报导天候图中流转的云气一般。所以说大乾坤中有气的轮转，小乾坤中一样有气的轮转。

---

① 参考释智谕著《无量义经略解》：善男子。我起树王诣波罗柰鹿野园中。为阿若拘邻等五人转四谛法轮时。亦说诸法本来空寂代谢不住念念生灭。中间于此及以处处为诸比丘并众菩萨。辩演宣说十二因缘六波罗密。亦说诸法本来空寂代谢不住念念生灭。今复于此演说大乘无量义经。亦说诸法本来空寂代谢不住念念生灭。

气,是一种活动状态,也会有代谢。体内的血液流动,虽然从身体外表看不到,但是血液若停止流动,人便无法存活,即使是很微细的血管也不容阻塞;如同身体遭受碰撞会形成瘀青,是因为皮肤布满许多微血管,微血管破裂导致瘀青,若是轻微的损伤,身体便会自行修复,就如在天地之间若遇小灾难,树桠被风吹断,树木会再发芽,展现生机,大自然也能自行修复。

可见气很奥妙,透过新陈代谢的过程以维持平衡运行,和谐的生灭是大自然的法则;不和谐的生灭,会导致人间的灾难——身体的病痛、地球的破坏。

"生住异灭,代谢不住",代谢本无停歇,所以众生有生老病死,天地有春夏秋冬,无论对人体或对气候而言,一样都是"瞬间念顷,逝流不息"。有时清晨往外看,感觉天色尚黑,但过一会儿再向外看,草、树等境界就已清晰分明,天色在我们的不知觉中瞬息转变。

时间的流逝,天地万物的转变也都在不知觉中,即使是对自己身体的转变同样是不知觉。大家时刻在呼吸,但若未经提醒,并不会知觉呼吸的存在,因为新陈代谢很微细,总在念顷间流逝。

调和就存在于生住异灭中，不仅我们的心有生住异灭，天地之间的成住坏空、身体的生老病死，也都在生住异灭中；大地万物，皆是在不知觉中成长、凋零，时间很短，短到在不知觉间已流逝过去，而生老病死的循环同样也是分秒不停息。

《涅槃经》云："诸行无常，是生灭法，生灭灭已，寂灭为乐。"人间万事万物皆是无常，这是佛陀觉悟的境界。"行"是流转、新陈代谢，"诸行"指万物的代谢；一切"诸行无常，是生灭法"——世间不离生灭法，昨日已过，今日又始；前生已过，此生又启。没有人能知道，是明天先到还是无常先到？许多人常计划未来——明日再做、明日再说，或者期待来年、来生，却不觉察人生时时都在生灭法中。

倘若能了解、觉悟"诸行无常，是生灭法"，就应该知道要把握时间，生起道心，灭除无明烦恼，才能显现如来清净的本性，体悟心境本是"生灭灭已，寂灭为乐"，回归寂静清澄的境界，本来如此，将烦恼、恐惧、得失等都消灭，无得无失，自然没有惊惶恐怖的事，这是最快乐的境界。

"诸法本来空寂，代谢不住，念念生灭"，佛陀初成佛时，面对阿若憍陈如等五人，初转四谛法轮——苦、集、灭、道，其中包含同样的道理——生灭法。生灭法为万物运行的法则，如同脑海中的念头，这一念过去，还有后念，若这念常在不灭，则后念无法生出。

　　"中间于此，及以处处"，虽然我们现在身处这里——中间，但是所讲述的道理却普及天下——处处，就如我们此刻在这里，仍能提及过去佛陀遗留下的道理；而佛陀在说法的当时，也会述及过去诸佛菩萨修行的道理。无论在任何时间、空间中，佛陀皆"为诸比丘，并众菩萨辩演宣说：十二因缘"，除了四谛法之外，佛陀进一步宣说十二因缘，让人人都能借深入因缘，明白人生何去何从。

　　生命的缘起、人间的生老病死、天地的成住坏空，皆不离十二因缘。每个人来到人间有正报、依报，有些人具足财、子、福、禄、寿，毕生享受，最后往生时轻安自在；也有人报生在贫穷苦难的家庭，一生际遇坎坷，病痛、残疾缠身，集苦难于一身，不由自己，这一切都来自过去各自所造的业。

　　"无明缘行"，一念无明起而生业，过去生因无明累积所造的业，仍会带往下一生，所谓"万般带不去，唯有业随身"，业识会舍彼投此——舍过去投入现在，或是舍此投彼——舍此地生到别的地方。如同我们出生，是因为舍过去生的身体，才能投入现在世的身体；将来往生也是舍现在这个地方，再投入另一个地方。无论是舍此投彼，或是舍彼投此，业都随身。

无明起于一念，心念一动便会生起贪、瞋、痴等微细烦恼，导致种种行动而造业。无论是善业还是恶业，人生所造作的一切业，于此生结束后，仍会带到下一世。所以"行缘识"，"识"是随业力产生，如意识会想：为什么不能如我意？他人为何阻挠我？接着就会产生不欢喜，而有无明的动作。"识缘名色"，名色为识与物质的缘合，诸如投胎到有缘的地方，藉由父精母血——精子与卵子结合，而在母亲腹中长成人形所缘合而成的名相，就叫做"名色"。

"名色缘六入"，接着"名色"在母亲腹中，慢慢地长成"六入"①——眼、耳、鼻、舌、身、意，即六根。常说"胎教"，孩子在母亲腹中时，能感受得到母体的喜怒哀乐，所以母亲的

---

① 六入，又作六处。指眼、耳、鼻、舌、身、意六根，或色、声、香、味、触、法六境。六根为内之六入，六境为外之六入，总称十二入，亦作十二处。入者，涉入、趋入之义；处者，所依之义。此六根六境互相涉入而生六识，故称入；六根六境为生六识之所依，故称处。

性情会影响孩子；也有些母亲平常脾气很好，怀孕后脾气却变差，这是因为孩子的性情影响母亲；孩子和母亲有缘，彼此的业识就会互相牵引。譬如舍利弗的母亲，在怀孕后慢慢地变得有智慧，辩才无碍，这是因为腹中舍利弗的智慧影响了她。

最后是"六入缘触"，胎儿具足六入，经过十月怀胎出生后，就开始与人间接"触"，缘合外在六尘境而产生感"受"，"受缘爱"内心就会起爱欲，有了爱欲就想取著，接着无明的"行"又延续——"取缘有"，"有缘生老死"，生生世世不离十二因缘。

> 代谢不住，念念生灭，
> 文辞是一，众生解异，
> 法性无差，众生四相，
> 文理真正，尊无过上。

"代谢不住，念念生灭"，天地万物时刻皆代谢不住，前一刻天色犹暗，后一刻太阳升起，明暗代谢于无形中。善念、恶念的产生，同样代谢不住，端视习性为何，若是好的习性，便会生起好的念头；若是不好的习性，就会随境界牵引出不好的念头，无论好、坏念都念念生灭，在"生、住、异、灭"中。

"文辞是一，众生解异，法性无差"，《无量义经》云："念念生灭，善男子，是故初说、中说、今说，文辞是一，而义别异，义异故，众生解异，解异故，得法、得果、得道亦异。"佛陀说法四十余年，其间分为"初说、中说、今说"——"初说"为四谛法，即佛陀初成道时向五比丘所说之法；"中说"不离十二因缘、六度；与"今说"其实道理皆相同，佛陀为了适应不同根机的人，需要分析不同层面的意思，让人人都能体会，故"而义别异"。

例如同样谈孝顺，分别对年幼的孩子与成人说："要孝顺父母。"语气就需不同，对孩子说，用语需浅显，无非希望他们懂事听话；对大人即使说同样一番道理，他们与孩子所接受、理解的也可能有别，因为大人数十年来，受世间习气熏染，对孝顺已养成既定观念，若告诉他要行孝，他也许会说："我很孝顺啊！奉养父母，让他们食住无缺。"但仅如此，是否就是孝顺？所以对大人说孝顺，就需寄托深刻的寓意，阐释做人的根本道理。

《杂宝藏经》中有则故事①——古代有个国家,代代相传一个习俗,家中的父亲到了六十岁时,子孙就会给他一件毯子,让他去守门。有对兄弟,大哥告诉弟弟:"父亲快六十岁了,快去准备一件毯子。"

弟弟便取来半件毯子。哥哥问:"怎么用半件毯子?"

弟弟说:"另外半件要准备给下一个人用,你年纪也不小了,到时你儿子可以拿另外半件毯子给你,让你去守门口。"

哥哥听后感慨:原来被如此对待是多么难受。于是将心比心,问弟弟:"我们能否不要如此对待父亲?"兄弟俩为了打破习俗,就去找一位极具名望的智者,表达他们的心声;这位智者也觉得习俗应该改除,于是向国王陈情,获得国王赞同,国王一道令下,改除老人守门的习俗。

即使是古老的习俗,也并非不能更改,诸如农历七月十五日,是否一定要举行普度祭拜?常说"四海为一家"、"落土皆兄弟,何必血肉亲",相同习俗,根据不同众生的了解能产生不

---

① 出自《杂宝藏经》(一六)《波罗奈国弟微谏兄遂彻承相劝王教化天下缘》。

同解释，只要心胸开阔就不需执著。如此"解异故，得法、得果、得道亦异"，能见证道理，身体力行，必然有所体会。

"众生四相"，《无量义经》中的道理，为我们指引了一条正确的修行方向，然而众生在日常生活中往往还是受四相——生老病死、成住坏空、生住异灭，以及人相、我相、众生相、寿者相所系缚；其实法性人人本具，只要不再对外计较分别，就能学习开解执著。

"文理真正，尊无过上"，文理——是人伦准则，是人品典范道德，是贤者风范，是青史流芳，真正是诸法精髓也是慧命法源。佛陀教法的源头，不离"文理真正"，用心看、用心听，佛法即是在教育我们人伦的准则，人伦是一条准确的道路，培养于内心、表达于外行，叫做"道德"。人人若能守于人伦道德而不脱轨，成就人品，即为典范。

自古以来，诸贤圣人皆是道德具足，我们学佛要学得贤者风范，贤者即是菩萨，若能学得菩萨的风范，就能朝"文理真正"的方向走，入诸法精髓、慧命的法源。

> 一生无量，无量一生，
> 佛法广演，众生普应，
> 如是甚深无上大乘，
> 菩萨当修无量义经。

道理有深、有浅，世间法有形、有相、有名、有量，究竟能知道多少？出世间法，无形、无相、无名、无量，又能知道多少？

所谓世间法就是人在日常生活中的规矩、道理，譬如要孝顺父母、行善利益人群，为有意义的工作付出，勤俭、耐劳，守礼节、有礼仪等，都是道理；日常生活中无论是扫地、煮开水、整理环境等，所面对的一切都是世间法。

国际慈济人医会有位八十岁的医师，曾回到花莲参加一年一度的年会。他分享，参加年会期间，学到许多规矩，连坐姿——脚该如何放、该如何坐，都需要重新学习。

他觉得：自己都八十岁了，竟不懂如何正确地坐、端碗、持筷，原来没学到的事还有这么多。他学成之后，看到自己与大家整齐、优美的形态，感到很欢喜，这也是世间法；尽管他知识高、年纪大，简单的行、住、坐、卧，却还是需要重新学，古云："活到老，学到老。"世间法从生学到死，也无法学尽。

学习出世间法更难，天地之宽、万物之多，每一项事物都含藏道理，我们到底能知道多少？世间物理浩瀚，难以通达，佛陀为了让我们能透彻了解人人本具佛性，智慧平等，因此不断地解释无形的出世间法，希望我们能体会佛法的奥妙——无形的道理，原来就会合于世间有形的形态中。

出世间法就在日常生活中，从出生到老、死，微妙不可思议。唯有宇宙大觉者佛陀能以"十二因缘法"，为我们解释生之来源、死之去向；以四谛法、六波罗密，让我们清楚人生为"苦集灭道"，教育我们回归本具的佛性，启悟智慧，从世间法引度我们至出世间法，即从此岸到彼岸，从觉知有形、有量的相，到觉知无形、无量的法。

《无量义经》阐明"一生无量，无量一生"的道理，一能生出无量，若能从心彻悟无形、无相、无名、无量的法之后，自然会了解一切有形、有相、有名、有量的诸法；只要一念智慧启，就能了解万理——一切有形之苦、集，皆源于无形的无明烦恼。

"佛法广演,众生普应",佛陀广演佛法四十余年间,因对应众生性欲无量,而说法无量,从阿含到方等、般若,直到法华,回归佛陀所启悟的华严境界。佛陀不断地反复施教,以出世间法入世间法广演佛法,皆是为了普应众生,希望能将众生从烦恼中救拔出来。

"如是甚深无上大乘,菩萨当修无量义经",若发心修行,就要用功于无量义,无量义能广被众生,如虚空覆盖大地。宇宙广漠,我们的眼睛、视神经所能看到的距离有限,因此抬头所见的天常会因乌云密布或日照晴朗,而分别呈现灰色、蓝色;其实我们所看到的形相,并非真实的形相,而是随着宇宙星球的运转,加上气候高低气压等变动,而转化成的形相。

气本无形,无形的大宇宙、虚空,涵盖着大地上有形的万事万物,这就是"无上",是没有限量的高度;佛法蕴涵的智慧、道理,宽阔无边际,高度无限量,所以称"甚深无上大乘无量义经"。

佛观众生利钝根性,晓了深妙十二因缘法,寻究根源而不可限,说无碍智,永离缚著,积功累德,不怀回报。

"佛观众生利钝根性,晓了深妙十二因缘法,寻究根源而不可限",佛陀观察众生根机,相差甚巨,根机若利则一闻千悟,根机若钝,千闻仍不能一悟。

如缘觉者出生于无佛时代,自己能缘著环境,观十二因缘境界而觉悟真空的道理,由此可见,法本有,并非佛出世后才有。缘觉者悟道因缘有三,时间长短不同。有人需经过三世——过去、现在、未来,才能明白十二因缘;有人需二世——过去、现在,或现在、未来才能悟道;智慧更高者,在刹那间就能体会,即"一念明十二因缘"。

未必在过去、现在、未来之间才有十二因缘,其实十二因缘存在于每一天,常说"一念无明生三细",若内心一念无明起,行动就会造作业力。

人从"生"到"老死"的历程中,每一天的每一个动作都不离十二因缘;为善是结善缘,为恶则结恶缘,都是从无明缘行、行缘识、识缘名色等不断地延续,直到老死,这就是人生。寻根究柢,什么原因让我们在六道轮回中流转生死?为什么会造成世间苦难、天灾人祸?其实都是源于一念无明。

"说无碍智，永离缚著"，万般带不去，唯有业随身，过去生的业带到这一世，这一世造作的业再带至下一生。十二因缘，追根究柢源于日常生活中，人与人之间种种互动所产生的烦恼，其根源不可限量。所以佛陀为我们"说无碍智"，透过了解十二因缘法，希望我们能生"一切智"、"自然智"、"四无碍智"①，尽除内心烦恼。

若能了解烦恼根源，开启智慧，便能知日常生活中，即使鸟叫虫鸣也是在说法，就像我将环保志工所说的每一句话都视如法。诸如有位志工阿嬷每天做环保，与她一起做环保的师兄、师姊们都称她"第一名"，因为她风雨无阻，每天一早总是比大家先到；刮风下雨时，别人不能来，她还是来；每天也是她第一个在环保站向人问好，所以许多人都叫她"第一名"。

这位阿嬷患有癌症，曾动过乳癌手术，手术前医师向她表示，情况很不乐观，并告诉她："如果动手术，也许还有机会活五年。"她心想：若能多活五年，就是赚到，所以决定动手术。由于她所患的乳癌已进入第三期，即使动手术也还需要做化

---

① "一切智"，为视平等界空性之智也。"自然智"不借功用，自然而生之佛之一切种智也。"四无碍智"又云"四无碍辩"，是为诸菩萨说法之智辩，故约于意业而谓为解，谓为智，约于口业而谓为辩。

疗；加上又发现罹患肝癌、糖尿病，她对人生一度陷入绝望。

有位师兄知道这位老菩萨家庭环境并不好，一病再病，苦痛不堪，于是五年前邀她一起做环保，希望透过环保修行，能帮助她减少痛苦。自从她投入环保后，不再整天为病痛烦恼，感觉很好，天天做，也慢慢地开启智慧，自有一套人生哲学。问她："你不累吗？"

"不累，若是整天躺在家睡觉，愈睡会愈担心害怕，我不要躺着吓死，每天出来做环保多欢喜。"

她的先生患有中风，原本二人在家中便话不投机，一个说闽南语、一个说国语，先生中风后，她不但扛起照顾先生的责任，同时也没有放弃做环保，她说："怎么可以放弃？和大家在一起做环保多快乐。"

先生称她"第一名"，老菩萨笑说："他叫我'第一名'，是指我先得到癌症，他随后中风，是第二名；但是谁会'第一名'先走，没有人知道。所以我每天出门和大家一起做环保欢喜又快乐。"这就是她的智慧。

这位老菩萨说的话，就是在为我们说法，她的故事给我们一种启悟——原来一个人在自身罹癌，同时要照顾中风病人的重担下，还能透过付出，解脱缠缚与执著，得到如此的轻安自在。

"积功累德，不怀回报"，对内能自谦，将自心照顾好，叫做"功"；对外能礼让，利益人群，叫做"德"。若能建立起内心智慧，以智慧利益人群，就叫做"积功累德"。积功累德须"不怀回报"——不求付出要有所回报。如那位老菩萨所说："有意义的事，做就对了。"尽管身体有病，仍做环保做得很欢喜，不受疾病烦恼所缠，彻底发挥身体的良能。

人人心中都有如来本性，只是被烦恼绳索所缠缚住，才无法显现，所以都是"在缠如来"①，念随心转，只要能转一个观念，不再随着环境而起烦恼、埋怨，开启智慧，就能善得解脱。

闻法欢喜，从心受用，身体力行，见证受用，法入沁心，微妙喜悦，法喜涌泉，轻安自在，佛恩浩瀚，心花德香，斋戒虔诚为最妙供。

---

① "在缠如来"，即指一切众生本觉之自心佛，因一切众生系处在缠垢之中，故有此称。

佛陀在说法四十余年后，舍方便取正直，说真实法，向大众宣说《无量义经》，开始进入真实法的道场。真实法为诸佛所共护念，无论是过去、现在、未来的诸佛，皆共同守护，诸佛之心同怀《法华经》，因此无有群魔、外道得入，诸外道都无法攻破佛陀的真理，所以佛陀说法称"狮子吼"——如万兽之王狮子的吼叫，能使众生惊醒。

佛陀成佛悟道之初，原想向大家分享心灵本怀——华严，然而连天界的人也无法理解，有段时间佛陀心想：成道后既然对人间无所利益，不如入灭。那时十方诸佛皆现前安慰释迦牟尼佛——人间历无数劫才有一尊佛出世，觉悟之后应努力为众生付出、广施教化，尽管法很深、很微妙，且众生根机不一，仍要想办法为众生设方便门，开启方便法。

佛陀慈悲，为度众生而开启方便法，说法四十余年间经过阿含、方等、般若等阶段，希望慢慢地引导众生悟道，但是人生时间有限，而空间无量，人间众生亦无量，佛陀不得不舍权取实，开启真实法，就入中道。《无量义经》是《法华经》的开经，即是表达出中道——空中妙有、妙有真空，为文理真正的真实法。

直到佛陀要入灭时，心中仍挂念着芸芸众生是否都能体会佛法？更担心有些人会因不了解佛法，身行偏差，而对佛法造成破坏，令一般人对佛教产生偏见；佛陀的正法连外道邪魔都无法侵入、破坏，却偏偏被自称佛教徒的人破坏，就如俗云："狮子虫自食狮子肉。"就像其他兽类都无法伤害狮子，狮子却被自身寄生的小虫啃食己肉，以此譬喻佛教徒破坏自己的佛法。

人身难得，佛法难闻，我们既已发心成为佛教徒，得闻佛法就要走入正道，必须时时将正法用在生活中。从《说法品》中就能体会，原来佛法如此生活化，菩萨是如此人间化；菩萨本来就在人间，佛法的存在就是为了教育人群。

"闻法欢喜，从心受用"，法若入心，就能感受到欢喜的境界；若能再进一步"身体力行，见证受用"，就能深入体会法的道理。常说"人生只有使用权，没有所有权"，但即使有使用权，也需经过分秒利用之后，才能产生成果；如一部机器要生产出成品，也需经每一秒钟不断地制造才能完成。修行的道理相同，佛陀虽已为我们指引出康庄大道，却需靠自己亲身实践，才能有所得。

"法入沁心"，法若能点点滴滴滋润入心，就能感受到"微妙喜悦"的境界,即"法喜充满"——心如大地得到甘露滋润般,粒粒种子逐渐成长为茁壮的菩提林。凡夫内心干燥,如同干旱的土地,所以稍微踏过,沙尘就漫天飞扬,看不清楚前方的景象;但只要常以法水滋润内心,得法自然能"法喜涌泉,轻安自在",法喜常如涌泉般,从内心源源不断地涌现,心境时时历历分明,就不会受偏差邪法所影响、诱引。

《说法品》后段云:"文理真正,尊无过上;三世诸佛,所共守护;无有众魔外道得入;不为一切邪见生死之所坏败。"描述大家因喜获大法,所以皆发无上菩提心,要再深入修学——无上大乘《无量义经》。又形容佛陀说完法后:"佛说是已,于是三千大千世界六种震动。"心遍法界,天花如雨,可见此法多么震撼人心。这是譬喻心灵欢喜的境界——大家的心花都开了,有天忧钵罗花、拘物头花、分陀利花等,表达出最美的境界供养佛陀。

"佛恩浩瀚",如何回报佛陀的恩德?唯有"心花德香",最好的方式就是——内心用功、奉献人群,以心花、德香供养。所以说"斋戒虔诚为最妙供",若能以虔诚的心面对人群,待人接物,疼惜大地万物,就是回报佛恩最好的礼物。

十功德品第三

大觉者演法普被，大有情菩萨传承，授法受法无量义，四谛六度展万行。

《说法品》中不断地提醒：《无量义经》是甚深微妙无量义，佛陀用心演说，我们能否体会？"大觉者演法普被"，佛陀说法是为了畅演心怀，普利天下众生，使佛法不仅能在佛世时代普遍弘传，还能不断地延续到未来，这是佛陀的心愿。

"大有情菩萨传承"，大有情者即觉有情者，也就是菩萨；菩萨虽已觉悟，但因他们能体会佛陀的本怀，所以愿意发心传承佛法，在人群中"上求佛道、下化众生"。前面说过，大菩萨之所以再度提问，并非不了解法的义理，而是为了传法，利益后世众生。

"授法受法无量义"，传教者能教授文理真正的无量义法给人人，接受佛法的人也都能清楚地理解佛陀的本怀，没有偏差；无论教与受之法都正确，不离"四谛六度展万行"。

尽管时代变迁，但人性始终不变，因此佛陀的教育同样能适应现代。佛陀在世时，常教育大家要启发爱心、供养三宝，只是当时社会普遍贫困，以穷人的能力，想布施供养并不容易。曾看过一则故事①——

有对贫穷的老夫妻,因年迈无法工作,只能到垃圾堆中翻找食物维生,他们常感叹自己为何如此贫困?后来有缘听闻他人传法,才知道今生的苦难是来自于过去生没有布施;他们不禁想:这一生虽然有幸生值佛世,却仍因贫困而无法布施,为此感到非常难过,不过二人供养的心始终很虔诚。

有一天,当他们在垃圾堆中翻找时,忽然翻到一小段很有价值的檀香木,于是赶紧拿去换了一小包米,打算一天吃一餐,也许能吃上数日的米饭。

佛陀知道这对老夫妻有心供养,就告诉舍利弗:"那对老夫妻今天有米饭可供养,你应该让他们有机会造福。"于是舍利弗便在他们把饭煮熟时到达他们的住处,老夫妻看到舍利弗,惊喜地说:"我们今天很有福,在饭煮熟时,刚好舍利弗尊者来访,我们想奉献这碗饭,供养您。"立刻欢喜地奉献出米饭。

老夫妇又再煮一碗米饭,佛陀对迦叶尊者说:"这对老夫

---

① 《杂譬喻经》卷下(二八)。

妻还有米饭,你可以再去。"迦叶尊者同样在饭煮熟时出现,这对老夫妻更欢喜,觉得迦叶尊者是佛陀僧团中的首座弟子,应该要供养,于是又将这餐饭供养给迦叶尊者。

只剩一碗米,老夫妻心想:我们这一生还没吃过米饭,今天终于能吃到一碗米饭了。然而饭一煮熟,佛陀出现了,老夫妻看到佛陀,感觉如万福临身,孺慕之情难以言喻,赶紧顶礼,恭敬地将这碗热腾腾的饭呈上供养,佛陀就为这对夫妻祝福。

这对夫妻目送着佛陀离开时,满心欢喜地说:"能供养舍利弗是大智慧,能供养迦叶尊者是大福德,能供养佛则是圆满的福德。我们这一生已经比所有的人都要富有,应该满足了。"在这对贫穷的老夫妻心中,充满了满足的幸福,这是佛世时代的一则故事。

如同佛世时代的那对老夫妻,现代社会也有贫者喜舍的实例,缅甸风灾后,当地有一对务农的老夫妻,因田里的稻谷被摧毁,土地又受海水倒灌破坏无法耕种,生活陷入困境,幸而受到慈济人的帮助,不但度过困境也因此了解因果;这对老夫妻深深觉得:我们过去生因为没有造福,今生才需要他人帮助,若能捐钱行善助人,就能为自己造福。

这对老夫妻,先生名叫旦昌,年近七十岁,以耕作维生,有两个儿子住在马来西亚;风灾后原本他担忧没有谷种可耕作,必须靠儿子寄钱回来维持生活,所幸慈济人及时出现,给予种子与肥料让他得以复耕,为此他很感恩。

后来,当慈济人再度前往当地援助,走进村子时,见到旦昌伯的太太高兴地站在家门口,不停地招手,热情地邀请慈济人到他们家,慈济人就随她走入屋内;一进屋内,看见旦昌伯正恭敬地拿着一封缅甸文写的信,想要念却因哽咽而无法念出口,于是让太太代为念出这封充满感恩的信。

旦昌伯在信中提到,他从"静思语"中学到"口说好话,心想好意,身行好事"的道理,了解到做好事要及时,不能等收成才付出,所以他除了亲手献上感谢信之外,还捐出向人借来的二万元缅币,折合新台币约六百元,以表示心意。

他说:"等收成时就能还抵借款。"慈济人不免为他担心:稻谷尚未成熟又气候多变,收成前一旦发生什么事,岂非又令他多了二万元缅币的负债?然而他甘愿回馈,觉得很欢喜。旦昌伯夫妇,与佛陀时代的那对老夫妻,所面临的贫穷困境皆相同,奉献的心也一样。

我们若不先为人布施，如何启发人心？若能启发人人将无形的善念，化为有形的付出，则有形的世间法，即是无形善法的实践。只要人人能于心中拉长情、扩大爱，将觉有情的精神言行合一，于人间遍撒爱的种子，就能长养一亩亩人间福田。

走入人群弘扬佛法，就是在撒播爱的种子；培养爱的种子，应秉持佛陀所教育的"慈、悲、喜、舍"——以"四无量心"适应现在的环境，才能利益人群。

如同慈济"教富济贫"，跨越国界救济贫困苦难，先将爱的种子撒在人人心中，令其产生无量的大爱，接着再"济贫教富"，辅导他们能就地救济，进而再造福他人，甚至跨越到其他国家拔苦予乐，这不就是耕耘人间福田？

菩萨慈悲，利己为人，请法解惑，是经甚深，微妙难解，起源止处，敬请佛说，开示众生，明了法源，依经入道。

"菩萨慈悲，利己为人，请法解惑，是经甚深"，菩萨即大有情者，上求佛道、下化众生，能与佛同世，直接听佛说法，心开意解，透彻佛法。

菩萨知道《无量义经》是一条康庄大道，也是天下众生所需要的法，然而此法甚深，即使自己听得懂，同时知道经法非常难得，却不免担心后世众生根机利钝不齐，无法尽悉了解；因此大庄严菩萨又代大家请教佛陀，关于这部经的起源及其依止，让我们能知道此法的源头，安心依法行入大道。

佛陀只是说一句经文，就有无量的道理在其中；然而一句经文，并非以一句解释就能让众生了解，往往需要经过不断地解释，因而衍生出无量义；如平常说话时，一句话也要经过许多解释，才能明了其义，何况要阐释《无量义经》中的甚深无量之义？所以大菩萨在利己之余，还要为后人请法解惑，希望佛陀能再深入解释，更开阔此经道理，让众生心中尽量不要有疑惑，这就是菩萨的慈悲。

因为《无量义经》的内容意义深奥，"微妙难解"，所以菩萨"敬请佛说，开示众生"其"起源止处"——这部经到底从何而来？要到何处？在人间有什么作用？希望人人都能"明了法源，依经入道"，了解法的源头，依照经典入此道路。常言："经者，道也；道者，路也。"这是《十功德品》一开场时,大庄严菩萨请问此无量义法的缘由。

《无量义经》:尔时大庄严菩萨摩诃萨,复白佛言:"世尊!世尊说是微妙甚深无上大乘'无量义经',真实甚深、甚深、甚深。……当知此经,文理真正,尊无过上,三世诸佛之所守护。……一闻能持一切法故。若有众生得闻是经,则为大利,所以者何?若能修行,必得疾成无上菩提。"

《十功德品》经文起首,大庄严菩萨即禀告佛,赞扬《无量义经》的境界是"真实甚深、甚深、甚深",很少看到一部经会反复强调其义真实甚深,《无量义经》如此呈现,足见其涵义、对人间的作用有多大。

佛法的利益能普应全人类,但是佛陀出生在印度,住世八十年,说法四十九年,在有限的人生时间内,即使是在印度,也并非人人普遍听得到佛陀说法,何况全世界以及未来的芸芸众生?

佛陀宣讲《无量义经》时，不断地提醒大家："当知此经，文理真正，尊无过上"，明白清楚地告诉我们，经文中的每一字、句都是真正能用于生活中的可贵道理。这么好的道理，是"三世诸佛之所守护"，无论过去、现在、未来的诸佛，都依循此一道理守护着这部经，因此佛陀将此经传承给我们，我们应好好珍惜、守护。

大庄严菩萨希望如此"甚深无上大乘'无量义经'"，能普遍在人间，让后世众生都听得到、做得到、说得到，并且互相分享，因为这部经"一闻能持一切法故"——听到一句，可以知道很多道理，是真正利益众生的经典。

"若有众生得闻是经，则为大利，所以者何？若能修行，必得疾成无上菩提"，因为这部经能适合芸芸众生的根机，若人人都能听得到这部经，便能得到大利；再投入此经内容，身体力行，就能很快得到无上菩提。

法从耳闻，意根摄受，法自心思，身行利群，闻思修行，自他均利，如若不闻，无量义经，为失大利，行于险径，因不知菩提大道直。

听法是用耳朵听,所以说"法从耳闻",若利根聪慧,则所有珍贵的法、道理都能听得进去;除了耳闻,还需用"意根摄受"——入心,才能有所得。就如浇灌花草,需让水分能从表层深入土壤,润湿根部,才能充分吸收。

法吸收入心后,还要"法自心思"——闻、思、修,时时用心、用意思考,并试着将道理契合现代生活的形态,使听闻、思考、身体力行合一,事理会合。闻思修行之后,还必须"身行利群"——入于人群,帮助需要帮助的人,用心及时牵引,助益他人的人生;如此自己也能增长慧命,此即"自他均利"。

如同佛陀成道之后,体会到佛法的好,发心走入人群度众生、利济他人,为适应人人的根机,而说种种法——大法引导众生入群处众,自度度人;若无法体会大法的众生,就施以中法,阐释诸法皆空;再不能接受,就施以小法,使其明白因果可怕,慎防造恶业。我们若听闻好法,要乐于和他人分享,不仅自己获利,也能以法利人,这就是闻法所得。

"如若不闻,无量义经,为失大利,行于险径,因不知菩提大道直"，倘若无法听闻或是听闻之后不接受、不了解，甚至完全未闻，都是众生很大的损失。

孔子曾对子路说："暴虎冯河，死而无悔者，吾不与也。"意思是没有按照道理只一味地盲目向前走，涉于险境也不知悔改的人，我不会与他同行。这是世间法，与佛法的道理相通，本来明明白白的道理，如规如矩的人生，犹如走在一条康庄平坦的大道上，不只保护自己，还能利益他人；但许多人偏偏"为失大利"，弃行大道，而"行于险径"——要走入险峻的歧路；诸如有人畏惧听经，认为听了经，就必须依教守戒、持斋等，若未遵守心便不安，因此干脆不听，这是"因不知菩提大道直"。

菩提，就是经、觉、大道的意思，这条觉悟的大道是笔直、平坦、没有弯曲坎坷且通畅易行的。《无量义经》是存在于人群中生生不息的法，若能闻受便能明了人间道理，诸如在《十功德品》中举出许多错误的人生知见，也教导我们如何运用此经转心轮，将恶转化为善的修行方法。佛法本是人间法，常说"佛法生活化，菩萨人间化"，其实人人都可以是菩萨，只要所说的话有道理、可行，都是道路，也就是"经"。

> 诸佛本性，无去来今，诸法本具，无生灭相，
> 常以此法，滋润慧命，慈悲护念，不舍众生。
> 经者即道也是路也，行径人道规律守则，不
> 能毫厘偏越界线。

"诸佛本性，无去来今"，佛性没有过去、现在、未来的分别，本来如此、本来已有，所以无生无灭、不增不减；不仅佛性如此，其实"诸法本具"，所有的法、道理，与佛性本来即是一体，因此"无生灭相"。每个人与生俱来的清净本性，与佛性、诸法同等，所以同样没有过去、现在、未来的分别，没有生灭相，也没有人类或其他生命的差别，这就是佛陀要教导我们的众生平等观。

"慈悲护念，不舍众生"，佛陀因一念不舍众生受苦难的心，想帮助生活在迷思中、只知贪图享乐、对自然法则无知的愚痴众生脱离苦难，所以想探讨人间为何会有阶级分别、贫富悬殊，以及生老病死等人生无常，因而离开皇宫修行，觉悟佛性原是人人本具的智慧，只是众生自己不知觉。

因此佛在人间说法，无非是为启发众生发现本性，使众生

不再受世间万物形象所迷惑。然而众生愚痴,佛陀才设种种法,希望人人能"常以此法,滋润慧命",将佛法用于日常生活中,时时滋润慧命,长养慈悲的心念。

二〇〇八年,辛乐克台风袭台时,在南投县庐山地区造成严重灾情,溪水高涨导致沿岸地基淘空,房屋流失,甚至有栋大饭店应声而倒,损失惨重。大雨冲刷,引发土石流,使片片山土滑落,原来很美的山貌,瞬息间变得面目全非,令人感受到国土危脆、生命无常。

人类愚痴,看见有利可图,就不断地开发山区,破坏山土、溪河;殊不知众生共业,一旦灾难发生,往往便造成难以挽回的伤害。据大爱台报导,当时南投县有一位慈警会(编按:慈济警察消防暨眷属联谊会)的成员,在第一线救灾,一个多星期没回家,除了善尽警察本分之外,还发挥慈警精神去付出,他受访时说:"因为上人教我们'人伤我痛,苦人民之苦',见到灾难那么大,我不忍心离去。"

还有其他警察也表示,自己的家同样被土石流所淹没,但灾难时刻,他们都化小爱为大爱,坚守岗位,全心投入救灾工作;眼看溪水湍急,有些撤离的老人、小孩体力不够,他们便一一地牵扶、背负着渡过溪流,这都需要发自内心的大爱,才能做到如此无私的付出。只要常用法滋润慧命,成长自我的慈悲心,心念自然会生起保护一切众生的愿,此即"慈悲护念,不舍众生"。

"经者即道也是路也,行径人道规律守则",修行要悲智双运,一边听、一边用才能体会;若能觉悟,按照道理生活,则每天都在行经中,生活如法、如经、如道,在自然法则中就不会脱离轨道。

生活需守好规律、原则,"不能毫厘偏越界线",若心灵分毫偏越界线,往往容易引发行动,身造恶业。如长久以来科学家不断地提醒、警告我们,人类再持续制造二氧化碳,地球的温室效应将导致气温升高,使南北极冰山不断地融化、崩落,造成气候失调,带给世界各地严重的灾难。

人间需有常轨,小乾坤的方向若差毫厘,会造成个己终身的遗憾;大乾坤差之毫厘,则会带来浩劫大灾难。在天地间,"他、你、我"三者合起来就是"众",众人若能自爱、守规则,心念皆正,天地法则自然正常,不会受到破坏,因此大众不要轻视自己分毫的力量。

千古来今，谛理道规，三法不变，妙有恒存，
一生教法，身教示范，所说世间，事理形相，
行于四谛，十二缘法，修持六度，精细万行，
依教修法，体证事理，历经一事，必长一智。

"千古来今，谛理道规，三法不变，妙有恒存"，佛陀的教法是经千古而不变的真理，不离"三法"——教法、行法、证法。修行三法能让我们体会"空"中微妙的"有"——"妙有"，即恒存不变的性，心、佛、众生三无差别，人人佛性本具，无增无减、无生无灭。

"一生教法，身教示范"，佛陀本已成佛，只为教育众生，因此倒驾慈航再来人间，示现其生命过程，以一生的行谊"八相成道"——降兜率、入胎、出胎、出家、降魔、成道、说法、涅槃种种过程教育我们何谓修行，此即"法"的展现过程，使众生明白如何从观察人生的迷思、矛盾中，找寻真理。

佛陀告诉我们：世间事，一切皆空，人生如梦，草露风光，如此无常，有什么好计较？慢慢地引导在矛盾苦难中的众生了解法。然而若只是执于空，众生容易消极，因此佛陀进一步阐

释"真空"中含藏"妙有"的真理——人人本具清净本性，只要回归本性，就能透彻宇宙万物的真理。

"所说世间，事理形相"，佛陀在透彻真理之后，本来要向众生解说成佛的境界与心灵本怀——人人本有与佛同等的本性，只是法太深奥，连天人都无法理解，何况世间一般凡夫？所以佛陀先从世间的"事理形相"说起，解释世间为何会有如此多形形色色的事，先教育众生明因果，这叫做"教法"。

知道"法"之后，接着教育众生"行法"——"行于四谛，十二缘法，修持六度，精细万行"，此乃修行的目标。众生来去于六道轮回中，因缘果报皆不离十二因缘；既已彻悟因缘，发心修行，就要用方法，方法即六度；在日常生活中，无论开口动舌、举手投足、起心动念等，都是在精细的六度万行中，所以常说要"多用心"，这就是"行法"——修行过程的方法。

倘若能发心立愿"依教修法"，自然能"体证事理"，即"证法"——在修行过程发现佛陀的教法、道理，原来就在我们的身行中，感受到法喜。为什么慈济人即使辛苦、流汗，仍愿意投入付出？因为已知道真理，所以要把握时间赶快做——做出能让现在的人心安，未来人人平安的事。

这么多慈济人都愿意共同一心投入，就是为了"体证事理"；道理仅仅知道、会说没有用，必须亲身力行，才能了解助人的快乐与幸福，体会轻安法喜。

曾有群日本人来访慈济，参观静思堂展示馆时，发现在九二一地震后，慈济于短短两年间为地方援建了五十所学校，建筑的每一层楼都坚持使用钢骨结构，安全又舒适，他们很赞叹；参访慈济大学时，看到大体老师及模拟手术的设备，对这些人愿意在生命结束后，发心奉献身体，成就医学教育的善行表示感动；接着在深入认识慈济的慈善、医疗、教育、人文四大志业后，他们更对于宗教能和现代科学如此会合在一起，觉得不可思议。

其实教法本与事理会合，佛陀教育我们世间有"成、住、坏、空"，说明未来世间会灾难连连，经过现代灾难的见证，可知佛经中的道理所言不虚。

"历经一事，必长一智"，修行不只是听闻、理解就好，还要体证；"做我们所说的，说我们所做的"，如此事理会合，经过教、行、证三法，才能成长智慧，达到"无量法门，悉现在前，得大智慧，通达诸法"的境界。

> 无量义经佛宅来,
> 去到一切众生心,
> 住诸菩萨所行处,
> 十大功德润苍生。

在《无量义经》中,大庄严菩萨继续请问佛陀:"世尊!是经典者,从何所来、去何所至、住何所住?"《无量义经》是从何处来?我们学法需探讨法源——法的源头,才能清楚透彻法义,因此佛陀说:"善男子,汝问是经从何所来、去至何所、住何所住者,当善谛听。善男子!是经本从诸佛宫宅中来,去至一切众生发菩提心,住诸菩萨所行之处。"

佛陀的意思是:此法并非我所创造,而是从过去、现在、未来无量世界的诸佛以及人人心中本有的佛性而来。因此《无量义经偈颂》云:"无量义经佛宅来,去到一切众生心",此经所要去的地方,即芸芸众生的心中,只要能发菩提心,无论在家、出家,男女老少,佛法都住在心中;宅即是心宅,道理皆从诸佛心中来,也就是自人人清净的这念心来。

"住诸菩萨所行处,十大功德润苍生",能发菩提心,愿为一切众生救拔苦难,心就已经住在法中,是谓"新发意菩萨",犹如住在菩萨所行之处。佛陀并阐释修习《无量义经》如种福田,具有十大功德,只要能把握方法,就能让一片片心田收成丰硕;除了自己受用,还能用在人群中,将法深入众生的心,救拔众生的苦难、自利利他,以法水功德滋润一切众生。

人心中各有一亩田,需有农夫勤作耕耘,每一粒种子藏日月,种子善因遍洒大地,从一念正信正法生,入世人间弘正道法。诸佛住世,说真实法,文理真正,清净无染,修行善本,不染恶缘,兴起善法,无放逸行,道源功德,从正信生。

人人心中都有一片土地,每个人都是自我心地的主人,从年幼到老迈的过程,收获丰硕与否,端视自己如何经营。若经营不善,心地就会变得荒芜、杂草丛生,无所收成;若能认真经营,则月月年年都能有收获。

我们称出家人为"福田僧",意思就是向内自修,殷勤耕耘内心土地的人。这片心地即是慧命,心地若起烦恼,就如有杂草、石头覆盖土地,导致水分干涸,让土壤吸收不到营养,所以要学习将内心种种无明、杂念一一用功地去除,勤作耕耘,这亩心田才会有很好的收获。

犹记多年前,静思精舍的常住众为了生活,曾在普明寺后的一片荒芜旱地开垦,因为土地从未耕种过,所以杂草丛生,其中有许多闽南语称为"臭头香"①的杂草。单株"臭头香"看起来虽然只是细长的一枝草,但在地底下的根茎却是彼此相连、不断蔓延,所以若看到"臭头香",不能只拔除地面上的枝叶,必须蹲下身来挖掘,挖起一株株相连的根茎,若不清除彻底,很容易又会再生长出来。

整理土地的过程虽然辛苦,要先除草、捡石头,翻过土后,才能播种花生;但是当数个月后,看到成熟的花生,已长出累累果实,心中充满难以言喻的欢喜。

大地上的植物、生物,其中都含藏生机,诸如撒下一粒种

---

① 臭头香,又名"香附子",莎草科,多年生草本,根茎细长,先端形成椭圆形球茎,于地下蔓延,白而有香味。叶数枚丛生,狭线形,下部成鞘状抱茎。

子后，会长成一棵作物，作物结出累累果实，不仅能供人食用，果实里的种子，还能再继续广播，在日月中不断地繁衍。"一生无量，无量从一生"，好的法也如此，若有缘人接受到"种子善因"落入心地，勤作耕耘后，除了自己能有收获之外，也能再向外弘扬佛法，传承法脉。

天地万物都含藏生命的奥秘，如人的生命不断地带着业力的种子，生生世世轮回不息。每个人因业力不同，而造就各自的环境生活与习气，有人事事顺利，也有人灾祸连连，端视过去如何造作；而此生所造作的业又将带至来生来世，如此不断地轮回流转。

在不同的时代，能看到不同的人生，一切皆因业的种子不间断地循环所致，也就是现代所称的"基因"。科学研究发现，人的基因遗传自父母，会影响自己一生的生活；父母与我们过去因有一分难以解释的因缘，此因、缘会合，我们才能出生人间。即使是同一对父母所生的孩子，也会有不同的人生，有时一个孩子善良、有智慧，另一个孩子却作恶多端、不行正途，虽然他们同与这对父母有缘，但是各有不同的缘，有报恩的缘，也有忤逆、报仇的缘，过去所造的因不同，自然产生不同的缘。

我们在日常生活中，无论与什么人结什么缘，都是缘缘相传。若能以"种子善因遍洒大地"，不断地传播、弘扬好的话、善的法，则"从一念正信正法生"，有正法就能"入世人间弘正道法"——不只自己内心有正法，向外还能教化他人，朝正知、正见、正确的方向走。

就像静思精舍的菜园，每亩土地都方方正正，其中种什么菜，亩亩分明，这是因为常住众们在掘田亩时都很用心，掘得很正，仔细地除草、播种、照顾，才能长得这么美。修行也如同种田——耕作心地，只要每一念种子皆正，并以正确的方法耕耘，就能有好的收获。

"诸佛住世，说真实法"，诸佛来人间，是为了说真实法，但凡夫往往深陷迷茫中，即使受法、听法，内心仍无法理解，故佛陀不厌其烦，运用种种方式说法，目的是为了要让大家清楚、相信真实法为"文理真正"的无上大法。

真实法是从内心清净无染的本性所培养，"清净无染"是去除无明后的心地风光——清净的本性；而要培养清净本性，需先从"修行善本，不染恶缘"做起。

古云:"人之初,性本善。"修行不为什么,只为回归本源,并且在修行过程中,不再与人结恶缘,还要"兴起善法,无放逸行",同时让善法常在心中,兴旺正法,精进不放逸。"道源功德,从正信生",只要有正念在心中,从正信开始回归道源功德,自我耕耘好心地良田,收获后再遍撒爱的种子,爱洒人间,便能润渍群生。

心宅主人自己当,富宅家宝自守护,富而有余勤布施,莫要悭吝自叹贫,行入人群福中富,佛法住心智中慧。

天下事物中的道理,都可以成为自己的财富。诸如看到优美的风景或是奇妙的好事,内心会感到欢喜;能与许多如一家亲的好人,共同发挥智慧为人付出,会感受到人性如此富有。所以"心宅主人自己当",人人都是自己心宅的主人,只要有智慧,内心开阔——有长情大爱,就能富有天下万物。

"富宅家宝自守护,富而有余勤布施,莫要悭吝自叹贫",自我丰富的心宅宝藏,需靠自己守护,既然有余力就应时时付出,不要悭吝力量或分别你我,若故步自封,则永远无法与人结好缘,心灵也难以富有。佛经里有一段故事[1]——

佛世时代四姓阶级区分得很清楚,在王舍城,连人民居住的乡里都有贵贱之分,其中有个乡里名为"一亿里",住在此地的人都富有上亿财富,地位尊贵。有位普通商人很羡慕,希望自己也能住进一亿里,所以立志努力赚钱,希望有朝一日得偿夙愿。

他认真做生意,生活省吃俭用,在衣食住行各方面过得与一般贫民相差无几,只为不断地累积财产。随着岁月流逝,数十年后他老了、病了,临终前对妻与子说:"我现在最遗憾的事,就是我的财产只差一点就上亿了,即使我往生了,你们也一定要替我完成心愿,搬进一亿里。"话说完便过世了。

他太太嘱咐儿子:"你父亲辛苦了几十年,只为完成这个心愿,却无福享受,希望你能完成他的心愿。"儿子安慰母亲:"不要紧,请您放心将财产交给我,我很快就让您住进一亿里。"于是母亲放心地将财产悉数交付。

---

[1] 典出《杂譬喻经》卷下(二四)。

其实这位年轻人长久以来看到父亲拥有这么多财产，却对自己的生活如此刻薄、一毛不拔，深深为父亲感到可怜；一方面，他看到王舍城里有许多人听佛讲经，心开意解，即使贫穷也生活得很快乐。不禁想：为什么我的家庭不能信仰佛法？内心经过一番挣扎，他开始亲近佛、法、僧。在听闻、探求佛法后，他体会到佛陀的心灵境界是如此辽阔、轻安自在，内心感到非常欢喜，了解这是有钱也享受不到的生活。

于是他决定用父亲遗留的财产大开布施门，救济贫困、供养三宝。当他布施救济时，看到许多贫民在寒冷时有暖衣可穿、饥饿时有热腾腾且营养的资粮可温饱，心灵感觉很满足，非常欢喜、开心。

数年内，他已将财产布施殆尽，后来因为一场疾病，不久就往生了；他的母亲很心痛，想：儿子明明年轻健康，平时又乐善好施，所作所为令人赞叹，为何生命如此短暂？每天都伤心落泪。

同时间，一亿里首富长者的夫人，生了一个庄严的儿子，人见人爱；只是这个孩子一出生就哭泣不止，不论是谁都无法安抚，长者建议太太："不如聘请一位保姆。"那位年轻人的母亲听到这个消息，为了生活就前往应征。当她一抱起这个孩子，孩子马上高兴地笑了，长者夫妻便安心地雇用她，并让她住在家中。她成了首富家的保姆，受到很好的待遇，却也不禁心生感慨：丈夫生前一直想住进一亿里却没有缘，儿子也过世了，只有我在这里享福。

当这个孩子日渐长大，学会说话，一日忽然唤她："妈妈，您不认得我了？"保姆吓了一跳，怀疑地问："你还这么小，为什么话说得如此清楚？""我是您的孩子，因为希望能让您享福，住进一亿里，所以生前虔诚供养三宝，布施济贫，如今我们才能住在这里。"保姆此时恍然大悟，深深体会布施功德的确不可思议。

长者的儿子长大后，父母陆续往生，他用心经营家财，同时不断地布施、供养三宝，不仅自己成为虔诚的佛教徒，还影响一亿里所有人家都能守五戒、行十善。

由此可见，只要愿意舍人间有形财富，心意净洁而无垢秽地行布施，转瞬一念，心宅开阔，便能入佛心灵的境界，享受那分清净无染的轻安自在。

在天地之间，能做自己心宅的主人，能在人间道上享有天下一切万物和人缘,是多么富有。"行入人群福中富,佛法住心智中慧","福中富"即富有天下大爱的心,不能只是用口说,而是必须走入人群去力行;"智中慧"即佛法住于心中,不只是能以"智"分别事相,还要以"慧"等观众生,有"众生平等,天下一家"的观念,这也是佛陀来人间不断施教的观念。

在《无量义经》中,佛陀则更具体地以十种功德慢慢地引导众生修行的法门。

第一功德难思议,
道源功德由信起,
是经能令诸菩萨,
未发心者能发心。

"第一功德难思议,道源功德由信起",道的源头原本就在人人的心中,只要能生起一念正信的心,回归本源,便能生出难以思议的大功德。

心的境界本来自在,人各有自己的心识,互不干扰,然而因世间幻化，所以我们的心识也会跟着外境幻化、变相，以假执真，计较不休，殊不知一切外相只不过是刹那生灭而已。世间万物都在刹那迁流中生灭，是空无相，"四大"皆缘起于性空，地、水、火、风只是乘缘而生；众生也是因、缘、果、报牵引所生，因此同样有生有灭，人生无常。

忉利天一日等于人间一百年，人生数十年的生命，还不到忉利天人一日的寿命，然而我们在短暂人生中，由"色、受、想、行、识"五蕴缘著外境所造作而生的业，却会导致贪、瞋、痴、慢、疑绵延不绝，烦恼不断，让我们始终在六道轮回不休。

众生因为不了解道理，往往执著于"我"——非真实的自我。试想：心境若变化无常，时而求此、时而爱彼，就与人无法和睦相处，互相计较，而这一切都是从自己的一念心起，因为受外境诱引，因此才起欲念、内心的感受，使心不得平衡。心一旦被相所迷惑，就会采取行动而造业，所造作的业回归于"意"，便会使业的种子不断再繁殖、复制，无明因此不断地产生，延续生生世世。

人生虽短暂无常，但在无常性空里，恒有一个"妙有"——本来清净妙有的本性；既然有因缘来人间，应把握四大假合的身体，藉假修真，成就道业。人人佛性皆平等，第一功德的不思议处，就是让我们看到自己有无限潜能，只要回归道源，起正信正念，即能产生修行的力量。

"是经能令诸菩萨，未发心者能发心"，《无量义经》是从诸佛宫宅中来，而诸佛的心宅富有无量义，能去到众生发菩提心的地方，使诸菩萨及未发心者能发心。

如何将这部经散播至芸芸众生的心，在心田遍撒种子？必须用心耕耘，因此还未发心的人，要先使他能发大慈心、大悲心，于内心培养功德。人人的内心本来就有种子，只要能唤醒自性农夫，耕耘好自性心田，自然能展现累累成果。

诸如慈济有位黄居士，本来生活离不开酒，他说："喝酒喝了二十多年，每天都是醉茫茫，清醒的日子屈指可数。"有一天，他无意中看到我在大爱台节目上讲说《父母恩重难报经》，刹那间如梦初醒，惊觉父母恩如此深重，难以回报，而自己长年沉迷于酒中，过着放荡的日子，不仅未能回报父母恩，还让父母很担心，愧为人子，于是下定决心戒酒。那年他四十二岁，开始投入慈济环保站做环保。

后来台中慈济医院启建，推动工地人文，每天需要香积组志工煮食、供餐，他自告奋勇承担，以那双原本因酗酒而颤抖的手，拿起大锅铲炒菜，为建设医院尽一分力。

他一做，便是五六年的时间，不曾懈怠，并常分享：自从投入环保、做香积之后，不但忘记酒瘾，还能利益他人，每天都做得很欢喜，父母也很安心。可见只要能发菩提心，得法便能轻安自在，自度度人，获得不可思议的修行力量。

天地之大，心宅之宽，仁德之美，妙有之真，应时把握，自心受用，法度喜悦，天地共享，心宽念纯，无嫉妒意，随喜能舍，无忧无求。

"天地之大，心宅之宽"，相较于广大的宇宙，人很渺小，光是在地球就已能感觉天地之大，其实地球再大也只是宇宙间的一颗星球，有其局限，心宅应该要比地球更宽大。

佛陀教育我们"心包太虚，量周沙界"，意思就是心要很开阔，能涵纳"三千大千世界"。心宅若狭窄，哪怕只要转个心念都有障碍，如何能包容天地万物、山河大地锦绣之美？心宅宽大，才能体会"仁德之美，妙有之真"。

想要体会"妙有之真",必须先培养"仁德之美"。人人的心宅都有"仁",心中常存仁德叫做"美德"——很美的道德。常说"功德"为"内能自谦,外能礼让"——能于内心用功,培养出爱心,并且建立正信、正念,而后自然表达于外在,对人付出无所求,让人肯定、信任,这分很美的道德,就是"仁德之美",也就是人品典范。若日常生活都能在仁与德之间,就能体会得到"妙有之真"。

佛法教育我们,一切事物分析到底,化整为零,皆是"空";既然一切皆空,为何人还会在空泛的境界起烦恼?这是因为没有透彻"真空"的道理——"真空"中具"妙有",也就是人人的清净本性。

诸如某处肮脏、恶臭,是因为日久月深的污垢附着在物体上积成脏污,而产生臭味,一旦清洁之后就闻不到臭味。其实味道是臭或香,并无法看见,只能靠嗅觉分辨。

在外有物,内心体会、有感,就叫做"感觉",但"感觉"长得如何?也是无法得见,而感觉源于那分"真空妙有",就是本性。

"真空妙有"、"妙有真空",只能从修行过程中体悟,所以"应时把握",听到一句好话、好的道理,必须及时把握;"自心受用",能尽快与自心融会,并且运用在人群中;"法度喜悦",就是将法运用于日常生活中、人与人之间,让人人都能受用,自己也会觉得很欢喜,进而"天地共享",若是天下人都能如此,世间便不起烦恼,万物无不与天地共生息,同享欢喜。

　　"心宽念纯,无嫉妒意,随喜能舍,无忧无求",能够心宽、念纯,得法自在轻安,心中自然不起嫉妒之意,能舍一切执著,乐于将法度给天下人人受用,如此的人生是最有福、最有智慧的人生。

心平气和,戒慎谦恭,克己有礼,守规如仪,不染恶念,精勤善法,行四无量,施六度行。

　　在日常生活中,每天面对形形色色的人事物,难免有不合意的声音、不投缘的脸色,有多少人能做到"心平气和,戒慎谦恭,克己有礼,守规如仪"?端视各人修行的功夫。

　　修行应从发心做起,不断地持续下去,并且恒持到未来;无论在家、出家,时时皆要心平气和、戒慎谦恭,修心养性、端正行为，发心立愿身体力行，从"戒"做起。"戒"，是守好规矩，在日常生活中谨慎地待人接物，对人、对事尊重恭敬；反之，若生活举止动辄无法守规如仪，即是无法"克己"——自我克服内心习气。若能克服内心习气，自然外行有礼，如此入群处众，利己利人，才能圆满修行。

何谓有礼？如对人说同一句话，轻声柔语地说，听起来感觉温和；反之，语气强悍，听起来也许会不顺耳。将心比心，我们听他人说话时，往往也会因为对方说话婉转，令人听了欢喜，所以才容易接受；若听到强硬的语气，即使明知道理如此，也无法接受。所以说话有礼、态度谦恭，举止端庄、守规如仪，自己的形态在无形中就能让人生起信心、恭敬心与爱心。

诸如慈济人的行仪很有规矩，在行进中会视路宽，二人、三人或四人一排，队伍、服装、行动都整齐划一，从个人到群体，一切动作都不脱离规则，这就是修行。"克己有礼，守规如仪"，虽然是很平常的事，但是仍需要身体力行，落实在日常生活中。

从"心平气和"到"守规如仪"，只是发心修行的开始，在日常生活中除了要照顾好自己的身心之外，还要使内心"不染恶念"，不让心沾染到不好的习气，保护自心如保护一件洁白的毯子或一面清净的镜子，使之不沾染任何脏污、灰尘，所以必须常擦拭，时时提高警觉。

向外则要进一步"精勤善法"，无论起心动念、举止动作都要殷勤，愿意承担利益他人的事，有助人的使命感；凡是好事皆要精勤——精而不杂，勤而不退，"行四无量"，"施六度行"，如此就是修行的正确方向。

> 无有慈心起慈心，
> 好杀戮者起悲心，
> 嫉妒重者起喜心，
> 爱染深者起舍心。

第一功德主要在教导四无量心——慈无量、悲无量、喜无量、舍无量，以及六波罗密——六种度众生的方法。

"无有慈心起慈心"，学佛首要培养慈心，在日常生活中，若能与人和睦相处，心境平和，自然身心无缺，拥有富有的人生；所谓富有，并非只指外在拥有很多财产，而是内在也要获得心灵满足，才是真正的富有。

诸如有人虽然家庭贫困，但是和乐融融，孩子对于父母的努力养育、用心栽培满怀感恩；父母也对孩子的乖巧感到欣慰；夫妻相互体贴、同甘共苦，一家人都觉得自己很有福，如此富有感情与爱的家庭虽贫如富。

"好杀戮者起悲心"，人间如滚滚红尘，人与人之间内心充满贪、瞋、痴、慢、疑，相处往往很刚强，烦恼的毒气若在日常生活中起作用，就容易发脾气打骂他人，甚至兴起杀戮，在社会新闻中常见许多残酷的案件，有时会让人觉得社会动荡不安；有些人只因为一点不称心、不如意、求不得、爱不到等烦恼，就起不轨杀戮的心。

倘若能令好杀戮者生起悲心，抱持"人伤我痛，人苦我悲"的胸怀，将是天地众生之福。天地之间除了人以外，还有很多动物，动物并非生来是为了给人食用或让人差使，诸如牛、马并不是天生就必须耕田、负重等，只因沦于畜生道中才不由自己。因此我们应起悲心，要感恩在畜生道中为人类付出的众生，并学习与大地共生息，时时生起同体大悲的心，平等爱护众生，去除好杀戮的恶念，勤修善法，才能以善法度众生。

"嫉妒重者起喜心"，人生需要学习开阔心胸，"心包太虚"，能包容他人，则自己自然也会起欢喜。譬如看到忧愁苦难的人时，若能展开双手拥抱他，以自己的肩膀做他的靠山，以一分爱帮助他安定身心，如此见到他们笑，自己也能感到欢喜；他们平安，我们则心安，只要能以开阔的爱包容一切，内心自然嫉妒不生。

"爱染深者起舍心"，世间人心的贪婪、欲念广无边际，爱染深者无所不贪，因此造成许多灾难，其实天灾人祸皆起于一念心。诸如新闻曾报道，有观光区的缆车，因建设开发过度，导致山体地基被掏空，受风雨冲刷而产生崩塌危机。为何要设缆车？只是为了满足人们的欲望，能一览山谷景观，寻找刺激；山貌一旦被破坏，就需要长时间养息，图利者却因想赚更多的金钱，而不惜一切破坏水土。

想想，如此"爱染深者"，只为了一己贪欲而不顾一切，大肆开发，而演变成天下灾难，造成天地间的不平安，这一切都是由心所造，起自一念心。

天下的道理都从心生，若没有违背心理，就能安心依道理而行；所谓"心理"，即人性本具的善法。"人之初，性本善"，为自古以来之经纬，是天地间原来的道理，佛陀、孔子等圣贤皆主张——人本具善性。我们应该相信自性为善，并行于正；故说"信己无私"，倘若有一念私心、私见，观念就容易偏差。

在"三十七助道品"中强调修行需修八正道，无论思想言行或待人接物等，都要不离正见、正思惟、正语、正业、正命、正精进、正念、正定，如此思想不偏差，智慧自然明朗。

因缘果报皆起于一念心，起因造缘善恶杂揉，若是善因、善缘会合，方向自然正确；若是恶因、恶缘会合，就会诱引自心往偏差的方向行进。虽然人性本善，但是过去如果曾与人结下不好的缘，种下不好的种子，种子复生，就会继续牵绊着不好的缘，无论好坏因缘，生生世世都不断地复制。

正因人生善恶杂揉，所以近贤则善，近愚则恶，身处人群中，应观察分别，何者的言语动作、所作所为能真正利益人群，作为我们的典范；何者凡事只求自己的利益，不考虑他人或是未来的结果，为坏的示范，则应提高警觉，引以为戒。如孔子说："三人行必有我师焉，择其善者而从之，其不善者而改之。"须知即使是不好的示范,也是一种教育,应感恩他人的错误,让自己有警惕的机会。

悭贪者起布施心,
憍慢者起持戒心。

"悭贪者起布施心",如何让悭贪的人起布施心?有时愈富有的人反而愈不容易布施,尤其是悭贪的人会觉得:我赚的钱,应该由我享受,不希望将钱布施给他人。

犹记慈济慈善志业发展之初,是从三十位主妇响应"竹筒岁月"——日存五毛买菜钱到竹筒里开始,慢慢地累积点滴金钱,才成就起今日的规模。她们在不影响家庭生活的情况下,用自己微薄的力量做好事,提起菜篮到菜市场时,会告诉卖菜的人:"帮我称少一点。"

"为什么?""我今天要省五毛钱。"

"省五毛钱做什么?""要救人。"

卖菜的人一听到"五毛钱能救人",而自己的能力也可以日捐五毛钱,如此口耳相传,"竹筒岁月"就从菜市场展开。

布施五毛钱虽甚少,但只要点滴累积大众的力量,就能汇聚成大爱;如同种下一颗种子,若日日呵护,这颗种子便会长成大树。如这三十位家庭主妇因互相勉励、坚持初衷,而慢慢地变成慈济委员,这就是从一颗善的种子,逐渐培养出来的大心大愿。

尽管现今慈济的慈善志业已发展至国际,仍是推动一样的世间法——竹筒岁月的精神:"教富济贫",教育富者拥有爱心,救济贫困的人;并且"济贫教富",不只富人能做好事,也启发贫穷苦难人做好事,得到布施的欢喜心。

为了启发人人的布施心,佛陀坚持与弟子家家托钵,其意义与"竹筒岁月",以及慈济委员亲往会员家收取功德款相同,无非是为了帮助凡夫去除贪著的心,使人人能乐于布施,汇聚"粒米成箩"的力量,造福人间。

"憍慢者起持戒心",憍慢心人皆有之,诸如富有的人会自认为有钱,有学问的人会自觉自己学问高等,即使是残障、贫困、愚劣的人,也会有卑劣慢,所以"憍、慢"二字,在人人心中皆有,只是自己不觉知。

心中有憍慢,要起持戒的心就很困难,因为已习惯自由、我行我素的生活,自然烟、酒、槟榔、赌博等皆不拘,甚至造成家庭、社会问题,或是人与人之间对立的问题也不在乎,难以持戒、守人伦道德。

有一则佛教公案①——佛世时代,社会贫富不均,富裕者很富有,贫穷人则很贫困。有位婆罗门,聪明又心思缜密,富可敌国,生平最厌恶不肯认真打拼、只想乞讨的贫穷人,他认为穷人就是因为不肯赚钱,所以才会贫困;同时他也不尊重托钵的出家人。佛陀弟子中,号称"智慧第一"的舍利弗,常听到大家传言这位婆罗门的习气,觉得一定要度化他,帮助他开启智慧。

一日,这位婆罗门带着家奴出门收租,途中正要休息,准备用餐时,舍利弗捧着空钵出现在他面前。这位婆罗门一见舍利弗,内心便起了不欢喜心,原想破口大骂,但是心思一转,

---

① 典出《杂譬喻经》卷下(一七)。

没有骂出口，只是径自用餐，视而不见，要让舍利弗知难而退，然而舍利弗如如不动。

婆罗门吃饱后，随侍的家仆便端出一盆水让他洗手、漱口；他洗完手、漱过口后，起身接过那盆污水，倒进舍利弗的钵中，说："这些是我真心要布施给你的东西。"没想到舍利弗非但不生气，反而面露笑容祝福他："但愿你今天诚心的供养，能使你未来百千生得无量福。"舍利弗说完便转身离开了。

这位婆罗门看着舍利弗离去的背影如此庄严，又想到舍利弗冷静地面对侮辱，还能心平气和地祝福他，担心众多家仆亲见亲闻这番形态，会有伤自己的名声，于是赶紧差家仆追上舍利弗，希望能将他请回家当面致歉。

舍利弗的脚步轻盈迅速，很快地回到精舍，一回精舍，他便将手中这盆污水与一堆沙土混合，铺在佛陀每天必经的路上。佛陀见状，问舍利弗："你在做什么？"舍利弗如实叙述自己向这位婆罗门托钵的经过，并说："我希望这位婆罗门能改变悭吝、贡高我慢的心，得到福报。"

佛陀听完，赞叹舍利弗能以平等心的智慧面对人群，以法布施众生。而这位婆罗门所派来的家奴，刚好看到舍利弗回精舍后的举动，以及与佛陀的对答，深受感动，赶紧回家将他的所见所闻，原原本本地说给婆罗门听。

这位婆罗门听了之后，心中生起惭愧心，赶紧准备许多供品，到佛陀的精舍前恭敬礼拜，发自内心忏悔自己对待舍利弗的态度。于是佛陀用心地为这位婆罗门宣说佛法的五戒、十善，这位婆罗门深感佛法至高无上，便向佛陀请求皈依。

其实舍利弗在尚未皈依佛陀之前，因为智慧很高，所以内心也很憍慢；不过当他入佛门后，持戒修忍辱的功夫，学习降伏慢心，启发平等慧，日后才能以智慧调伏婆罗门长者，帮助他人也起持戒心。布施心与持戒心，都是人人本具的智慧，只要时时用心，佛法就在周围的人群中。

佛陀施教人间法，乐善惠施持戒规，本具智慧平等法，静寂清澄净圆妙，志玄广大宽阔心，喜悦法乐在其中，戒定慧解知见生。

佛陀在世时，面对座下形形色色的弟子：有智慧第一、神通第一、辩才第一等，除了传法给弟子以外，也希望他们能走入人群，在人间施教，使佛法智慧法脉相传。

"佛陀施教人间法，乐善惠施持戒规，本具智慧平等法"，佛陀来人间示教，教化我们"行四无量，施六度行"，具足四无量心——慈悲喜舍，并且须外行六波罗密，这是每个修行者、学佛者所不可或缺。同时以种种方法教育众生——遇事心如何能平静，见苦难人如何能起爱心，在人事物中如何能时时保持戒规，无不是在告诉我们，此法为人人本具的平等智慧。

"静寂清澄净圆妙"，指修行要修到使一念心能达到静寂清澄、清净圆妙的境界，无烦恼污染在心中，并且"志玄广大宽阔心"，先修开阔心，立志发广大的愿行，才能享受"空中"之"妙有"；而"妙有"境界，则需以智慧体悟。人生若执于"有"就会起贪著，心若能放空，没有执著，自然能得清净、圆满，感受到"喜悦法乐在其中，戒定慧解知见生"的境界。

彻悟心灵解脱的方法，就是戒、定、慧合一，若能如此就能解脱心中的困境，不执著于周围一切，轻安自在，得智慧知见。

瞋盛者起忍辱心，
懈怠者起精进心，
散乱者起禅定心，
愚痴者起智慧心。

要耕耘善的功德林并不容易，常说"星火燎原"，"无明火烧功德林"最初常只是源于一把瞋火——习气，从一点点的瞋怒开始愈积愈多，就会障碍我们在日常生活中与人结好缘、造福人群的愿行。在生活中种好因、结好缘、得好报，是因果循环，所以平常要学习修心养性，以"忍辱"对治瞋怒的习气，才能与人结好因缘。

有一则故事——古时在大陆贫困地区，由于缺乏生计，许多人常需要离乡背井到远方谋生，由于地大路遥，往往年初出门，年底才能回家。有一位外出工作的先生心想：快过年了，终于可以回家与妻子团圆，但是自己一整年所赚的钱，扣除生活费，所剩不多；一想到只赚这点钱，便对妻子感到过意不去，犹豫着是否应买些礼物回家？

正当他沿路边走边想,经过市街时,看到有人在写春联,有许多好话,他一走近看,写春联的人便问:"买春联吗?"他说:"我想送妻子礼物,但是不晓得她看不看得懂。"

"你离家在外多久了?"

"一整年了。"

"既是如此,我写一幅字给你。"

"多少钱?"

"五百两。"

他算一算,买这幅字需用掉所赚薪资的三分之一,如此带回去给太太的钱会不会太少?正犹豫不决时,写春联的人对他说:"五百两买一幅好话,也许终生受用。"于是他买下一幅字,上面写着:"进退三步想一想,瞋心起时要思量,熄下怒火最吉祥",他觉得这话好像很有道理,却不是很清楚它的意义。写春联的人告诉他:"快要发脾气时,就在心里念出这三句话,将会受用无穷。"

买了字之后，他立即赶路回家，回到家时天色已晚，大门深锁，屋内的灯也已熄了，他怕吵醒沉睡中的太太，就从后门进去。当他放下行李，点亮油灯，透过微弱的光线，看到床下多了一双男鞋，不禁怒火中烧，心想：我在外辛苦打拼，你竟然不守妇道。愤而到厨房取了一把菜刀，走近床边时，忽然想起"进退三步想一想，瞋心起时要思量，熄下怒火最吉祥"这三句话，赶紧后退三步。

正沉睡中的太太被声响吵醒，一起床看到先生呆站床前，就问："你怎么了？"先生问："床下怎么有两双鞋？"

"你说要赶回来过年围炉，却失约了，所以我才把你的鞋整理好摆在床下，表示你没有过空年。"先生听完既忏悔又感恩，这三句话虽然花费他不少钱，但是价值其实远远超过所付出价钱的千百倍。

"忍"的确很辛苦、不容易，"忍"字是在"心"字上插一把"刀"，若要拔这把刀，必须有功夫；就如万一发生意外，刀插在身上时，需赶紧找医师，用正确的方法止血或动手术才能保命，否则鲁莽拔刀，便会血流不止，甚至送命。瞋怒就如刀，如何拔刀而不伤身？这就是修行的功夫；若见他人的脸色或态度不顺眼，或者是听到他人说话不顺己心时，就要自我警觉，不生瞋怒，这叫做"修心"。

有些人虽然不是修行者，但是"忍"的功夫却很好，在生活中能以好脾气与人结好缘。如慈济玉里分院的张玉麟院长，无论面对谁总是满脸笑容，其实张院长每天的工作量相当繁重，除了在医院诊治病患之外，还要与院内的医护人员，定期前往偏远地区为贫困或行动不便的病人往诊、义诊。还有位从美国回台的张老医师，在玉里慈院服务多年，与张院长志同道合，二人常常一起外出义诊，做居家关怀。

有位九十六岁的钟阿公，膝下虽有七名子女，但六名都在外地工作，另一位住在玉里的女儿则已出嫁，因此他一人独居山区。尽管他身体健康，但因年岁已高、行动不便，所以玉里慈院的医护同仁经常前往关怀。

一日，张老医师与护士前往看视钟阿公时，发现阿公的手脚呈现红肿症状，性急地对阿公说："您的手脚都肿起来了，要赶紧治疗。"阿公一听，就不悦地说："不用！我懂得研制草药，可以自己治疗。"医护人员直言："您目前的症状，不能再使用草药治疗了。"阿公听了更生气，执意不肯就医。

张老医师返院后,将阿公的病情和固执的情形告诉张院长,张院长立即前往,一到阿公家就先有礼貌地向阿公行九十度鞠躬,还用阿公熟悉的日语亲切地问候,阿公见张院长的举止便心生欢喜,二人很快地拉近距离。接着张院长与阿公聊天,阿公说:"我自己有研究药物。"

张院长惊喜地问:"真的?您研究什么药?"

"中药。"

"我觉得中药很好。"张院长不断地赞叹他。后来阿公举起手说:"你看,我的手也是用自己研究的草药治疗。"

"我看看好吗?"

"好。"张院长一看,阿公的手不只红肿,还起了一片药疹,想必很痒。

张院长便拿棉花沾上一些酒精,说:"我帮您消毒好吗?"

"好啊!"

边擦边说:"阿公,虽然草药很好,但是依您现在的症状,手恐怕会破皮溃烂,我帮您上药膏好吗?"

"好啊!"阿公很自然地回答。

张院长就赶紧为他上药。这就是以耐心化解了阿公的固执;一周后,阿公的手已完全痊愈,当张院长再去看他,阿公笑眯眯的非常高兴。

用忍力能练就宽大的心,所谓"忍辱",并非"忍无可忍",而是"忍而无忍"——即使是忍,也不觉得忍,能看开所有不如意的事,心胸宽大,视一切现象为自然。

"懈怠者起精进心",除了忍辱之外,还要有精进心。人生无常,有幸听闻佛法,就要精进修行,切莫懈怠空过时日。"散乱者起禅定心",禅就在日常生活中,常说担柴运水、语默动静、开口动舌、待人接物无不是禅;倘若能拨开散乱心,用善的心念对准大道直——菩萨道,方向正确不偏差,立定志向,心不被外境所摇动,就叫做"禅定心"。"愚痴者起智慧心",芸芸众生多愚痴,我们要入群度众,必须先消除愚痴无明,让自己的智慧发光,才能自度度人。

在印尼，有个椰风新村高级住宅区，有位慈济委员希望能为当地人的心灵造福，因此深入社区设立一间静思书轩，提供阅读好书的空间与机会。由于《静思语》语句简单，易翻译推广，在当地颇受读者欢迎，每天都有人在书轩内读《静思语》；其中有位迪薇女士，约三十余岁，小时候曾经历一段坎坷的人生，尽管目前她生活得很好，却仍无法放下过去不愉快的回忆，因此心中充满埋怨。

迪薇在五六岁时，父亲离家，留给她与母亲一身债务，以及一间未盖好的房子。还好她的母亲很坚强，靠着贩卖手工蜡染衬衫，维持家计、偿清债务，并将房子盖好，而迪薇也很懂事，从小就殷勤地帮忙母亲做事。但是数年之后，她的父亲突然捎来一封信，表示他已于外岛再娶妻，有了新家庭，她的母亲无法接受这样的打击，便将盖好的房子贷款，拿了借款离家流浪。

当时迪薇年纪还小，只好陆续投靠阿姨、叔叔家，但是并未受到好的待遇，甚至在学期间也必须打工赚钱，将薪资的一半交回。成年后，她终于离开亲戚家，独立工作，还遇到好的对象，婚后两夫妻认真维持家计，生活过得很好。

有一次，她父亲请人代为转达想来找她的讯息，她却说："我从小就没有父亲养育，所以我没有父亲。"从此与父亲断了联络；有时和亲戚见面时，会提及父亲的名字，她总是非常痛恨，无论亲戚们如何劝说，她始终无法解开心结。

但是自从她走入书轩，报名参与读书会，透过慈济人解释"静思语"并了解其中内容后，深受感动，生命开始有所转变；不但发愿成为志工，还主动承担劝募工作。当她在《静思语》中读到："过去宿业所带来的业障，若能以欢喜心接受，就可以重业轻受。"突然觉得这句话仿佛是在对自己所说，心想：我和父亲如此无缘，可能是过去所造的业，何不欢喜接受，解开心中的恨呢？

反省过去自己怨恨父亲的态度后，她终于想通了，就向亲戚们打听父亲的消息，打电话向父亲忏悔，父亲在电话的另一边，也向她道歉，二人皆打开心门尽释心结。

后来她在静思书轩与大家分享自己的故事，每一位听完分享的人无不感动落泪，纷纷发心立愿要学习她，将"静思语"用在日常生活中，启发自己内心的宝藏——智慧。所以人人心中本具智慧，只是往往被无明覆蔽，其实只要心念一转，心宽念纯，就能消灭愚痴，重现清净智慧。

自性起一念恶，必能使善因自灭；自性起一念善，必能使恒沙恶断。

人人本具洁净晶莹、透彻无染的大宝藏——佛性，而能开发这片宝藏的人就是自己，唯有自己向内好好开发，才能让本性发挥出无限量的智慧。佛陀来人间不断地说法，告诉我们人人本具佛性，只是不自觉，而未能开发出来好好使用，所以学佛就是要学向内自我开发宝藏的方法。

"自性起一念恶，必能使善因自灭"，只要自性中起了一念恶，善的种子便无法种下；诸如土地里若有垃圾混杂其中，便会使泥土的养分无法发挥，即使整好地、撒下种子，也发不出芽。同理，我们勤耕心地，是为了不让心地起一念恶，否则不但撒下的善因无法发芽、结果，甚至就连那颗善因的种子也会灭亡。

"自性起一念善，必能使恒沙恶断"，自性若成、住一念善，尽管仍有许多习气、恶念，也能慢慢去除，不会再受到周围恶因的染著，而愈陷愈深。善、恶生灭相对，若一念恶起，自然就消一分善，若能常持善念，即使如恒沙般多的恶因也能逐一断除，所以一定要时时培养好这念心。

常说人生"万般带不去，唯有业随身"，业力都是由自己所带来，恶因、恶缘若能遇善缘，便能化解；但若自己不生起善念，即使得遇善缘，也无法会合。

新新生灭复又生，绵延不绝善恶法，佛出人间分别说，智慧兴善耕福田。

在世间，无论是时间、空间、人与人之间，时时都在"新新生灭"，前一秒钟过去叫做"灭"，后一秒钟起叫做"生"，如前一句话说过即灭，后一句话说出又生；其实分毫念顷都不断地在新生，同时不断地灭去，世间人事物时刻无不在"新新生灭复又生"。

在日常生活中，分毫念顷全都在不知觉中生灭。众生就是在这短暂、生灭无常的时间里，不断地造业，累积烦恼、无明，在时间长河中不断地受业力所缠缚，所以在这个世间，时时都能听到、看到天灾、人祸，以及人与人之间的对立，这就是"绵延不绝善恶法"。

人间善恶杂揉，业力生生世世延续不绝；因此"佛出人间分别说"，佛陀才不断地来人间，仔细地分析因缘果报，让我们对于因缘果报有正确的认知；进而"智慧兴善耕福田"，若能去除愚痴，产生智慧，生起善念，耕耘自我的心灵福田，自然能入人群，再为人间耕作福田。

佛经中有一则故事①——

佛世时代，有五百位乞儿，常常围绕在佛陀身边听法。闻法一段时间后，这五百位乞儿皆发心立愿，要随佛出家修行。

一日，这五百位孩童一见到佛陀，赶紧围绕着佛陀恳求："佛陀慈悲，我们很想修行，但是贫贱的身份能修行吗？"

佛陀微笑地说："修行不分贫富贵贱与美丑，只要发心就能修行。"佛陀便将这群孩子度入僧团，成为一群年轻的沙弥比丘。

当时，王舍城中有许多人都感到很震撼，佛陀如此尊贵，僧团如此殊胜，怎么会接纳五百位乞儿？于是纷纷向佛表达异议，但佛陀总是微笑而不予回应。

---

① 典出《贤愚经卷五·散檀宁品第二十九》。

有一天，祇陀太子和一群长者想为佛设供，于是向佛陀请求："明天，请您带着比丘们前来受我们供养，但是那五百位乞丐不算在内。"佛陀受请后，祇陀太子便与长者们离去准备翌日的供养。

佛陀对这五百位沙弥比丘说："明日祇陀太子要为僧团设供，而你们五百位不在其中，所以你们明天先去郁多罗托钵，再回到祇陀太子设供的地方与大家集合。"

这五百位沙弥比丘听佛陀的话，隔日先到遥远的乡村郁多罗托钵，之后才赶到祇陀太子设供的地方；当祇陀太子看到这一群年轻比丘的威仪如此庄严时，内心深受感动与震撼，赶紧请教佛陀这群比丘从何而来？佛陀说："他们就是你未列入供养的那群乞儿。"祇陀太子和设供的长者们纷纷生起忏悔心，请示佛陀关于这五百位比丘修行的因缘。

佛陀说，在过去无量劫前，曾经有一段时间发生干旱，造成饥荒。当时居民们因想要囤积粮食而吝于布施，唯有一位长者仍如往常般，不断地供养山中两千余位的修行者，对于其他来乞食、托钵的人，也同样慷慨付出。

随着托钵的人愈来愈多，长者便派出五百位家仆负责，日复一日做布施的工作。有一天这五百位家仆心生不满，讨论着："长者长此以往布施，我们的体力将不堪负荷。"继而埋怨："都是因为这些修行人，否则我们也不必那么辛苦。"布施时开始流露出不情愿的态度，久而久之来托钵的人愈来愈少。

长者觉得奇怪：大家是不是因为不好意思，所以不敢来？于是派出一位家仆，每天负责报时："供养时间到了，请大家快来。"这位家仆养了一只狗，每天跟着主人提醒修行人前来受供，有时主人睡过头，这只狗就自己去吠叫，让大家知道受供时间到了。

一日，受供的修行人告诉长者："未来几天一定会下雨，赶紧准备播种。"于是长者吩咐大家整理土地，播撒麦种，果然麦种一撒下，便开始下雨，麦田的收获量比过去还多。

佛陀说："那时负责布施工作，起了不欢喜心的那五百人，就是现在的乞儿，不过他们后来真心忏悔，所以这一生即使沦为乞丐，仍有因缘会遇佛法。过去的那只狗，就是现在的美音长者，他的声音很美妙，因为过去透过吠叫通知大家受供，而累积为今生的福报。"

如是因果，学佛一定要了解"新新生灭复又生，绵延不绝善恶法"的道理，无论恶法、善法皆是辗转延续而生，故"佛出人间分别说"，佛陀传承教法给我们，就是希望人人都能"智慧兴善耕福田"，靠自己努力勤耕一畦一畦的智慧福田，得法才"有法度"——有法度众生。

行施为度悭贪众生，持戒为度憍慢众生，忍辱为度瞋恚众生，精进为度懈怠众生，禅定为度散乱众生，智慧为度愚痴众生。为已度当度未度者，为今生后世者，播植善种子起度彼心。

前面宣说的是四无量心，接着是六波罗密——"行施为度悭贪众生"，六度首先须行布施，自己能先身体力行，付出无所求，才能度悭贪的众生；"财施"是物质的帮助；众生若遭遇困难、内心有苦，我们能给予抚慰，帮助他开启心门，则为"法施"；而"无畏施"是能让他人感到有所依靠，不会畏惧。财施、法施、无畏施三施平行，才能度悭贪的众生。

"持戒为度憍慢众生"，憍慢者以为自己无所不能，贡高骄傲，因此为所欲为，容易误入世间陷阱，一失足成千古恨。所以须持戒，才能防非止恶，在日常生活的待人接物中，若能时时保持良好规矩，有戒有德，就能学习降伏骄傲与贡高我慢的心。

"忍辱为度瞋恚众生"，众生多贪瞋痴，有瞋恚心便容易造业；世间若阿修罗偏多，社会就不得安宁。如何熄灭瞋怒的习气？唯有忍辱的功夫。

常听人说："要劝那个人不容易，需要找某某人才有办法。因为他脾气好，忍辱的功夫够。"世间一法降一恶，要降伏瞋恚心重的人，自己必须先修忍辱行，培养好忍辱的心性，才能度瞋恚盛的众生。

"精进为度懈怠众生"，常对大家说"来不及"，是希望提醒大家人生短暂，要时时抱着"来不及"的心态，朝正确的方向好好地精进——赶快做利益人群的事，让分秒不空过。

"禅定为度散乱众生"，众生的心无定性，充满懈怠、骄傲、瞋恚、悭贪等散乱的习惯；其实心性本来清净，却因为养成习性，以致心无法定。要对治散乱，须修禅定，禅定并非坐着不动，要知道挑柴运水、举手动足无不是禅，能定下道心，勤修定力、定心，就能度散乱众生。

"智慧为度愚痴众生",从布施,进而持戒、忍辱、精进、禅定,一步一步修行,就能培养出智慧,度愚痴的众生。"为已度当度未度者",无论过去、现在、未来,为度已度——希望已度者的道心能更坚定;为度当度——度在我们周围的人;还有为度未度——未来还未得见的众生,我们也要发心去度。

倘若依循着前面所提的六种修行方法,"为今生后世者",无论是已度、当度、未度的众生,"播植善种子起度彼心",就能与众生结好缘,让人人也起度已度人的心。

> 未能度者起度心,十恶者起十善心,造作者起无为心,退转者起不退心,有漏者起无漏心,烦恼者起除灭心。

"未能度者起度心",要入人群度众生,须先坚守与加强四无量心、六度行,无论是过去、现在、未来的众生,都要发心去度;度众生后,还要让他们能再发心去度他人。

"十恶者起十善心",十恶包含身体所造作的三恶——杀、盗、淫。"杀"是杀生,"盗"是偷、抢、诈、骗,"淫"是男女分际紊乱;口四恶——妄言、绮语、两舌、恶口,轻轻地一句话,能劝人为善也能引人作恶,所以要口说好话,多赞叹人;另外是心所造作的三恶——贪、瞋、痴。与十恶相对者为十善,若能口常说好话,身常做好事,心常发好愿、行十善法,以此度十恶者,就能慢慢引导他们起十善心。

"造作者起无为心",造作者就是造业的人;我们的心容易受世间一切外境牵引,起心动念都是贪、瞋、痴,往往会造作很多业力,若能以佛法劝导,使其生起无为心——内心能静思、有正念,造作自然不生。

"退转者起不退心",许多人虽发心行善法,却常因环境不如意就起退心,看到退转者,我们应该用方法劝导,帮助对方能坚固道心不退转。

"有漏者起无漏心",有漏者就是满心烦恼的人,好话记不住,坏话常留心中,善念常漏失,因此会不断地造作恶念。对有漏者,需要用方法帮助,让他能好念常住,得智慧,明是非。

"烦恼者起除灭心",面对有许多烦恼的人,则要用方法帮助他去除烦恼，不要等到惹来烦恼、造作后，才心生后悔；只要能时时静思己心，护持正念，心中有法，自然能排除天下诸多是非。

防非止恶不犯过，十善护心勤精进，有缘者闻声心明，入法者见性明心。

修行，需时时守持戒规，防非止恶，也就是持戒。若遇善的机会、因缘，就要积极把握，防恶行善——预防于恶，积极于善。外在境界有许多陷阱，人与人之间善恶业缘杂揉，容易影响我们的心；若有戒护心，就不容易受恶的诱引，无论大小事都用心不犯错，就能"防非止恶不犯过"。

"十善护心勤精进"，修行须行十善，十善能保护己心，生一念善，就破一念恶；诸如说好话时，就不会说坏话；同理，一念善起，就不会生一念恶，所以要时时持善，保护自心。若能行十善行，日日勤精进，无论起心动念、举止动作都是在善中，如此内心就没有犯错的机会。

"有缘者闻声心明"，常说"人人都是一部经"、"三人行必有我师焉"，亲近好人，听其话语就能有所启悟，自己所言也都会是好话，这是因为彼此有缘。人与人之间若有缘，则所说的话句句是法,所以要时时与众生结好缘,互相鼓励、鞭策,时刻启发自心,如此才能常保心明。

"入法者见性明心",彼此之间若结好缘,心自然能入法——进入法、真理的境界,所看到周围的一切,则无不是法,无论听声、见形,都能启发自心,即使是虫鸣鸟叫,也能让我们明心见性。

静思湛然,当下时时观照自心,则念念趋向清明;正心守规,当下念念清净无痴,则处处安然自在。

"静思湛然",是指心若能清净,思想没有杂乱起伏,清净无污染,就能达到"静寂清澄,志玄虚漠"的境界,而想进入这种境界则需"当下时时观照自心"。

我们在日常生活中,心总是不断地受身外境界诱引,听到他人的声音,心就在声中;看到他人的形影,心就在形象上,心会随外在环境的形式起落而生杂念。倘若心能入法,则种种境界无不都是在说法,如此外面境界一来,就能知道如何反观自照，使内心"念念趋向清明"。

心若常起善念，自然会勤精进、行于善事，遇到有缘的人，则听声看形无不心明，这就是入法心明。修行就是要常顾好一念心，心本来清净，若能时时观照，自然念念清明，不会被污染、复杂化。

曾有一群来自北京医院的院长，以及多位研究脑神经系统的学者，来到花莲参观交流，在精舍与我会晤时，有人问："到底人的本性是善还是恶？"我回答："人之初，性本善。"人性自古至今皆然，只是本善的人性，常会受到后天环境薰习，而染上恶的习气，甚至让人以为人性本就是恶；倘若能使人处在善的环境，受到薰染影响，自然就能常保本性。

我以汶川大地震为例，慈济人前往四川赈灾时，曾带动当地一群小志工，这些孩子在地震前，许多人都是家中的小霸王，由于推动"一胎化"政策，每家只生一个孩子，因此这些孩子往往集宠爱于一身，不懂得善解与付出；在地震之后，当看到慈济人在当地以身体力行教育、付出爱的举动，不但启发他们善的心念，也让他们明白行善要从行孝做起。

慈济人为他们举办了一个活动，让他们为父母、爷爷、奶奶洗脚,体会行孝;当孩子们捧着水,跪地为长辈洗脚时,手摸到长辈们的双脚,发现脚皮都又厚又龟裂,遍布粗茧,忍不住忏悔掉泪——明白原来自己的享受,都是长辈们做粗重工作的辛劳所换取而来。因此纷纷向长辈说对不起,并发愿从今要力行孝顺与爱;所以说"人性本善",只是人往往容易受后天环境的薰染、诱引,而朝向不同的方向——与善接触,行动就会为善;与恶接触,自然懈怠、堕落。

"正心守规",心的方向若正,时时守规戒,就能"当下念念清净无痴"。痴念皆由无明起,凡夫因愚痴不能分别是非,才会让清净良善的本性,受到恶所牵引;心若能没有痴念,"则处处安然自在",无论身处何处都会很安心自在。

毫芒中一粒种子,一棵大树藏于种子,毫芒中藏合抱之树,大树累累,果实无量,果中有因,因中有果,一生无量,无量生一。

合抱之树是从一粒种子而生——种子播入土,有适当的水分、阳光,就会慢慢地发芽,成长为一棵小树,再成长为大树。常说"因赅果海",最初的种子是"基因",好像毫芒般微小,但是成"果"却能如海般广大,真是不可思议。

有一则佛教公案——佛陀曾游化至一个小城,城主听到释迦牟尼佛即将入城,心想:佛所到之处,万众归心,许多人都请求皈依,若人民都皈依佛,那我的威望何存?于是城主宣布禁止人民供养佛陀,违者罚钱。

由于罚金甚高,穷人没有能力偿还,富人也舍不得,所以当佛陀进城后,每天外出托钵都是空钵而返。

城中有位长者,家中雇用了许多佣人,其中有位老婆婆负责收拾剩菜残羹。一日,大家吃饱后,她一如往常般收拾完剩菜,正要拿出去丢弃,一打开后门,刚好佛陀带领僧团经过;老婆婆看到佛陀及僧团如此庄严,不禁心生欢喜,而有供养之意,于是走近佛陀身边说:"我很想要供养,但是身无一物,只有手上端的这些剩菜,怕对佛不恭敬。"

佛陀却微笑着说:"很好,这是最上等的东西。"

虽然老婆婆知道会被罚,但是因供养的心很强烈,所以还是将这些剩菜供养予佛;佛陀很欢喜,祝福老婆婆来世能得大富大贵，享受人间福。此时有人走过，听到佛陀如此祝福老婆婆，好奇地问："为何供养这些剩余的粗糙食物，能得到那么大的功德？"

佛陀微笑地问这位路人："你可曾看过在这城里，有一棵很大的树？"

"有，那棵树的树荫，能遮盖五百辆马车，曾听我上代的长辈说，在他们小时候，那棵树就已经要数人牵手才能合抱。"

佛陀再问他："你可知道这棵树的种子有多大？"

"一粒种子应该不大。"

"这么小的一粒种子，能长成一棵数人才能合抱的大树，你相信吗？"

这位路人相信，这棵树是从一粒种子开始长成。佛陀又说："一分供养心如同一粒种子。全城没有人敢供养僧团，唯有这位老婆婆有这分勇气，以虔诚的心播下这粒种子，虽然食物粗糙，但是未来所成就的功德甚大。"

原来这位路人是位富有的长者,他听完佛陀解释的道理之后也想供佛,所以请求佛陀:"明天请到我家,让我为您设供,即使城主要罚巨款,我也甘愿受罚。"

隔日佛陀前往受供,此事传到城主耳里,城主不禁想:到底是什么样的道理,能让长者愿意付出,甘愿受罚?于是也请佛前来说法,城主听闻佛法后心为之慑伏,便与全城的人一起请求皈依佛。

这个故事的道理告诉我们:合抱大树藏于毫芒中,一颗颗种子长成树木后能结实累累,生成无量果实,果中复有因——每个果实中都有种子;因此因中有果,果中有因,因赅果海,一生无量,无量从一生;如同一念佛心能度芸芸众生,引发众生发菩提心,而这些菩提心又能不断地复生无量。

智慧从人世间中得,三碍六尘永已消尽,菩萨复当发弘誓愿,如所闻慧得无量法。

智慧何处求?就在人与人之间。我们从日常生活的待人接物中,就能知道人世间事物,了解人与人的习气;从中明白人间是如此,人的看法是这样,同一种事物,由不同的人、不同的角度来看，会有不同的感受，有的人想贪取，有的人则不吝与大家分享，甚而看到他人有需要，能付出自己唯有的。

我们在人与人之间，能看到不同的角度与感受，体会那分心态，进而了解许多道理，因此道理即是在人事中发现。处事能做到圆满，叫做合理；待人能让众人满意，叫做人事圆满；人与事都圆满，叫做道理圆满。所以人、事、物、理都在日常生活中。

倘若道理圆满，都能透彻了解，则是"三碍六尘永已消尽"。三碍即三障①；贪、瞋、痴三种无明，会障碍通达道理的法，心有无明，自然消减智慧；所以道理圆满时，三碍即消。如每天早课时，大家听经、礼佛后，唱诵回向文"愿消三障诸烦恼"，不就是希望消除"贪、瞋、痴"？

"贪瞋痴"这三种障碍从何而来？六尘——色、声、香、味、触、法，"色、声、香、味、触"会引诱"眼、耳、鼻、舌、

---

① 又作三重障。指障碍圣道及其前加行善根之烦恼障、业障、异熟障。（一）烦恼障，本性炽然具足贪、瞋、痴三烦恼，致难生厌离，难教诲，难开悟，难得免离，难得解脱。此亦即指恒起之烦恼。（二）业障，即五无间业。乃由身口意所造作之不善业。（三）异熟障，又作报障、果报障。以烦恼、业为因，所招感之三恶趣等果报。（《北本大般涅槃经》卷十一、《佛名经》卷一、《发智论》卷十一、《成实论》卷八、《俱舍论》卷十七、《大智度论》卷五、《大毗婆沙论》卷一一五）

身"，让人造作，在"色、声、香、味、触"中，不断地起贪心，诱引人往错误行动，这就是"贪、瞋、痴"的开始。所以人事物的道理若能圆满，三碍、六尘自然会消除。

之前提到南非，慈济于一九九二年进入之后，带动许多祖鲁族人投入志工。一群祖鲁族人尽管肤色、文化与华人不同，信仰多是天主教、基督教，却能那么贴心走入慈济。如今慈济宗门是他们的皈依处，并且他们也担起传承静思法脉的使命；"静思语"是他们日常生活中的语言、待人接物的心灵依靠，每个人都能走入人群付出。

起初慈济人在当地语言不通，进行救济工作很困难。葛蕾蒂丝是当地志工的第一颗种子，她在接受帮助后开始替慈济人翻译，在翻译过程中愈认识、了解慈济，法就愈入心，所以能长期以慈济精神与祖鲁族人沟通；加上十多年来，我们付出物资、用爱拥抱的行动，让他们深受感动，因此每个人都愿意传承慈济的静思法脉。看到他们在绕法，口中念着"静寂清澄，志玄虚漠，守之不动，亿百千劫"，脚步对准，一步接一步，圆的道场、直的步伐，与慈济人的精进，丝毫没有差别。

另一位美蜜斯，她已投入慈济十余年，并与慈济人一同投入"蓝堤计划",为家乡脱贫尽力。蓝堤社区居民普遍贫穷又强悍,当地一般人不敢进去,美蜜斯带慈济人去发放食物,也在社区中带动环保、协助职业训练,透过长期的关怀,帮助居民逐步改善生活。

美蜜斯的生活曾经历许多坎坷,先生不但外遇离家,还带走她全部的积蓄,留下她独自抚养五个嗷嗷待哺的孩子,生活因此陷入困苦。一个平凡的女人,心怎能不怨恨?此时慈济人走入她的生活,提供物质帮助与职业训练。因为有了爱的陪伴,她终于明白道理,放弃怨与恨,能以"普天三无"的精神打开心胸——普天之下没有我不爱的人、没有我不信任的人、没有我不原谅的人,将爱诠释得更广阔,除了放下对先生的爱恨、怨仇,还扩大对自己孩子的爱,将社区老者、年轻者或年幼者,都当成一家人。

她和慈济人会合在社区中推动环保、职业训练等,教育居民如何能心中有爱,安分守己,让自己的生活更祥和。因为她的一念心,能放下贪、瞋、痴与六尘,因而能明白没有小爱就没有大恨;小爱只局限于周遭的人,诸如她曾与先生二人许诺天长地久、白头偕老,相约结合,婚后生育五个孩子,原本应该是一个很美满的家庭,然而先生说变心就变心,过去那分爱的缠绵忽然情断，又如何能不恨？

男贪女爱的感情，究竟是何物？探求到底只是空，情断义绝就成仇恨，这叫做凡夫；"有"变"没有"便义尽仇生，那就是贪、瞋、痴。倘若能清楚明白道理，就不会有贪、瞋、痴，如美蜜斯放下后，有的是普天下的爱；既然有如此大爱，哪还有不相信、不原谅的人？美蜜斯的心开阔之后，每一天都快乐地和慈济人做慈济事。

她的先生离家多年后，老了、重病缠身，外面的人也不爱他了，所以又回到家。美蜜斯秉持"普天之下没有我不爱的人"的精神，让他回家，将他当作照顾户般照顾。"普天三无"就是她的信仰，她信仰慈济大爱，殷勤地拨除内心烦恼，这种心灵道场，不就是在"静思勤行道"吗？

她不仅是听、说、背"静思语"，还能身体力行，做到了心灵开阔，以大爱无私断除过去的私情，学习付出长情大爱；尽管先生过去对她那么无情，但是她不计较俗情，反而付出长情。菩萨要度众生，"复当发弘誓愿"，她不断地在发弘誓愿，不断地扩大心胸、扩大爱，这是一个很好的例子。

佛陀说："大地众生皆有如来智性"，不分人种皆有如来清净的法性。南非数千位慈济志工，许多人都曾历经苦难，然而在走入慈济宗门之后，于静思勤行道洗净心灵，打开心胸走入人群，如今已帮助了许多人；当地有许多黑皮肤的菩萨，现在都穿着白领蓝衣、白色裙子——黑、白、蓝三色鲜明。

她们看起来都很快乐，边走路边唱歌，虽然体态丰腴、步履不快，但是仍悠闲地翻山越岭，尽管道路高低不平，她们的心却已铺出一条又直又平的康庄大路。直心是道场，所以她们开阔的心很直，一心投入慈济宗门，发愿走入人群。

有一次当地志工到台湾，我问："奇怪，你们走路时唱的是什么歌，还一边比手势？"她们说："歌曲的意思是证严上人的法要绕在全球。"所以说她们的心很平坦，也发愿在人生终曲离开世间后，还要再回来做慈济；发生生世世的愿，让人很感动。

"如所闻慧得无量法"，南非祖鲁族志工因为心很开阔，能用单纯、平坦的心听闻此法，已消除三碍六尘的障碍，所以能为自己铺一条康庄的道路，因此在困难的环境中也能得到智慧，开启无量法。

佛陀来人间就是为了要让我们了解，原来人人都本具与佛平等的佛性与智慧，这种平等观的教育，须落实在每个人身上，并且运用在人间。我们除了自己接受这个法，同时也希望发心的人，都有机会能听到《无量义经》，了解《无量义经》的道理，共同发菩提心。

菩萨发菩提心，人间菩萨同样要不断地发弘誓愿，此经做如此多的譬喻，就是要阐明，读经不能只执著于经文，也必须行入人世间，身体力行以体证道理，才能得无量法。

> 第二功德难思议，一法能生百千亿，
> 百千亿中复又生，如是辗转无量义，
> 一理能彻万理彻，一法能摄万法摄，
> 一言半句勤诵习，通达无量微妙理。

在第一功德中，教育我们必须培养四无量心、六波罗密，是作一总论，接着要再仔细分析其中的道理。

佛陀不断地来人间施教，希望启悟人人的觉性，为适应众生根机各异,所以从一实法设无量方便法;然而"是实则一",无量方便法回归为一,就是佛陀所觉悟的真实法——藏在人人心中的本性。

"实"就是"一",即人人的真实本性;而"一即无量",人的本性会受外境牵引而造作,萌生恶与善,芸芸众生因受无明覆蔽,容易受恶所牵引,因此佛陀不断地来人间引导大众,就是希望人人皆能觉悟"无量即一"的道理,去除恶习气,回归一念清净心。

自性三宝——"佛、法、僧",就在我们心中,人人与佛皆平等,都有无限的潜能与本能,因此《无量义经偈颂》云:"第二功德难思议,一法能生百千亿,百千亿中复又生,如是辗转无量义",告诉我们只要启动本具的善法,自性就能辗转生出无量义。

常说"六度万行",仅六波罗密就有万项细行,从一法中能再产生出无量无数的法。走入人群要用许多方法度化众生,遇到不同形态的人,该用何种方法?《无量义经》中提到许多方法,诸如遇到悭贪的人,要用"布施"度化,单单"布施",就分为财施、法施、无畏施;面对世间种种不同的人，都能找出适用的方法，每一种方法中，还有许多细则能运用。

佛陀担心众生不懂何以"一法能生百千亿，百千亿中复又生"，因此以一粒种子譬喻一法辗转相生——一粒种子长成一棵树，树长出累累的果实，每颗果实内有种子能再播种，再长出无数树苗，不断地循环，一法也能"如是辗转无量义"。

"一理能彻万理彻"，若能通彻一理，什么道理都能通彻。佛陀在成佛之后，本想立即让大家知道这一真实法——人人的心地都有不可思议的华严世界；然而凡夫听不懂，佛陀才用方便法，应人间事宣说真理。因为人间事有所分别，所以人会起心动念，生起烦恼，心念往往一偏差，就会造作许多业，受业力牵引，在六道轮转不息；其实地狱、饿鬼、畜生道在人间也都看得到，只要心念一转，心灵的境界能是天堂、地狱，亦能是净土。

"一法能摄万法摄"，若能摄受一法，则所有的法无不摄受。"一言半句勤诵习，通达无量微妙理"，《无量义经》中的字字句句，若能不断地读诵、体会、力行，就能了解其中众多真实的道理,每体解一次内容,如同演说一遍《无量义经》;而经中的一言半句,如勤加诵习,入心受用,按照经义实行,则举手投足、开口动舌,无不都是法;能法入心,自然会"通达无量微妙理"。

我们不但要将佛的教法收摄入心,让自己收获累累,还要将复生的种子再撒播进人人的心里,使处处发菩提芽,不断地长养功德田,只要有人愿意承担起弘扬佛法的使命,辗转相生,法就能弘扬各地。

诸如慈济人在南非,最初只有几位台湾人,不仅要为个己谋生,还要弘法;常说"有心就有福,有愿就有力",经过慈济人长年勤耕播种,今日爱的力量已普遍于南非广大的土地,南非本土志工的第一粒种子——葛蕾蒂丝,如今也已是当地传播爱的重要力量。

葛蕾蒂丝过去人生很坎坷——她嫁给一个不顾家庭又有外遇的先生,先生一回家就要拿钱,拿了钱便离家,使她的内心充满怨恨。尤其第三者唆使先生,泼汽油纵火烧毁她的家,种种情、仇、怨全集于葛蕾蒂丝心中。经过个案通报,南非的慈济人前往探视她,并且一路关心、疼惜、陪伴,让她感受到真诚的爱。

因为认同慈济的理念，所以葛蕾蒂丝主动帮助慈济人。她知道慈济人长期救济当地的祖鲁族人，却常碍于语言不通，发放、关怀、援助都不方便，于是自告奋勇帮忙翻译，并在翻译的过程中，自己也听法入心，而生起智慧，从此发心立愿投入慈济；不但于二〇〇六年成为首批到台湾受证的南非慈济人，此后更带出许多祖鲁族志工。

葛蕾蒂丝因为法入心，所以才能化仇恨为大爱，启发出内心的善种子，而种子辗转又能再生无量义，以爱遍洒人间。

> 心思念定，行不退转，立志坚固，追从善友，所行言教，终不虚妄，念常恭敬，不违经义，心习深智，受而不失，常专一心，念不错乱。①

发心立愿往往只在一念间，然而要恒持"心思念定，行

---

① 参考《菩萨璎珞经》卷一《普称品》。

不退转"，却不容易。常说"把握当下，恒持刹那"，若能恒常把握心念，时时发挥在行动中，修行的心与行就不会散失或退转。

凡夫心性起起伏伏，习气、脾气都有一个"气"字，然而"气"却看不到、摸不着。有人心地虽好，却因为习性而引发脾气，使一念初发心很快地就在行动中转变形态，导致与人之间的互动无法顺畅。诸如《静思语》所云："脾气、嘴巴不好，心地再好，也不能算是好人。"修行需自度度人，自己若不肯转变习气，和善待人，没有人能了解我们的心是好的。所以说话要很小心，譬如有权势者说话影响甚巨，一旦说错话，可能动辄影响社会动荡不安、民众不得安宁；哪怕一般人说错话，也会影响自己和周遭的人。

要社会祥和、天下无灾难，必须先从个人戒慎虔诚做起，因为每个人都对天下事有影响，因此人人要自重己能，相信自己有无限量的潜能与本能，这就是佛陀所说的"人人皆有佛性"。佛陀能影响天下人，我们同样也能影响天下人。

"立志坚固，追从善友"，还记得在《慈济月刊》创刊时，我请我的师父印顺导师写一篇短文，其中一句"追大士之芳踪"①，我时刻都铭记于心。大士即菩萨，菩萨即善友，其实善友菩萨就在人间，在他、你、我之间；大家既已发心要成为人间菩萨，平常待人接物时，便要择善从之；若有人所行正确，能令人感动、尊重，就要向他学习。

"所行言教，终不虚妄"，在人群中修行，需心中有佛、行中有法，在日常生活中，无论身行、言教都不能有虚妄。说话须谨慎，一句话，若能与人结好缘，让人很受用，就是法；不能与人结好缘，则容易衍生是非，所以平时就要勤于内修自己的功夫，才有显现于外的力量。因此说好话，能影响、引导他人走向正确方向；说不好的话，同样也会影响他人，走入偏差的道路，不可不慎。

"念常恭敬，不违经义"，念念之间，时时都要有恭敬心，除了敬佛、敬法、敬僧，还要敬善友、大地众生，心中常存恭敬心，才不会举止轻浮，与人结恶缘。常说"经者，道也；道者，

---

① （《慈济月刊》创刊号，1967年7月20日）《欢迎参加慈济功德会为会员》 佛法以离苦得乐为宗，解脱其生死苦迫，诚为要著，而于人间现有之苦，若贫病，孤老无依，灾横，尤为发大心者所宜出于同情之慈愍，而予以救济者也。况今地处秽土，时当浊世，苦难偏多，吾佛弟子尤宜"体佛陀之悲怀，追大士之芳踪"，随分随力有以救济之矣。爰发起组织"慈济功德会"广征会员，月施净资用以救苦救难之需。善款寄存于第一信用合作社，推许老居士聪敏负责保管，每月廿四更由证严法师为持诵药师经咒，以资回向，消灾延寿。佛说救苦为先世称为善最乐。此举也，定能会员日众，善款日集，受援济者日多，而发心者功德日日增长也，是为启。慈济功德会启

路也"，在日常生活每一脚步都要走稳，否则方向一旦偏差，就容易被周围的环境牵引，起心动念而造作恶业，如此违背经义，即是违背佛陀所教导的法。

"心习深智"，我们需好好地薰习自己待人接物的心性，才能将智慧深深地注入心版；若常以不好的习气待人，不仅容易伤到他人的心，也会减损自己的慧命。听闻佛法，就要入心，将不好的习气断除，并且发心立愿入人群中，奉献己能。唯有以四无量心，行六波罗密，才能让修习所得的智慧"受而不失"，时时"常专一心，念不错乱"，自然能体会一心是佛心的道理。

为勤学觉有情法故发菩提心，为怜愍利益众生故发菩提心，菩萨为欲正法久住发菩提心，见末世众生受诸重苦发菩提心。

"为勤学觉有情法故发菩提心，为怜愍利益众生故发菩提心"，在未学佛、成佛之前，我们都是苦难的芸芸众生，唯有自己先觉悟，才能救度其他人，因此要"为勤学觉有情法故发菩提心"，殷勤精进地向菩萨学习，开启"自觉觉他"的这念心，做一个觉悟的人。

人生许多苦难往往只是从一念无明开始，无明一生起，心随着境界转，业的境界就现前；前念消、后念起，常常前面的错误才过去，后面的错误又开始造作，念念都在无明中。因为无明常在，所以无法生起自觉心；如今有幸能得遇佛法，就要把握时间殷勤学习，才能自觉并入人群中利益众生。

诸佛菩萨本已觉悟，通达世间事，为何还要回入娑婆？只因不忍众生烦恼、苦难偏多，所以才不断地发心立愿行于芸芸众生中，带领众生开启心门，走出烦恼的境域，向觉道前行。因此学佛一定要先觉——通达世间事，要常常关心、了解此刻发生在"天盖之下，地载之上"的天下事，时刻启发自心，才能彻悟无常。

佛经中记载，世间有大三灾——火灾、水灾、风灾，与小三灾——刀兵、疾疫、饥馑；未来大三灾会一次又一次地从地狱破坏到人间，乃至天堂；而发生小三灾，是因为气候不调和，导致干旱缺水，无法农作，或者尽管已有农作，也受天灾破坏殆尽所致。

经中描述的无论是天堂还是地狱境界，其实在现代都可见，诸如世界遭遇粮荒时，有些粮食生产国会禁止出口，囤积粮食以预防自己国家的紧急所需；有些面临干旱、饥荒连年的地区，由于得不到援助，无论孩子、大人，看起来都瘦如饿鬼一般，这不就是在人间的饿鬼道？

再如南亚海啸过后，灾区举目所见尸横遍野，腐臭弥漫，受伤的人哀号冲天，瞬间的无常，使人间宛如地狱。何况还有人祸——战争，若引发战争，短时间内就能造成众生惨重的死伤。佛陀于两千五百多年前已如此告诉我们了，无论是大三灾、小三灾都是从一念无明起，所以即使在人间也能看到如同在地狱般的苦难。

"菩萨为欲正法久住发菩提心，见末世众生受诸重苦发菩提心"，菩萨在觉悟之后，为使正法能永住人间，于是发心立愿不断地推动，希望人人都能接触正法，让正法住心，世世代代不断地流传。

佛说在其灭度后，有正法、像法、末法时期①。"正法"时期

---

① 《嘉祥法华义疏》五曰："佛虽去世法仪未改，谓正法时。佛去世久，道化讹替，谓像法时。转复微末，谓末法时。"关于三时之时限，诸说不一，有谓佛陀入灭后正法五百年，像法一千年，或谓正法、像法各一千年之后，方为末法时期，此时期历经一万年之后，佛法则灭尽；或谓正法一千年，像法、末法各有五千年。(《杂阿含经》卷二十五、卷三十二；《佛临涅槃记法住经》；《大般若经》卷三零二《初分难闻功德品》；《大乘同性经》卷下；《法华经·安乐行品》；《华严经》卷四十五；《法灭尽经》；《无量寿经》卷下)

一说为佛陀圆寂后五百年间，此后佛法不断地衰微，进入"像法"时期，佛法只留存形象而已，诸如各地竞相建造许多佛窟、雄伟的佛像等，在此时期许多丛林拜佛、诵经的风气很昌盛，但是其实多数人只是为求功德而造像，为求利益而诵经。"像法"慢慢地消退后，许多地方的寺庙、古塔、佛像皆受到毁坏，就称为"末法"时期，此时期连像法都已不存。

护心念，立志愿，殷勤修，持道行，住无所住，行空寂静，于如来所，永断疑惑，入佛智海，胜信道中，利益世间，为不请友。①

学佛并非一发心立即能成佛，而是须保护好这念心，时时殷勤守持道行，坚持所立的愿，依循方法——学习佛遍布虚空大地的慈悲、殷勤、智无量。虚空大地中所有的人事，叫做人间法，入人间法须以出世的精神，心才能达到"住无所住，行空寂静，于如来所，永断疑惑"的境界。

佛住世时，僧团中有许多发心修行的年轻人，教育这些青

---

① 出自《大宝积经》卷一《三律仪会第一之一》。

年僧众的责任就由佛陀的长老弟子们承担。一日，一位刚出家不久的年轻修行者，来到迦叶尊者面前恭敬地礼拜，尊者问："你为何看起来满面愁容，心不安定？"

年轻修行者说："长老，我的心很烦恼、难过，无法安定。"

"为什么？"

"虽然我已经出家，但是内心仍放不下俗家，断不了那分情。"

迦叶尊者说："你若决心要修行，赶紧将心拿回来。"

年轻修行者说："我不知道心要去何处拿？"

迦叶尊者说："你既然跟随佛陀出家，立下宏大的志愿，就必须学习辞亲割爱，断除一切烦恼，要以天下为家，以天下众生为眷属，让心寂静清澄，住无所住，行空寂静。我们已经于如来所——走入佛陀的大家庭，便应该永断疑惑，'信为道源功德母'，要相信佛所说的法，断除一切疑惑、烦恼，将心照顾好，守好立志的那念初心，殷勤精进。"

道理古今皆同，过去迦叶尊者所说的教诲，仍值得现今的修行者信受奉行。重要的是，无论发心修行多少年，还是要常自问：心在何处？学习让心安住当下。我们的周围境界，无论声音、空间等无不蕴含着佛法，若能行于兹，心在于兹，如此就能"入佛智海"，每一件事都清楚明白。

"胜信道中"，指要时常以奋勇的心克服懒散，如《佛遗教经》云："若念力坚强，虽入五欲贼中，不为所害，譬如着铠入阵，则无所畏。"只要有一念正确的信，心就不会受周围环境所诱引，能如穿铁甲入战场般地勇敢，永远如胜雄般自在。佛经中称佛为"胜雄"，意思即是勇猛、精进，不受外道所伤害之圣者。

因此学佛一定要有一念坚固的信心，入人群行在菩萨道中，才能"利益世间，为不请友"，能成为人间道上惶恐、无明众生的依靠，做一个"不请之友"，我们要学习菩萨慈悲的精神，即使苦难的人没有请求，自己也要主动帮助、引导他人走向正确的方向。

> 第三功德难思议，自在度人显愿力，
> 虽有烦扰无烦恼，虽有生死无畏惧，
> 百八重病常相缠，悲悯众生不顾己，
> 譬如船师身有病，若有坚舟犹度人。

"第三功德难思议，自在度人显愿力"，世间虽然纷扰、烦恼偏多，但是修行者若能以智慧善解一切烦恼，尽管还是凡夫，仍能轻安自在；有了这念自在的心和愿力，自然能自度度人，利益众生。"虽有烦扰无烦恼，虽有生死无畏惧"，只要能将心顾好，学习远离烦恼和纷纷扰扰的人生，了解生死是大自然法则，将心看开，自然无惧生死。

看看慈济许多环保志工，虽然年纪老迈，有人甚至身罹癌症，但是依然投入环保，做得很欢喜，看不出身上有病。曾见大爱台记者访问一位身患重病的阿嬷："看您做环保还是很有力气。"

阿嬷回答："师父说'分秒不空过'，四五年前医师诊断我的病情只剩半年时间的寿命，也不知道怎么一直到现在还健在？反正躺在床上等死，不如出来做环保。"她这样地乐观，正是"虽有生死无畏惧"的最佳写照。

"百八重病常相缠","百八重病"是一种形容,人间疾病何止一百零八种,佛经中又形容人有八万四千烦恼,纷纷扰扰且微细、不可胜数。在日常生活中,我们尽管已经发心修行,仍会有许多解不开的心结烦恼,虽然人人都有与如来同等清净的本性,但是往往被烦恼覆盖、缠缚,无法觉悟,所以说凡夫是"在缠如来"。

"悲悯众生不顾己,譬如船师身有病,若有坚舟犹度人",即使自己有烦恼,看见苦难的众生,仍要起怜悯心。在中美洲的多米尼加有位慈济的照顾户玛丽亚,尽管家庭经济贫困,先生又抱病在身,她还是秉持悲悯之心,收养许多无父无母的孤儿,当问她:"哪几位是你的孩子?"她回答:"都是我的。"将所有孩子都视如己出般地疼爱,学佛必须要有如此的开阔心,将天下众生都当作自己的眷属,内心没有执著;犹如抱病的船师,驾船在千万尺的波浪中航行,只要运用智慧,就能帮助自己与他人一起平安抵达彼岸。

处群入众刚柔应机,守护正法誓愿受持,诸佛正教现前得生,如来种性展转传承。

修行,不仅为自己修,还要入群处众,为天下众生付出。

诸佛菩萨因为不舍众生,所以不断地倒驾慈航、来回人间;偏偏众生总迷于苦海中,沉浮无助,面对众生的顽固与劣根性,菩萨仍必须坚定护念众生的心,时时不舍地拥护、关心,为众生作不请之师。

"处群入众刚柔应机",修行菩萨道,一定要有智慧,视众生根机入群处众,刚柔并济。就如老师教导孩子时一样,有些孩子个性刚强,需温柔软语引导,以柔克刚;有些孩子若过度疼爱,则变得有恃无恐,反而会迷失自我,因此必须施以较强的引导,才能使其乖巧。所以在人群中度众生,必须适应不同的根机。佛陀十号之一称为"调御丈夫",意思就是佛陀能视不同的根性应机逗教,调伏刚柔众生。

"守护正法誓愿受持",现今为末法时期,众生心性已愈来愈偏离正法,即使正法仍住世,却因人心偏向无明,欲海如千万尺波浪,致使众生看不见正法。古人云:"爱河千尺浪,苦海万重波。"人心虽无形、无声、无息,观念与思想却能无限量不断地往上求,使贪欲深如大海、高如须弥,所以无明的风一吹,深广的海水就会起伏成大浪。世界的紊乱,都是源于人心偏离正道,所以家庭、社会要获致祥和,一定要先净化人心,朝正确的方向前进。

人心如何调整才能达到净化？需以"正法"调治。世间相如此紊乱，是因为法乱；从新闻报道中可以看到许多乱象，如许多人不肯脚踏实地工作，选择从事买空、卖空的投机交易，使得股市不断地虚涨，甚至有人卖屋、典当财物、借贷买股票；一旦经济崩盘，股价说跌就跌，原本价值不菲的股票，瞬间一文不值，不但导致社会经济恶化，有人还因此罹患心理病态——忧郁症、躁郁症或精神失常。

记得多年前我行脚到台中，有位记者告诉我一则真人真事，在彰化某家医院里有许多精神病患者前来看诊，大家都显得失魂落魄，喃喃自语，老少都有。副院长问院长："怎么办？病人这么多，如何看得完？"院长说："这些病人很难医治，不过只要拿个板子写上'股票涨'，他们看了，精神就会好了。"于是医院真的摆出这样的看板，大家围观后，皆抱着高兴的心情回家。

由此可知，这些人的病如同虚幻的泡沫般不真实，因为不能谨守本分，克尽己能，才会脱离常轨生活；若能就于正法，生活正规正矩，便能回归正常生活，社会也会平安祥和。大家若都能"守护正法誓愿受持"，在社会上如规如矩，凭真才实力做事，应用正法，扶正人心，自然能使"诸佛正教现前得生，如来种性展转传承"，将如来种性不断地传承延续——不只自度还能现出愿力再度人。

知时日过，如水逝流，如火燃眉，如救头燃，
精勤思慧，展转受持，悲智应时，运入群众，
于诸众生，起怜愍想，于一切法，得勇健想，
是持经人，无怖畏想，犹能荷担，如来家业，
担负众生，出生死道，未能度己，已能度人。

《普贤菩萨警策文》云："是日已过，命亦随减，如少水鱼，斯有何乐？"日子如流水般不断地逝去，生命也随之递减，如鱼在愈来愈干涸的水池里，有何快乐可言？所以人人应自我警惕"知时日过，如水流逝"，不要认为是"过一年长一岁"，而要警觉到生命是"过一日少一日"；"如火燃眉，如救头燃"，生命消逝的速度，如同火烧到头发、眉毛，灭火的时间如此短暂珍贵，因此凡事都要及时，把握时间修行，"精勤思慧"——精而不杂，勤而无懈怠，时时用心思考，培养智慧。

"展转受持"，今天若听闻一句善法、道理，就要好好地抱持、运用，日日如是，如此不断地受持，如孔子所说"得一善，

则拳拳服膺"；除了自己受持之外，还要与人互相分享；并且"悲智应时，运入群众"，还要将慈悲、智慧应机应时运用在人群中，若看到有人在烦恼，或是心念开始偏差时，就要赶紧加以引导，让人与人之间能互相净化、启发，去除无明。

诸如台北有对夫妻，二人都是慈济人，多年前经营一家玩具工厂，因工人疏失引发大火，火势延烧了三十六小时，损失惨重；所幸人员都平安，也没有波及临近的工厂与邻居。夫妻俩灾后不但毫无埋怨，还感恩消防队及时前往灭火，也感恩慈济人陪伴他们一起向邻居致意并整理工厂。

事发当时，他们虽然很惶恐，却能很快地以简单的法入心——师父说过：财产乃是五家共有①，因此要学习安住己心。事后，他们并未责备疏失的员工，反而选择以宽大的心原谅，以单纯的念面对无常，因为体会到人间物质皆是"成、住、坏、空"，启发他们要更加把握时间、时刻精进的信念，如此善解的智慧，使员工深深地感恩，更加认真，同心协力重建事业，如今新工厂生意比过去好，这就是能以一念宽心、爱心与慈悲入

---

① 五家共有，谓世间财物为王、贼、火、水、恶子等五家所共有，以其不能独用，故无须强求。《大智度论》卷十一（大二五～一四二中）："富贵虽乐，一切无常，五家所共，令人心散轻躁不定。"

群处众所得来的善果。

"于诸众生，起怜愍想"，佛陀来人间度众生，因为视所有众生如一子，所以对众生所受的苦难，都会起悲悯心；既然我们立志贴近佛心，同样也需发宏愿，对苦难的众生起悲悯心。

"于一切法，得勇健想"，学佛不离法，佛所说的教法，能让人通达一切道理，使内心安然自在，生起勇健心——勇猛精进的心。"是持经人，无怖畏想"，若能通达《无量义经》中的一切道理，自然无有恐怖、畏惧，能安心地向这条康庄大道前行。

"犹能荷担，如来家业，担负众生，出生死道"，若能了解佛陀教法，起勇猛心，无怖畏想，自然能担当如来家业，承担起佛陀救度众生、出生死道的宏大志愿。如慈济慈善事业，成立宗旨是要身体力行救拔众生的苦难，遇到有人饥饿、寒冻、贫穷、无家可归、没有亲人照顾等，立即伸出援手扶持；或是发生天灾人祸，就以实际行动投入救灾。

"未能度己，已能度人"，尽管目前自己还是凡夫，不过若能体会佛心立宏愿，自然能慢慢地接近佛心，以佛心庇护众生，荷担如来家业；虽然自己还未得度，但是仍要怀抱度己度人的大愿。佛法即是度化众生的方式，只要接受佛法，就如同得到一艘船，不仅自己一人能渡过茫茫苦海，同时也能搭载别人共达彼岸。

求佛觉道无上菩提，担负志业八印入世，见苦知福慧命道粮，步步踏实追佛芳踪，与诸菩萨以为眷属，佛法于人间生活化，法水长流净化人心。

"求佛觉道无上菩提"，学佛者所求为无上菩提的境界，也就是"无上正等正觉"——佛的觉性；尽管众生都有与佛同等的觉性，却往往懵懂烦恼，不知不觉，因此须借重佛陀的教法才能反观自性。

"担负志业八印入世"，芸芸众生烦恼偏多，佛陀来人间开启这条康庄大觉道，就是希望能将觉道普及人间，启发众生慈悲喜舍的心念，以"先觉"觉"后觉"——以自己所觉悟的这条道路教化人间。而"静思勤行道，慈济人间路"，就是依循佛陀所开启的大觉道，无论是慈善、医疗、教育、人文志业，都是在长久的时间、广阔的空间，以及人与人之间，辗转耕耘而相互成就的，而后再加上国际赈灾、骨髓捐赠、社区志工、环境保护，合为"四大志业，八大法印"，一步一印，都是为入世度众生。

"见苦知福慧命道粮"，佛陀为何放弃皇宫生活？因为入世见苦，见苦而知福，所以能了解出世的道理。出世须舍弃全部的身外物——利、功名等，生活三衣一钵，解脱世间物质的缠缚，甘于守贫、清淡地修行；如果看到人间苦难，应不吝付出身外物，因为比起贫困苦难的人，自己已很丰足，需常常自我警惕"人生没有所有权，只有使用权"，凡事不必计较，能在苦难中付出自身的力量帮助他人，才能在苦难中培养慧命道粮。

"步步踏实追佛芳踪"，我们追随诸佛菩萨的芳踪，要步步踏实——佛如何走，我们就如是跟随。除了让身心清净没有污染之外，还要拉长情、扩大爱；长情，就是"觉有情"——觉悟的有情，不仅这一生要发心度众生，来世仍要再来人间继续度化有情，付出大爱，让爱不只限于个人及家庭，还要普遍在人间。"与诸菩萨以为眷属"，周围的人若都能有志一同行于菩萨道，便是修行的道侣、眷属。

"佛法于人间生活化"，我们要学习将佛法用在人间，成就人间典范，包括生活的修养、威仪等；诸如慈济人参加见习培训，学习端碗吃饭、执杯喝水、穿衣、走路等，都是生活的一环。我们若能将佛法生活化，在待人接物中时刻恒持知足、感恩、善解、包容的心，懂得惜福再造福，则能让"法水长流净化人心"，常说"法譬如水"，只要以清净法水不断地净化人心，就能帮助人人走入觉道。

> 第四功德不思议，诸佛护念于一身，
> 虽未自度能度他，与诸菩萨为道侣，
> 譬如国王新王子，稚小国事难领理，
> 但为臣民所崇敬，王后爱重常共语。

"第四功德不思议，诸佛护念于一身"，从佛陀到许多大德祖师所传承迄今的智慧，皆不断地告诉我们——人人觉性本具。"虽未自度能度他"，尽管自己仍是凡夫，不过只要能一步步了解过去佛陀以及诸贤古德所传承的智慧，无论了解多少道理，都不吝惜地再传承给别人，如此则自己虽未得度，也能先利益他人；诸如慈济人常会说："师父鼓励我们'做就对了'。"即使只是简单的一句"静思语"，若能启发他人智慧，进而鼓励他人行善，就应不吝传承。

"与诸菩萨为道侣，譬如国王新王子，稚小国事难领理，但为臣民所崇敬，王后爱重常共语"，只要发心，无论是新发意或是已在行道中的菩萨，都能将这一念觉性，一代一代不断地传承下去。佛教徒尊重三宝、传法者，三宝与传法者凭借什么令人尊重？正是所发的这念心。

譬如一国新生的王子，虽然方出生，但是已能得全国人民的尊重。因为王、后就像佛与法，所共生的王子即是菩萨子，臣民则如同守护菩萨的天龙护法，大家因佛觉悟，因法体会，同以菩萨常为伴，天龙护法常守护，这就是一分法的传承。王、后与臣民如此爱念呵护王子，就是希望佛法之子能传承法，使佛法这一念纯真的觉性能辗转相生、辗转相教，让基因种子——法脉绵延不绝。

一念觉性从尊重生命的心开始，"生命"是人间众生共同的名词，不仅人类，包括所有动、植物，以及有形、无形的众生，都是生命，大家须抱持感恩心共同尊重，不以分别心区别卑微贵贱，无论是人的生命或动物的生命一律平等。

过去求学时，曾在课本中读到一则故事——

有位猎鸟人，一日外出打猎，当走过一条沟渠时，看到一个蚂蚁巢正漂流在水中，他生起一念悲悯心，就随手捞起蚂蚁巢，放在路边后径自离去。数日后，这位猎鸟人发现树上有个鸟巢，有只母鸟叼回食物正在喂小鸟，当他举起猎枪，摆好姿势，瞄准母鸟与小鸟，准备开枪之际，突然脚上有东西咬了他，他吓了一跳，发出声响，鸟就飞走了，往脚下一看，原来是蚂蚁。

蚂蚁曾被他所救，应该懂得报恩，只不过这种报恩的方式很不同，是要唤醒他尊重生命。猎鸟人见蚂蚁此举，不禁反思：连蚂蚁都懂得尊重生命，自己怎能只为了满足快乐，每日损害生命？从此以后，他收起猎枪，再也不打猎。

看到曾对自己有恩的人做了不对的事，就及时给予警告；而被警告的人，也能及时悔悟，回头感恩对方。在人间，彼此若能如此互相帮助、感恩、尊重，则无论是人与人之间，或是动物与人之间，无不充满平等的智慧。

人人都有与佛平等的本性，老幼慧性，无增无减，所以不要轻视老人和孩子的智慧。诸如有位秀琴阿嬷，女儿出嫁后，因遭遇女婿的家暴与抛弃家庭，于是只能将生下的一子一女带回娘家照顾；小孙女出生时因为脐带缠住颈部缺氧，导致一出生便罹患癫痫及器官受损，尽管存活下来，长大后却发现种种缺陷——不会坐也不会说话。

秀琴阿嬷的女儿因无法接受现实生活的打击，而罹患忧郁症及躁郁症，只能仰赖秀琴阿嬷照顾她及两个孙儿。阿嬷年事已高，除了照顾孙女时得承受背起、抱下、喂饭等辛苦工作之外，加上女儿的忧郁症时好时坏，生活实在很困难。后来经过医院社工的转介，经慈济人前往访视后，不仅补助她们生活费用，也不断地开导阿嬷的女儿能敞开心胸，鼓励她再站起来。

慈济人问她："你的母亲年纪已这么大，还要照顾一家，如何支撑下去？你又常常发病，难道你都不曾为儿女、母亲着想吗？"

她回答："有，可是不知为什么总是控制不住自己。"

"这是因为你的心无法放开情、恨、怨，不能面对现实，过去的已经过去，现在你应该提起精神，重新开始，才能尽到一个为人母亲的责任,以及为人女儿的孝道。"

于是她接受慈济人的介绍,到职训所学习而有了一份维生的工作,能照顾家庭;不过女儿还是需要阿嬷照顾,随着小女孩一年一年长大,病情也逐渐恶化,现在连吃饭吞咽都很困难,阿嬷还是如往常般地抱进抱出,尽力抚养。

有人劝阿嬷:"是否考虑放弃这个孩子?"阿嬷却说:"不行,这孩子与我们有缘,才会生在我们家,既然如此,我们就有义务要养她。"这就是知因果观,阿嬷知道这孩子是因为与母亲有这分缘,而她的父母又有不好的缘互相牵绊,才会产生如此结果。既然如是因缘,得如是果报,所以阿嬷甘愿受报,替女儿照顾孙女。

阿嬷平常除了照顾孙子之外,还利用时间做资源回收,整理后变卖,贴补家用。所得虽少,但不忘造福助人,有时卖得三十元,就在竹筒里放入十元;有时赚五十元,就放入二十元,她认为能捐款助人就是福。

尽管慈济人劝她:"阿嬷,您的生活不是很好过,不用捐那么多。"阿嬷却说:"这钱是做环保得来,是多出来的。"这分造福的心，不比有钱人少。这位老人家已六七十岁了，不仅能以智慧明因果，善解困境，还能惜福再造福，真不容易。

菩提种子，藏毫芒中——菩提觉性的种子含藏在毫芒中，如人人心中含藏着本具的佛性；我们应时时调伏向外随世态而生的起心动念，回归自我本性，好好地寻出这颗在毫芒中的菩提种子。

二千五百多年前佛陀心中的那念觉性，与二千五百多年后大家心中的这念觉性皆相同，这念清净觉性无始以来永恒不变；只因我们一时迷茫而覆蔽，若能启发觉性，走入菩萨道，就能如佛、法之子，传承法髓——传承佛法的基因种子，使佛法常住世间，永恒不变，代代相传。

持法修少欲复修知足，以专心于慧宏誓志业，多欲不知足最能障慧，于少欲之中蕴藏大富，则慧业宏愿任运可进。

经典字字是宝，句句皆妙，要用心尊重经文中的每一字句。《无量义经》经文简短扼要，一部三品，从佛陀的德行、说法至十功德,按照次序一步步引导我们修行的方法。

学佛不离持经,自古以来,寺院每日早课、晚课作课诵,周而复始地修行,意义何在?其实是自我提醒也是开启智慧的方法,让自己能从内心忏悔,洗除无明。

在《无量义经》中,已告诉我们:法始自"一",世间法本来简单,但要一一分析却很复杂,所以才会从简单变为复杂。我们需先认清外境的复杂,回归自己一念清净的本性,找出让心生出无明的关键,才不会受复杂的境界所诱引,而能慢慢地扫除无明。如此面对复杂的世间,就能将问题看清楚,使心不会再缘于复杂的境界,受境界诱引而造作,继续增长无明。

"持法修少欲复修知足",现代社会常见因金钱引起的犯罪与社会问题,造成经济多少的动荡起伏,从中不难得见现在人的贪欲心病。若能持法修行,少欲、知足,心中的无明自然会慢慢地淡薄,心灵的智慧之光就能发露光芒;只要智慧启发,照亮心地,就能去除颠倒、是非。

"以专心于慧宏誓志业",常说每个人都是一部活的经典,人人都是我们的老师;《无量义经》云:"无量法门,悉现在前"，因此何处找经、找法？其实就在人人身上，任何一个人都在为我们说法，只要专心启发智慧，则"三人行必有我师焉"，如此看天下万物、万事，人与人之间，自然能分辨是非，不致影响修行的道心。

"多欲不知足最能障慧"，若能专心修行，获得智慧，便能担负起如来家业；若多欲不知足，就会障碍智慧。诸如有些人原有很好的事业，却因投机取巧而放弃，沦落至变卖家园、失业等，这是多欲不知足而被无明遮盖、障碍智慧，是最愚痴的人。

生活在不缺乏物资的环境中，能减少欲望，心灵也会觉得富有；想想，生活简单，有房能安身、有衣可保暖、三餐能饱食，不就是人生最富足？每天能凭自己的才能付出，不就是最大富？

古云："赐子一艺在身，胜传万贯家财。"财富再多，若不懂得守护，只会投机取巧，很快也会坐吃山空；还不如凭靠自己的力量、才华赚钱，生活稳定知足，如此则能"于少欲之中蕴藏大富"。

"则慧业宏愿任运可进"，人人若能少欲知足，有余付出，帮助贫困欠缺的人，就是我们志业所致力的方向——集中智慧的力量，走入人群，力行宏愿。

> 第五功德难思议，持诵书写刻不离，
> 刹那恒持长相应，众生信服得欢喜，
> 虽未远离凡夫事，犹能示现大菩提，
> 譬如龙子生七日，即能兴云与降雨。

"第五功德难思议，持诵书写刻不离"，古时不像现代印刷普及，弘扬佛法以讲述为主要方式，为避免大家听后很快就遗忘，因此提倡读诵、书写，一方面方便牢记在心，自己受用；一方面也能弘传流布，利己利人。

现今科技发达，佛法透过电脑，传播相当普遍，《大藏经》也有电子书，只要在键盘上动动手指就能找到，所以要读经闻法并不困难；相较之下，古人要读经并不容易，需有人出资印经才能流传，所以印经功德匪浅。

佛陀希望众生皆能受法，故不断地重复说法；而后译经者则希望再将佛陀的教法阐释清楚，于是不断地分析，慢慢增加为三藏十二部经，必须建栋藏经阁才能存放。仰赖现代科技，今日所有经藏只需存于一部电脑中，虽如此便利，现代人却反而不见得珍惜。

"刹那恒持长相应"，其实在抄写或持诵的过程中，只要能了解经文其中一句道理，有所心得，就会使慧命增长，因此我们应该要让刹那的了解恒持于心。《无量义经》云："延于一日以为百劫，百劫亦能促为一日，令彼众生欢喜信伏。"意思是，在诵持过程里，只要有一句或一偈能使自己得一法、一个道理，让自己和他人在生活中受用，其功德一日如遍百劫。

"延于一日以为百劫"，如我的师父印顺导师曾勉励我"为佛教，为众生"，虽然导师只以一秒钟的时间，说了这简单的六个字，却让我实践了一辈子；因为对我而言，这刹那间的一句话，不只是一日的功课，而是要延为百劫的志业。同理，"百劫亦能促为一日"，千秋百世的志业，虽然并非一日可完成，但是只要大家有志一同，灯灯相续，佛法就能不断地相传。

在经典中常听到"劫"，到底"一劫"是多久？"劫"有

"减劫"、"增劫"和"增减劫"。减劫,从人寿八万四千岁,过一百年少一岁,减至人寿十岁之间;增劫,由人寿十岁,过一百年多一岁,增至人寿八万四千岁;一个增减劫,则为一减劫、一增劫之往复,为"一小劫"①。"延于一日以为百劫,百劫亦能促为一日",所以一念偏差,可能引起一辈子造业;凝聚无数善念,则能成就济世志业。

人无论老幼、聪愚,一问起童年到大的记忆,数十年间的往事,总是能刹那浮现脑海,如历历在目。佛陀教育我们,得一法也应如此恒持刹那,拳拳服膺,持诵书写不离,必定要让了解的法恒持在心。

"众生信服得欢喜",看看今日国际间,已有多少人在推动"静思勤行道,慈济人间路",这是因为大家都能持法,照顾好自心,常保知足,产生智慧,就于正道,令众生得平安所致。

"虽未远离凡夫事,犹能示现大菩提",虽然在滚滚红尘中,我们仍是凡夫,但是因为已接触到佛法,不断地激发出心中的良能、潜能,所以即使身处人间,也能从人群中得到无量

---

① 出自《大毗婆沙论》卷一三五。

的智慧；在自己得到智慧以后，若进一步还能引导众生一分一分地了解，令大家信服欢喜，投入人间菩萨道，则是"示现大菩提"。

从做中才能体悟人生苦难，即苦谛；见苦后，透过亲身力行、体会众生苦难，而后心中所产生的感恩、欢喜，就叫做法喜。若能将这分法喜，再分享给其他人，让听者生起信服的心，而发心跟随力行，则"譬如龙子生七日，即能兴云与降雨"，自己虽未得度，但已有能力度人。

人与人之间，一定要互相尊重，不要轻视卑微小事或任何生命，世间有许多不可思议的事，尽管看不到，道理尽在其中。人也是一样，在六道轮回中，因被一层层无明不断地包覆、纠缠，出生后就懵懂度日、造业，没机会接触真理；但是有些人因为有因缘，所以即使年纪轻轻也能了解道理。

曾见一则新闻，有对夫妻育有二子——一个三岁多，另一个不到两岁。一日，妈妈外出购物，只有两个小孩和爸爸在家，爸爸忽然癫痫发作，撞到墙壁流血昏倒。两个幼儿唤不醒爸爸，竟能冷静地分工合作，一个赶紧打急救电话叫救护车，清楚地表达出住家位置；另一个孩子则想办法打开家门，方便救护人员抢救。

当救护车赶到，送这位爸爸到医院后，妈妈闻讯立即赶赴，大家都问她："你如何教会孩子打电话求救？"

她说："我也不知道，只记得老大一岁多时，爱玩电话，曾简单地教他，若遇到紧急事故，就打紧急救护的电话。没想到已过一二年的时间，孩子还记得。"

这就是人性本具的智慧、佛性，不要以为孩子年纪小、懵懂不知事而轻视他们，其实孩子的智慧与成人相同，心中皆具清净的本性与智慧良能。

大爱心中立大宏愿，学中入道正向菩提。读诵能持此经者，虽不能究竟体证，但亦示现此大菩提，能令众生信服。

"大爱心中立大宏愿，学中入道正向菩提"，欲进入菩提大道直——觉悟的道路，需先在心中培养起爱心，立大宏愿，把握时间学习让心入道，除了法一定要听，生活中的工作也必须认真学,才能事理融会。

数年前,慈济尝试研发香积饭[①],希望能研发出一种方便赈济时携带的料理包,因此新添一部机器,能将米煮成饭,干燥之后包装储存,拆开包装后将干燥的饭用水浸泡,则又可恢复成饭,不必再经过烹煮,很适合临时救灾之需。

然而并非人人都能轻易操作这部机器,需要花些功夫认真学习——看似简单的一碗饭,其中包含很大的功夫。因此不要轻视日常生活中的一切,任何事物都要学习、探究;天地万物都有用途,只要用心应用,无不都是大用。

"读诵能持此经者,虽不能究竟体证,但亦示现此大菩提,能令众生信服"。我们要用心受持《无量义经》,将句句道理入心,法入心则刹那也能成为永恒。

常说佛法不离人间,佛陀是在觉悟人间事之后才得以出世,而后再以出世的精神入世做人间事。若不了解人间事,如

---

① 香积饭,慈济所研发之方便料理包,内容包括干燥米饭、调味包、蔬菜包,食用时只需将干燥米饭、蔬菜包、调味包撕开后放入碗中,注入沸腾开水约150cc,搅拌后密盖,约二十五至三十分钟后即可食用。

何了解出世的方法？所以欲出世需先在人群中体会，这就是佛陀觉悟的要领。

我们既接受佛陀的教法，就要学习入人群，用心持经读诵后，要时刻将法放在心里，再回归日常生活中细细体会，慢慢便能了解其深奥的道理，虽然还无法到达与佛陀相同的境界，但是只要边学边觉悟，在做中体会真理，一样能示现大菩提，让众生信服。

生因于无明缠著，虽犹未能尽得解缚，自己虽是具缚凡夫，却能令他获慧断惑得解脱，唯能至诚敬信得闻，受持无量义之功德力，与佛住世无异。

人，因为受无明缚著，所以即使已经在修行，也不一定能得到解脱、获得智慧；尽管我们还无法尽得解缚，然而至少已知道无法开启智慧的原因，因此无论外境所遇为何，都要赶紧向内自省——反省自己受无明绑缚的凡夫心性，学习让心不再被境界绑缚。虽然我们的功夫还无法达到不受根、尘会合所影响，能见而不著于心、闻而不起烦恼，但是只要闻法入心，能闻且能说，相信即使还未能解脱，也能对他人有所助益。

曾有一位慈济委员,常去陪伴、劝慰一位罹患忧郁症的会员,会员告诉她:"我很担心。"

"担心什么?"

"我也不知道自己在担心什么,可能是担心先生的事业或孩子的课业不理想,总之每天都很担心。"

慈济委员告诉她:"不要担心,师父说'心开运通福就来'。"

这位会员听了之后,自我反省:觉得自己的心,的确好像被什么绑住似的,不能打开心门,所以才会事事担心,因此发愿一定要改。

从此,这位会员便时常以"心开运通福就来"这句话提醒自己,要常保开心、欢喜;也开始去做环保,做得身体疲累,内心欢喜,就忘了担心。其实先生的生意本来就稳定,孩子也很乖巧懂事,她的病情改善后,对家庭的帮助更大。

一段时间后,慈济委员再到她家,看到她说:"你现在看起来和以前不一样,显得很轻安。"

她说:"感恩师姊,你那句话很好用,我已经不用吃药了。"这位慈济委员听后,觉得:这句话我只是会背而已,即使说给他人听,自己却未必做得到;看到这位会员那么快乐,她也不禁受到启发。

这是个很好的例子,自己虽然还是"具缚凡夫"①,满心受家庭、社会、人我是非等烦恼束缚,无法完全看开;但是只要听到一句好话,能记在心里,口耳相传用来帮助他人,他人听后用得欢喜、心安,也能获慧断惑,得到心灵解脱。

"唯能至诚敬信得闻",因为接受这句话的会员,能对这句话的道理起恭敬心,听了之后相信不疑并落实运用,因此才能"受持无量义之功德力",得以受用无穷。这与佛陀在世时,对烦恼众生应机逗教的道理相同,只要佛的法身恒存,便"与佛

---

① "具缚",梵语 sakala-bandhana。谓具足烦恼,指具足见修二惑者。缚,即烦恼之异名,烦恼(心之惑)能系缚有情,使其堕于生死轮回之苦境,故称缚。盖无论有漏、无漏,若其见惑或修惑之一分未断者,皆总称具缚。又就修行阶位而言,乃指自"见道"以前之三贤、四善根等,乃至一切未断惑之凡夫。一般则以具缚为凡夫之异名,故凡夫亦称具缚凡夫、具缚凡众。(《菩萨璎珞本业经》卷下,《俱舍论》卷四、卷二十三,《俱舍论光记》卷二十四,《摩诃止观》卷五上)

住世无异"。

> 第六功德不思议，生死烦恼尽远离，
> 能断一切苦与厄，与佛如来无差异，
> 虽未得住不动地，慧能断惑能摄理，
> 譬如王子虽稚小，能理国事号群僚。

"第六功德不思议，生死烦恼尽远离"，生死是自然法则，人生来世间，因不知为何而生？为何而死？生从何来，死何去向？所以才会担心，其实只要彻悟因缘果报的道理，就会知道生命宝贵，无论面对任何环境，都懂得善用时间精进修行。

"能断一切苦与厄"，若能了解生死烦恼，就能明白人之所以受苦、受灾厄，都是起于凡夫心念，不断地造业、与人结恶缘，才会招惹是非烦恼。所以应时时谨慎，守好身口意业——"心"没有人我是非，"口"就不会搬弄是非；"身"不再造作恶业，心无烦恼，自然能断离苦厄。

"与佛如来无差异"，众生闻法后若能信受奉持，持经背诵，身体力行,让法流传人间,如此自然和佛陀在世时相同。

"虽未得住不动地,慧能断惑能摄理",只要法永远流传,尽管众生尚未能到达"不动地"的境界,但至少已能学习让心念不动,以智慧摄受一切道理。无明是在人群中生,所以能在人群中断惑即是智慧。

我们听闻佛法后,要在众多的人事中加以印证,学习断除迷思、惑念,而不是在人群的喜怒哀乐中执著。"慧能断惑能摄理",只要能以智慧断除迷惑,发挥良能,摄受一切法,许多人间事便能处理得圆满。

每每看到多米尼加慈济小学亮丽的画面,就会回想起当年历历在目的情景,犹记一九九八年,多米尼加在连续遭遇乔治、密契飓风重创后,慈济人前往勘灾、发放。

大爱台记者在一处垃圾山拍摄的画面,让人记忆犹深——当垃圾车倾倒垃圾时,大人、小孩争相围聚,抢拾垃圾中的食物止饥;他们也住在垃圾堆上,而这座垃圾山就是他们的生活来源。拍摄时,记者的脚步慢慢地向后退,突然踏到一个会动的纸板,吓了一跳,回头蹲下看清楚,原来是一个孩子躲在纸箱里。

慈济人发现有这么多的苦难人，不忍心孩子们生活在如此恶劣的环境中无法就学，于是不断地向当地政府争取，终于在当地援建完成一所慈济小学。常说只要有心，一切都不困难，慈济人整理垃圾山，援建这所学校，带动区域繁荣，许多人觉得环境很好，孩子求学方便，因而移居此地，渐渐地发展成一个高级住宅区。

自学校落成迄今，十余年来，慈济人仍每个月两次前去关怀，并且帮助贫困家庭，让孩子都能有读书的机会。还记得当初他们住在垃圾山时，每个孩子穿得既破烂又污秽；但是上学后，孩子们皆穿上亮丽的制服，干净又整齐。

当地的教育界及地方人士，对慈济的付出相当肯定与信任，不但将"静思语"当作教学题材，还教学生华文与闽南语。尽管多米尼加与台湾距离遥远，慈济人却能将法脉精神落实在遥远的国家，证明有心就没有困难。

慈济人以一分真诚的心，将那些孩子视如己出般地疼惜，老师们感同身受，也投入真诚的爱，并带动年长的孩子照顾年幼的孩子，如同兄姊照顾弟妹，形成优良的学风与教育，这就是好家风，也是慈济人不断地传承智慧法脉的成果。

"譬如王子虽稚小，能理国事号群僚"，如同国王出巡或有恙时，会将国政付托给王子，稚小的王子同样能发号施令、领理国家大事，使臣民信受奉行国法。

"不动地"又名"八地"，要到达"不动地"，需具足"七圣财"：信、精进、戒、惭愧、闻舍、忍辱、定慧。具足七圣财，如住不动八地。①

"七圣财"第一为"信"，信为道源功德母，为修行者之最大力，只要能相信佛陀的教法，闻法信受，就能开启智慧；所以"信"叫做信财，并非指有形的物质财富，而是无形的功德财。

第二，"精进"，即精进财。在世间修行，一定要殷勤，克己、克勤、克俭，否则一旦懈怠就会停滞不前，即使相信佛法，

---

① 不动地为菩萨乘十地之八地。菩萨乘十地：一、欢喜地。二、离垢地。三、发光地。四、焰慧地。五、极难胜地。六、现前地。七、远行地。八、不动地。九、善慧地。十、法云地。

也不能得法。

第三，"戒"，学佛尽管有信、能精进一切所修的法，但若行为、规矩没有守持戒律，就会破坏佛法与自己的人格；"戒"能防非止恶，因此叫做戒财。

第四，"惭愧"，即惭愧财。有惭愧心做事就能三思而后行，慎思如何维护自己的品德，不容易犯错，不会贡高、骄傲，事事自以为是；能自爱就不怕他人议论与批评，而能无愧于人。能惭己——自爱，愧人——不使他人批评，就能树立起自我的人格典范。

第五，"闻舍"，叫做闻舍财。既然学佛，就要听法、闻法，修学一切的道理，学习舍去烦恼、无明。

第六，"忍辱"。世间不如意事十有八九，若遇到一点不如意就不能忍，容易退失道心；能忍，才能海阔天空。

第七，"定慧"。修行，定力要够，心若不定则慧不生。智慧能保护我们远离人间一切祸端，只要坚定道心，慧就能执持、成长、保护我们的慧命，这叫做定慧财。

学佛,不仅要听经,还要行经。七圣财能丰富人生、助益修行,帮助我们入人群中,得大智慧、断除无明。

生死无常迷者无知,唯贪利欲短视愚昧,恶劳好逸消费致贫,愚昧导向穷途末路,修身安分勤俭务实,顾本齐家全民之福,明智勤勉身心大富,福慧齐修得大菩提。

"生死无常迷者无知,唯贪利欲短视愚昧",人生无常,众生不仅不知觉,反而在迷中继续造业。诸如现今世界有许多动乱,非天灾即人祸,大家不了解为何会造成如此的社会现象,只知抱怨或叫嚣,这就是迷而无知,其实满心的怨恨都是源于贪求利欲。

"恶劳好逸消费致贫,愚昧导向穷途末路",许多人短视愚昧、欲心高涨,只一味贪求轻松的工作,希望不劳而获;好逸恶劳,不甘愿做较劳苦的工作,只想享受、消费,以致一旦景气不好,家庭、生活就发生问题。俗云"晴天要积雨来粮",平常就要准备不时之需,量入为出。

愚昧会引导人走向穷途末路，诸如当社会上失业的人很多时，却仍有人不断地呼吁多消费，以刺激经济成长，这是很颠倒的想法；只教人消费，却不教人如何努力赚钱、储蓄、勤俭持家，这是很危险的观念。

"修身安分勤俭务实，顾本齐家全民之福，明智勤勉身心大富，福慧齐修得大菩提"。其实要度过社会动乱，唯有大家能心念正确，修身安分、勤俭务实地面对工作，不辞辛苦，方能安度任何困境。人人若能顾本齐家，就是全民之福；能"明智勤勉"则"身心大富"，身心健康、家庭富有，就是"福慧齐修得大菩提"的人。

志愿修大乘善法者，应当力行入于人群，在法中亲近善知识，于浊世中闻思修行，习行诸善而不休息，是为修行觉有情者。

修行是为了要了脱生死，不再轮回六道。其实六道都在人间——有天堂、人间、阿修罗的境界，也有畜生、饿鬼、地狱的境界；端视自己结什么缘，业就如何轮转，离开前一生的躯体，再投生不同的环境；既然有生命，无论在何种环境，都要好好地把握自心修行。

尤其人身难得,佛法难闻,既已得到,就要发大心,修大乘行,行入人群。不要只是独善其身,因为人人都是生活在人群中,若是大环境恶劣,自己也不可能得到平安幸福;所以与其独善自身,不如兼善他人,所以需发弘誓愿,修习大乘善法,自觉觉他,才能达到觉行圆满。

我们不仅要接受与推行善法,还要亲近、学习善知识。俗云:"人上有人,天外有天。"我们不仅自己行善就好,若看到他人做得更好,则要追随其芳踪,"于浊世中闻思修行",听法之后,若已用心地思惟,选择正确的法,就要如理修行,不选择空法,而要选择"实法"——不偏空、不执有,才能利己利人。

"习行诸善而不休息,是为修行觉有情者",菩萨道很漫长,所以要不断地学,不只是一生一世,生生世世皆要发大愿,学习诸佛菩萨的善行。不要认为自己在此生已经做很多,可以退休、休息了;其实人生还能呼吸,有力量能做事,就要利用每一刹那,做出永恒的典范。

无论生命长短,都要不断地向前走,来生仍要不断地延续,我们既然立菩萨心、行菩萨行，则今生来世就都要不断地发"驾慈航，度众生"的愿。若能投入人群中，自觉、觉他、觉行圆满，引导人人行入觉道，就是世间有情的菩萨伴侣。

> **第七功德不思议，六波罗密显神奇，**
> **爱洒人间大悲意，令诸众苦皆得离。**

六波罗密为布施、持戒、忍辱、精进、禅定、智慧，以布施为始，智慧为终；具足六波罗密，则为福慧双修。修六波罗密，能训练宽大的心，让心去除痴念，痴念是最根本的无明，痴念一起，就像整面镜子受污染，非但无法映照外在境界，连镜子本身也不复得见。有些人虽然还不很了解度人的方法，也还未开始修六波罗密，但是只要能发一念"愿度一切苦恼众生"的心，六波罗密自然现前，能从发心之人的形态中表露无遗。

心就像一面镜子，要常擦拭，使镜面保持清净，不染尘垢，才能清楚映照外境；只要心能清楚分析境界，修行的路自然不会走错，所以千经万论，都是要我们照顾好这念心。

欲发愿度众生，起行六波罗密，心地要先清净；无有贪、瞋、痴，才能具有清净心，亦即"三善根"。三善根，是四无量心、六波罗密的根本；有善根的人，能对外在境界清楚，对内在自性不起烦恼，无论对内、对外皆清清明明，如此面对外在境界的一切物欲，就能不起贪念；看到众生匮乏，自己还有余时，自然会布施，因为有宽大的心，所以看到众生受苦难，会起不忍的慈悲心，而布施正是修行六波罗密的开始。

其实，六波罗密的法原在人人的身和心中，只要能将法入心，落实在行为上，即是以清净心植众德本。既已发大乘心，行菩萨道，就要将爱扩展至天下众生，善爱众生，承担起救度的责任，帮助众生离苦得乐。

众生苦难有二种：一种是物质贫困，诸如居无住处、饥饿缺粮、寒冷无衣等，能补给众生物质的缺乏，叫做物质的布施；另一种苦难则是心灵贫困，有些人虽然物质富有，但是心灵却空虚、贫乏，所以慈济人推动"教富济贫"，就是希望教导富人在拥有物质之余，还能疼惜天下人，以富有的物质，为苦难人付出，帮助自己成为"富中之富"的人。

若能起一念善，为天下苦难的众生付出，将有形财物，转变成无形法财，这一念善的种子就会不断地复制，造福人群。

诸如有些受过帮助的人，因为见苦知福，因此即使在贫中也能起富有的心，能点滴汇聚布施，此为"济贫教富"，在他人内心播下造福的种子——这个造福的法，能产生善的循环。

"爱洒人间大悲意"，是发自内心的意，愿起大悲心，用大爱撒播人间。"意"即意识，为六根之一，六根中的"意"对应的是六尘中的"法"，当我们看到一个境界，根、尘相互牵引互动后，会起贪婪的意，或是起一念大爱的意？端视意根如何造作。因此大家要学习合心、会意，汇聚爱的心意，将爱的种子广为撒播，才能让每一粒种子都能成长，遍生菩提林，如此"令诸众苦皆得离"，世间不就是一片净土？

我们生活在人间，看似是有情人面对无情界，但无情界是否真如一般人认为的无情？透彻其道理，其实草木金石也是有情，一草一木都在行蕴中，在无形中非常微细地不断变化。人同样也在行蕴中，想想，婴儿至几岁才算是长大？何时成为少年？何时是壮年、老年？是哪一天变成少年的？哪一个时刻变老年？自己的身体，从出生、长大、中年到老年，在念念、分秒、弹指——那么短促的时间里，无一时刻不在变化。

倘若能了解行蕴是在念念间不断变化的道理，面对瞬间变化的人间事，就不致感受人生无常而无法接受。因此学佛，必须心很微细，才能体会到法遍满虚"空"，"空"中"有"微妙的道理。我们学佛一定要静思——时时冷静，正确地思惟，不能一时、毫厘地懈怠。既然发心走慈济的道路，就不能畏惧人群，要入人群中体会诸多道理。

菩萨立弘誓愿，不舍于众生行，转迷思为明觉，如佛所教奉行，度有情缘人受正法，唯愿众生向大菩提道。

"菩萨立弘誓愿，不舍于众生行"。行菩萨道须立弘誓愿，这分愿有多长？虚空有尽，众生无尽，我愿无穷；现代科学已证实，虚空有尽期；众生却是无尽无量、生生不息。我们既然发菩提心，不舍于众生行，心就要比虚空更大，要"心包太虚，量周沙界"，誓愿度无量众生。

"转迷思为明觉，如佛所教奉行"。《楞严咒偈颂》云："如一众生未成佛，终不于此取泥洹。"即使只有一个众生未得度，也要再入人间，为其转迷思为明觉；众生因欠缺启发他们觉悟的有情善友，而容易迷失方向，心中充满无明，既发愿度众生，就必须以耐心、爱心追寻迷茫的众生，转动他们迷失的心，引导其觉悟之道。

"度有情缘人受正法，唯愿众生向大菩提道"。常说"转法轮"，就是要用心、用方法引导，使众生能开启心门，体会并如佛所教奉行。因为我们仍为众生，所以必须同时上求佛法——佛法广无边际，无论有情、无情，皆有真如妙法，遍虚空都是法界；并且下化众生——"度有情缘人受正法"，若与我们有缘，自然会被我们引导，能起欢喜心而受教，走入正法道路。

我们不断地接近众生，就是"唯愿众生向大菩提道"，希望人人都有机会能接受正法，发大菩提心、行菩萨道。

| 无 | 生 | 法 | 忍 | 断 | 烦 | 恼 | ， | 随 | 缘 | 度 | 化 | 登 | 七 | 地 | ， |
| 譬 | 如 | 猛 | 将 | 除 | 王 | 怨 | ， | 怨 | 既 | 灭 | 已 | 王 | 欢 | 喜 | 。 |

学佛者应好好地静思，修行的目标在何处？"静思勤行道，慈济人间路"，就是入人群行菩萨道，大家合心传承总持门，总一切善令善不息，持一切法令恶不生，信念持定慧为本，"戒、

定、慧"是总持的目标。

我们要合心勤行,将佛法落实运用在日常生活,除了自行之外,还要教他人行,坚持令善生长,令恶不生,若一念恶心起,就要赶紧断除、导正,要有定力不受外境诱惑,学习以种种方法让心保持定静而生智慧,如此自然举手动足、开口动舌、起心动念,念念皆善。

"信为道源功德母",信念要时时坚持于戒、定、慧中,才能一步步体会菩萨总持修行的功德。"功"是内在修为,"德"是外在行动,须善恶分明,让"善"不断地延续,"恶"丝毫不要生起,能如此则面对人间许多复杂烦恼的事,便能生"无生法忍"。

度众生须发心,尽管是初发心,还未能淋漓尽致地行六波罗密,但只要这念心一生起,六波罗密同样能显现眼前,使令众生脱离烦恼。无生法忍,为本来具足的真理——人人本具的佛性,不生不灭,本来就有;并非在这一生出生时才有,而是常住于人性中,只因凡夫生生世世随着业识造了许多业,因此才覆盖清净的本性。

人有九识①，前八识称为染识，即受许多业的污染所带来；第九识，则是人人清净的本性。一般谈"识"，常只谈到第八识，其实在断除一切烦恼后，回归清净本性，就会显现原来的真理；要透彻真理，就必须经过菩萨道的修行，菩萨因修"无生之法"，所以能忍而无忍，心自安乐。

"无生法忍断烦恼"，行菩萨道，一定要修习"无生之法"，透彻了解凡夫烦恼，才能坚定道心，否则人与人之间是非偏多，一句话如石头压种苗般，容易使道心夭折、退转，无法成长。世间事若是看透彻，哪有什么可忍？无论看到何种脸色、听到什么声音，对己而言都没有挂碍。心能得到此法，就能行在菩萨道中，常常轻安自在。我们要度众生，不要反被众生度，所以一定要将心练至忍而无忍的境界，心自安乐，安然不动不退，是名"无生法忍"。

真理本就不生不灭，若透彻道理，一念道心自然能安然不动，坚定地向前精进；倘若仍执著在无明中，则世间一切都会

---

① 九识，乃将"识"分为九种之义，即眼、耳、鼻、舌、身、意、末那、阿梨耶、阿摩罗织合称九识。上人解释，"第九识"为本性，九识之前的一到六识，为六根会合六尘所产生；六识归纳入第七识内，成为"思"，会推动人思考、运作、产生行动；行动后就归入第八识中，再逐一地清除，染净同源，生灭和合；而八识后隐藏的即是佛性。（讲于二○一○年四月廿八日北区干部精进研习开示）

难堪忍耐。能将心安住于道理，与佛的本性同等，就知不需计较什么，何需多一个"忍"？总一切善、断一切恶，忍如无忍，自然安然自在，能断除种种烦恼。

"随缘度化登七地"，第七地即"远行地"，修行若登第七地，则"尽其真如际，名远行地"，就是指已到达"心包太虚，量周沙界"的真如境界，能清楚了解佛陀所说的境界，洞彻人人本具佛性，原来真如本性是遍满虚空无边际。

心若开阔到与天地同生息的程度，体会广无边际的真如境界，就能透彻了解其道理实与"立体琉璃同心圆"相同，"情与无情，同圆镜智"，要学习以如圆镜般的智慧，利益世间一切有情与无情，生生世世不断地延续修行的缘，这叫做"远行"。

自无始以来，诸佛菩萨都发愿不断地倒驾慈航来人间，上求佛道，同时下化众生，心安住真如，遍虚空际。我们修行，也要追随诸佛菩萨的芳踪，走入人群，一念真如便能普被众生，"譬如猛将除王怨，怨既灭已王欢喜"，就如一位健康、勇猛的将士，能替国王除灭外来侵犯，保卫国家安全，使国王欢喜无忧。

我们学佛修行，尽管尚未能透彻佛陀圆觉的道理，至少已起步，只要发大心、立大愿，将佛法入心并落实在日常生活中，自然能一步步走向菩提大道。

法髓相授，闻法能信受。有闻无慧，犹如数他珍；闻法不觉，如执火逆风；聪明世智，如执刀自割。闻慧具足，方可自利利他人。

常说"法譬如水"，但若修行要更精进，则需"法譬如髓"，能使法如营养入髓般，造自身血轮。所以学佛从初机入门后，还要不断地探讨佛法，透析因缘果报；例如了解因缘会合后，人与人之间是何感觉？为何结好缘，彼此就会相互信赖、吸引；若是结恶缘，明明初见面时互相吸引、喜悦，时间一久却反目成仇？透过法我们能清楚了解，无明如何牵引、重叠而造业。

为引导众生走上正确的康庄大道，佛陀以法髓相授，对我们循循善诱，应机设教，希望人人的心灵都能体会、感受得到这条大直道周遭的风光。要获得佛法的精髓，就须"闻法能信受"并且奉行，无论看到哪种人生风光，都要能与法相印证，体会愈深，则愈能启发智慧。

"有闻无慧，犹如数他珍"，听法之后，若不用心存入心，只不过是如数他珍——如银行员工经手财物，财宝在自己的手中进出，却非自己所得。

"闻法不觉，如执火逆风"，有些人听法之后没有觉悟，只是运用他的聪明，以佛法为名，对人巧言令色，有如手持火把逆风而行，容易烫伤自己的手。学佛要落实内修、外行，不要只是用佛法装饰自身，自身却没有修行，人格不成，如何成佛？

"聪明世智，如执刀自割"，若只凭借世智玩弄佛法，就像拿刀割自己的肉般，徒然自伤而已。

学佛，要将聪明世智转为清净纯真的智慧才有大用，而非滥用世智辩聪伤人害己；能以法滋养自己的慧命，又能成就他人，才是真入佛法，所以不要只是入宝山却空手而回，不肯探手取得真实的宝。学佛要"闻慧具足"，不但要听法，还要在法中生慧，再发挥智慧助人，"方可自利利他人"。

能摄心专注所作皆办，以清净智体解大道，得道种智成大智慧，断诸劣习去除惑业，因

于坚持进修智德故。

　　学佛是要学得智慧，但凡夫在日常生活中，总是一边学、一边漏，因为心中充满烦恼，所以真理无法入心，无法启开智慧，这叫做"有漏"；学佛必须到达"无漏"——佛法真理入心，永不漏失，开启智慧的境界，才能断除使人愚痴的诸烦恼。

　　"能摄心专注所作皆办"，欲得真无漏智，断诸烦恼，就必须先将我们时时放纵、奔驰于外境的心收摄起来。既然学佛行菩萨道，就应常自省：是否对众生付出关怀？若见众生有烦恼，尽管自己也还在烦恼中，仍要设法帮助他人开解。

　　有人曾问我："师父，有时看到别人的心一直在烦恼中翻转，我会自我警惕，反观自己；明明可以放开的事，为什么他放不开？虽然想要劝导他，但是总是踏不出去。"

　　我说："无论自己如何，看到他人有烦恼，应该勇敢地给予辅导。"后来他提起勇气辅导对方，自己也在过程中获得启发。

　　后来，他告诉我："感恩师父，您鼓励我去辅导他人，其实也是辅导我自己；过去听法总是听过就忘，但是为了要辅导他人，会督促自己好好地思考，如何将看过、听到的法，用在他人身上，在过程中自己的心也愈来愈清明。"

日常生活所得的法，不要轻易漏失，否则等到要用时就太慢了。应时时摄心专注，在接受佛法之后，落实运用在生活中，学习放下一切烦恼，一看到他人起心动念、方向偏差时，就立即应用，自利利他、度己度人，度人后回向自己，就会法喜充满。

既然发心学佛，要"以清净智体解大道"，以单纯的真心求法，不为名、利，将佛心入己心，回归清净无染的本性，才能"得道种智成大智慧"。

"道种智"① 是广学一切法，将一切法入心而没有漏失，达"无漏智"的境界。要得道种智成大智慧，必须学习"断诸劣习去除惑业"，常说修行就是修习气，凡夫习气深重，无论开口动舌、举手投足，所表达出的一切习气，都要学习——

---

① "道种智"为三智之一。即遍知世间、出世间一切道门差别之智慧，此种智慧乃属菩萨之"不共智"。又称一切道种智、道种慧、道智、道相智。据《大智度论》卷二十七之说，于六波罗密中，能行分别思惟之智，称为道种智，又指广学一切道法以济度众生之菩萨智。天台宗以之配于空、假、中三观中之假观，而谓其乃破除尘沙惑所成的化道之智。（《大品般若经》卷一序品、《摩诃止观》卷三上、《观音玄义》卷下）

地断除。

不仅要断除表现于外的习气，也要去除内心的迷惑、无明，才能生无漏智慧；能减一分惑，自然增长一分智慧。"因于坚持进修智德故"，不断地坚持进修智德，才能得真无漏智，成就大智慧；所谓"智德"即智慧的德——已内修完具，而能显相在外，让人肯定、信任、尊重的德行智慧。

> 第八功德不思议，种种方便令发心，
> 信心既发令勇猛，守之不动令坚定，
> 若人不信有罪福，依经奉行令信服，
> 坚固戒忍行檀度，无上菩提净国土。

佛陀度众生时，随顺众生种种根机，而设种种方便法，是为了要令众生皆能发起"信心"追求佛法，去除无明、烦恼。常说"信为道源功德母"，学习佛法以"信"为母，若没有"信"字，其他功德无法显现。若众生有信心，信受所闻、所解之法，而无疑心，心中无疑，法就能入心。

"信心既发令勇猛,守之不动令坚定",信门一开,修行自然能不断地深入、精进,透过身体力行,每经一事就长一智,而获得增长智慧的欢喜——法喜,并且恒持初发的那念坚定信心,时时守之不动;"若人不信有罪福,依经奉行令信服",已建立信心,发心修行后,需再深入因缘果报,使人人了解恶者必定得罪报,为善者必定得福报。

"坚固戒忍行檀度","檀度"即六波罗密之一的"布施",无论是四无量心或六波罗密,都是修行的方法;我们在了解道理后,便要身体力行去行道;道即是路,若只说理,没有实际走入这条路,就无法可度。所以,大家必定要先有法自度才能度他人,若自己能先身体力行,再带动人人同行这条路,体会这条菩萨道,回归清净无染的本性,进而就能以"无上菩提净国土",人间净土就在眼前。

若能用《无量义经》的道理自我深入、洗涤无明,自然会启发智慧,将道理说得让人信服,而成就他人,成为他人的菩萨伴侣。常说法亲比俗亲更亲,俗亲是由因缘、果报聚会,因此不离"苦"字;但法亲是因同志愿,皆发愿以清净法水洗涤自心,朝寂静定慧的境界前进,才有缘作为眷属、伴侣,相互成长慧命。如同慈济法亲常说:"多一个慈济人,社会就减一分烦恼；能度一个人，就是一家人的幸福。"慈济人常以自己为例，现身说法、发露忏悔——以自己过往的故事，帮助别人明白道理，这就是"漏气求进步"①，是活生生的佛法。

信心者信受所闻，所解之法无疑心也，能深信诸法而生喜乐，于三宝净德福慧因中，以出世之心修入世志业。

若"信心者信受所闻"，则"所解之法无疑心也，能深信诸法而生喜乐"，将法用在日常生活中，自然能入诸法而生欢喜心，"于三宝净德福慧因中，以出世之心修入世志业"。

"三宝净德"指佛德清净、法身法德清净、僧德清净。能从敬奉佛法僧三宝净德因中，于心中长养功德福田，就能以出世的心、修入世志业，于人间植福慧田；在众生的心地撒下善种子，耕耘福田，才能菩提林立同根生。僧德是指僧团的德，出家人虽出家但仍是大众之一，在大众中的每一个人，身心都要

---

① "漏气求进步"为闽南语俗谚。上人借以勉励慈济人要勇于当众发露分享过去的错误，帮助自己和他人了解道理，进而发心修行。

清净，会合起来才能展现僧团的清净，若人人自身心清净，就能显现僧团的德。

如佛陀在王舍城时，有一天带着比丘群外出弘法，比丘众跟随着佛陀，队伍整齐庄严，大众远远地看到，都生起欢喜心，于是不断地口耳相传，在佛与僧团未到之前，赶紧清扫街道，以香水净地；佛陀虽然尚未说法，但民众仅仅看到佛陀僧团是那么庄严、摄受人心，自然启发那分欢喜、敬重的信心。

有位婆罗门很贡高，心想：佛陀说法时，我就问难，看佛陀如何回应。然而当他亲眼见到大家那么恭敬、认真，内心开始生起怀疑：佛陀的德行有那么高吗？真能在无形中降伏人心吗？佛陀慢慢地走来，民众自动跪地顶礼；等佛陀走到他面前，他怀疑的心已消失，不由自己地浮现敬仰心，也跪地合掌，对佛赞叹。

佛陀看到这位婆罗门，就向他微笑回礼；阿难看到佛陀的笑颜，仿佛就像从佛心发出的光芒般，非常祥和，佛陀身上似有无限光明、希望，撒播在众生心中，这就是三宝净德。

三宝净德能摄受众生的心，让人人心中起恭敬的福德。

福，即能降伏众生心灵的刚强，令人人生起柔软的大爱之心；慧，则是能启发众生降伏心中的疑，见闻就能得欢喜心。学佛不能离开众生，因为佛是为众生修行、成佛，成佛后再入人群度众生，以出世的心境修入世的志业，所以离开众生便无佛可修。

佛教发迹于印度，受当时的时空背景与社会环境所局限，弘扬佛法并不容易；佛法能有幸东传中国，我们有此因缘接受佛法，禀承着东传而来的佛法，要感恩过去代代大德、祖师们辛勤地传承。

现代科技发达，能快速地将人间佛法传入人群中，传播全球，所以慈济人才得以遍布全球四五十个国家，足迹走过七十余国，让这些地方都接触到"慈济"这个佛教团体；也才能利用机会让更多人知道，世界上有一个宗教叫做"佛教"。

慈济人不只是听闻佛教，而且已沐浴在佛教法流中，法水时时滋润生活。这必须感恩从太虚大师到印顺导师，不断地推动佛法入人间，我们才能具足如此好的因缘，得以沐浴在法流中，所以要"及时把握"这分难得的因缘，用法水滋润慧命，成就"刹那即永恒"。

佛法难得,所以时时都要将所听、所看、所了解的法,运用在生活中,"如法修行";诸如听到一句好话,要放在心里,有因缘再将此法传出去,这就是"刹那即永恒"。将佛法用于生活中修行,自然沐浴在法流中,能学习"断诸见思惑",见思惑若慢慢断尽,心自然清清楚楚、明明历历,就如擦拭干净的镜子般,各种境界都能很分明,不会再起烦恼、迷惑在环境中,而能"得大智慧,净佛国土"。

> 第九功德难思议,愿力得登善慧地,
> 辩才无碍得清净,宿业重障一时灭。
> 次第庄严波罗密,入大总持精进力,
> 极苦众生令解脱,善满十方遍各地,
> 如法修行得道果。

天下大地能生养、孕育万物,无论什么种子播入土中,只要有调和的空气、水分、阳光,皆能成长;我们学佛,心也应如大地一样,能长养众生的善种子成长圣果。该如何为芸芸众生的心地布善种子?首先要耕耘自己的心地,以清流涤除无明、勤耕福田,才能自度度人,共成圣果。

学佛,要先发愿行菩萨道,菩萨心即慈悲心、智慧心,慈悲是造福人群,智慧是教化众生;菩萨心应如桥船,为帮助凡夫能修行,到达圣人的彼岸,菩萨须有作为拱桥或船只的勇健心胸,任凭凡夫踩踏、搭乘都不会动摇,才能运度众生不滞无明流,安渡彼岸。

《金刚经》云:"知我说法,如筏喻者。"法就如一艘船,能使划船的人与被载的人,都能从此岸到彼岸,不会停滞在无明流中;当船到彼岸后,就必须弃船上岸,并非继续执著于法上;因为法已入心,前脚既跨,后脚就要放,如此才能一步接着一步向前进。

第九功德讲的是愿力不可思议;发心、立愿的力量,能让我们在菩萨道上步步向前,登达十地。

菩萨道有十地行,第九地叫做"善慧地",善是无恶,慧是清净的智慧,只要有愿力,就能到达"善慧地"的境界;达此境界则能"辩才无碍得清净"——义无碍、法无碍、辩才无碍。《法华经》云:"得不退转,辩才无碍。"因为对道理已清楚通达,因此面对不同根机的众生,就能应机说法,以权巧方便善加引导方向,调伏种种烦恼,处理人事物,自然轻安自在,能无碍地度众生。

"宿业重障一时灭",人若执迷于宿业重障所带来的习气,愚痴不通达，法听得再多也无法开启心门，所以必须用功学习将宿业重障消除。既发了心、立了愿，就要坚持道心，走在真实道上，体解沿途风光；生命无法不坏，凡夫身生老病死，无人能预知长短，只有无始以来清净如来的本性——法身慧命，才是真正的金刚不坏身。

"次第庄严波罗密，入大总持精进力，极苦众生令解脱，善满十方遍各地"，众生都有所知障、烦恼障，只要能身体力行四无量心、六波罗密的修行法门，便能一层层地扫除烦恼，消灭宿业重障，于菩萨道上次第庄严，不断地精进，入大总持门，具足精进力。总持门，即总一切善念，持一切善法，对准方向，殷勤精进，如此推广善念、善法，就能令其满十方遍各地，帮助众生解脱苦难。

"如法修行得道果"，只要我们信受《无量义经》，用心体解这部经的意义，心、身力行，守持修行真实法，走上菩提大道，便能得金刚法身，回归如来清净本性。

诸法合心最善念，团队和气觉有情，人间互爱度众生，从事协力圆觉行。

"诸法合心最善念",诸如慈济人秉持"四合一"的精神——合心、和气、互爱、协力,契合诸佛菩萨的心,展现慈悲、智慧,以"团队和气觉有情"而入人群。

行入人群度众生必定要有团队,如同佛陀成佛后,尽管已觉悟诸法,但因发愿入众弘法,所以他先回到鹿野苑度五比丘,成就僧团,完具佛、法、僧后,才一步一步地走入人群。

度众生,并非一个人能做到,而是需要僧团修行者修行后,分散各地度众生,才能共同成就;在家弟子要尊重出家弟子,出家弟子需依仗在家弟子,将佛法普遍于人间社会中,如在《维摩诘经》中,尽管维摩诘是一位在家居士,他却能贴近佛心,所以也能为菩萨、大比丘、大众说法。俗云"在家菩萨智慧长",人人佛性皆平等。

佛陀努力引导大家透彻真理,浮现人人本具的觉性,因此所带领的僧团人数逐渐增多,只要人人愿发菩提心,齐行菩萨道、入人群,都是团队和气的觉有情。慈济人也是因觉悟有情而入人群,在"人间互爱度众生",彼此已度度当度,当度度未度;并且"从事协力圆觉行",付出不离人、事、理,为救度众生在凡夫地的无明、颠倒，引导人人走向正确的道路，这是为了人而从事。

我常说合心就是协力，大家既然合心也要协力，合心是最善念，协力是圆觉行，然而中间不离和气与互爱，和气才能觉有情，互爱才能度众生，可见慈济人"四合一"的精神，法法皆契合佛心。

慈济有"四门四法"——

第一，合心——"总持门"，即总一切法、持一切善。修行是为了回归本具的清净心，也就是大慈、大悲、大喜、大舍之心。慈、悲是"福"，喜、舍为"慧"；佛陀被尊称为"两足尊"，即是因这念心具足福慧双修。大地众生皆平等，只要"合心"就能总一切法、持一切善。

第二，和气——"和合门"，即和圣贤心，合菩萨道。修行的目标是为了要和圣贤的心，"圣"是佛，"贤"是菩萨，佛陀所说的教法，无非是教我们能逐渐地贴近佛心，合于菩萨道。我们要当桥、船，将凡夫度到圣人境域，从此岸到彼岸，需要和气，所以人人和和气气，才能去除烦恼心，回归清净的心境。

　　第三，互爱——"观怀门"，即是内观自在心，怀抱众生苦。大家要常向内自观心境，是否时时轻安自在？还要多宽怀包容，学习如何能"心包太虚，量周沙界"。若不能向内自观，烦恼常充塞自己的心地，则会每天不断地怀疑、贡高，充满贪、瞋、痴、慢、疑，如此就很不自在。所以要常反观自照：心自在吗？心地自在，自然能包容大地众生。

　　常说"没有我不爱的人，没有我不原谅的人，没有我不信任的人"，但是要学会此功夫并不容易，所以"观怀门"很重要。互爱是大道，人与人之间能互爱才能通达大道；若不懂得互爱，向前的道路就会自我障碍，所以心要宽、要开、要大、要自在，才能通往佛菩萨的道路。

　　第四，协力——"力行门"，力持诸善法，行遍人间道。"协"字是由三个"力"字组合，"三"就是"众"的意思，三人以上叫做众人；所以人人若能协力，结合许多人的力量，就是力行门。

　　常说"天下米一个人吃不完，天下事一个人做不尽"，要做天下事，需号召天下人一起做；尤其世间苦难人偏多，必须会合许多人的力量，苦难众生才能解脱。

> 第十功德难思议，凡夫地时弘誓愿，
> 厚集善根益一切，洪润枯涸演法义。
> 众生有病法药医，慈被众生恩泽润，
> 道迹渐登法云地。

"第十功德难思议，凡夫地时弘誓愿，厚集善根益一切，洪润枯涸演法义"，学佛者须时时深心发愿，以大悲心发广大愿，救度一切众生；"厚集善根益一切"，而要成就大愿，就须先厚集善根——内修外行，才有度众生的能力。

"厚集善根"也需内修外行，必须先去除我们在六根会合六尘所造作的习气，进而培养在六识中不断布下善的种子，方得累积；善根必须深厚，就如会有人说"厚德"，说"薄德"的人就很少了，"德"需累积才会"厚"，善根也是如此。

面对外在尘境时，若能学习不影响自己的心，能坚定志向，自然能饶益一切，进而生起"无缘大慈，同体大悲"的心，以法润渍众生，令诸众生一切安乐，就如慈济人秉持合心、和气、互爱、协力的精神，彼此不会互相障碍，能共同合心凝聚起法，为天下众生付出。

要完成菩萨十地行并非难事，只要从凡夫地时即开始发心，发弘誓愿，不断地说法，多助人、多积力、多说好话，就能不断地累积善根，以法益普润众生；如同以水分润湿干枯的大地万物，带给天地生机。

众生心怀贪、瞋、痴、慢、疑等无明，如干枯大地，说法就如以水分滋润干枯的心地，能使心地清净。有时人的心中一旦生起无明，犹如天地昏暗，一时要给予道理，也听不进去；欲度无明众生，自己须先厚集善根，累积法，以法磨练耐性，不弃不舍地设种种方法，才能慢慢地浸润对方，这叫做"法益"。人生舞台本是如此，要救度无明众生脱离烦恼，需要很久的时间，所以从凡夫地开始，就要立弘誓愿。

"众生有病法药医"，若能以正道、正理，引导众生不断地往真实道路走，其无明病灶才能一点一滴获得治疗。"慈被众生恩泽润"，佛陀来人间设教，无不是希望众生皆能去除烦恼，和睦相处，因此时时以大爱庇护、引导众生行于正道而不偏差。

"道迹渐登法云地"，这条真实道，只要大家愿意不断地付出爱心，共同铺出一条平坦道路，就能登达第十地——法云地；法云地，意即普遍于宇宙天地之间，不受万物障碍，利己利人的境界。

静思理法本寂静，清澄纯真无染垢，立志弘愿勤精进，慈济宗门人间路，慈济宗门入群众，无量法门在人间，自性智慧大圆镜。

这回以《无量义经》的精粹——《无量义经偈颂》简要的偈文，与"静思法脉勤行道，慈济宗门人间路"配合，是想让大家了解什么叫做"静思"？我们常用心背诵的"静寂清澄，志玄虚漠"经文，讲的其实就是静思的境界。

"静思理法本寂静，清澄纯真无染垢"，静思的道理就是法，我们为何要不断地说法？每天听法，慧命是否增长？其实法本是寂静，是真实法；就如因为内心有烦恼，才借念佛让心平静，这是方法之一。为何要打坐？也是为了要去除妄想，让内心清净。因此,道理和法本是寂静,只要回归纯真无染的本性就是寂静,也就是清澄、透彻的境界。

"立志弘愿勤精进",我们入人群,倘若只是不断地做事,却放不开"我"的染著,这就是执著。能付出无所求,内心清净、开阔,心无一物,没有烦恼,才能立志弘愿;心不自私,不会事事以"我"为中心,才能"志玄虚漠"。因此立志之后需发宏愿,有宏愿就要勤精进,这是静思的法与理。

"慈济宗门人间路,慈济宗门入群众,无量法门在人间,自性智慧大圆镜",我们修行的宗旨是为利益众生。佛是为众生来修行,为众生而成佛;否则佛陀本觉,原本就清净明朗、寂静无染,正是因为芸芸众生苦难偏多,他为入人群度众生,才会示相在人间,入胎、降生皇宫、示八相、成正觉,阐示修行的宗旨。

慈济宗门是人间路,宗旨、方向是要入人群。在人群中,有无量的法门,俗云:"不经一事,不长一智。"任何一个人都是可供学习的大藏经。如我常以环保志工为例,有的老菩萨尽管不识字,人生道理却很丰富,我们可以从他一生走过的路,所经历过的苦与付出,读出他的道理。

即使有的人心很窄，贪念很大，曾做了许多错误，同样也是一部经；可以见他是何因缘，才会受尽苦难；又是什么缘，入慈济的门，这也很精彩。或者有人享受一生，得意忘形，造作下很多业，也是有了因缘才进慈济。有人尽管受尽苦磨，内心却很开阔，原本心性就是退让、包容，因此一接触慈济，就心生欢喜而投入，尽管年纪已大、身体有病，反而愈精进，把握时间做到最后一口气，如此都是很好的一部"经"。

"无量法门在人间"，何处寻找无量法门？《无量义经》到底是什么？其实都在日常生活中；能启发我们内心的，无不等同在读诵《无量义经》。"自性智慧大圆镜"，意思是人人都有自性智慧，只要能启发此道理，智慧大圆镜智就在自心明明了了，没有颠倒、障碍。

我们虽然还是凡夫，难免会受外境牵引而产生烦恼，但是只要道心坚定，心镜明朗，就能以"大圆镜智"清楚地照耀天地万物众生相，适应众生法，进而利益众生，这叫做自性智慧。众生就是因无法体会佛陀的本怀——华严世界，佛陀才不得不设方便法教化众生，方便法中有"真空"、有"妙有"，所以我们不能执空，也不能执有，要综合"真空"与"妙有"，这就是智慧大圆镜——自性。

大慈大悲无量义，静寂清澄如琉璃，守之不动起敬意，必令广行阎浮提。

每个人在自我的心灵道场中修行，常会起无明、懈怠，既然要修行，就应该自我鞭策，向圣贤看齐，要立下心愿，学习将内心的烦恼、恶浊完全去除，让心回归清净的本源，六根也不再随六尘沉浮，无论起心动念、举止动作，都要起好心、立好愿，好好地照顾自我心灵的道场，并且勤修四无量心、六波罗密，才能成就。

修行要借事练心、借事修身——入人群中才能看尽人间事，佛法不离人间法，借人间事相才能体会佛法。"慈济宗门入群众，无量法门在人间"，在名相上，是为人群做事、付出，其实也是借重人群、事物，修行自己的身心。

只要发愿行菩萨道，起大慈大悲的心，就能明白所有道理都归纳在《无量义经》中：《德行品》指引我们如何内修外行，达到德行圆满；《说法品》则鞭策我们，即使是在修行的过程中，也要不断地弘法——明觉的心说清净的法为自利，而向大地众生说法则是利他；最后《十功德品》则阐述修行的"功德"。

希望人人都能行在"大慈大悲无量义",同时"静寂清澄如琉璃"——心无污染,并且"守之不动起敬意"——时时相互恭敬、感恩,坚定道心。

常说"立体琉璃同心圆,菩提林立同根生,队组合心耕福田,慧根深植菩萨道"。要开启智慧并运用智慧深入人间路,须大家共同发心立愿,尽管面对烦恼无尽的芸芸众生,自心仍要静寂清澄如琉璃,要心怀大慈大悲,在无量义的道场里殷勤修行。

这念疼惜众生的无私大爱,每天都要"守之不动",时时都要对大地众生"起敬意",心怀大慈大悲的心志,不为名利,不分宗教、种族、国界,付出无所求,见证佛陀所说人生是"苦"的真理,进而了解、体会人生道理;并且发心立愿,将无量义的道理普遍地推广到"阎浮提"——即我们所住的娑婆世界,使人人都能有开启智慧的机会。

人人的自性本就与佛无异,都有清净的智慧,只因被层层无明覆蔽,才看不清人间道路,若能静思,回归清净的本性,就能现出大圆镜智,显照天下事物,如此宇宙人间种种道理,不就尽悉现前?

我们藉由简短的《无量义经偈颂》，深入整部《无量义经》的道理，进而体会法华精神。所谓"一念三千"，只要心镜圆通，刹那之间的心念，无论前后、左右、上下，四面八方，三千大千世界的道理，无不透彻在内心；"一理通，万理彻"，只要用心，就能体会此无量义之法门。

图书在版编目(CIP)数据

无量义经偈颂/释证严讲述. —上海:复旦大学出版社.2014.2(2024.9重印)
(证严上人著作·静思法脉丛书)
ISBN 978-7-309-10209-3

Ⅰ.无… Ⅱ.释… Ⅲ.大乘-佛经-研究 Ⅳ.B942.1

中国版本图书馆CIP数据核字(2013)第294288号

慈济全球信息网:http://www.tzuchi.org.tw/
静思书轩网址:http://www.jingsi.com.tw/
苏州静思书轩:http://www.jingsi.js.cn/

原版权所有者:静思人文志业股份有限公司授权复旦大学出版社
独家出版发行简体字版

无量义经偈颂
释证严　讲述

封面书名为证严上人墨宝
封面"静思法脉丛书"题字为胡念祖先生
繁体字版美术编辑/蔡淑婉
封面原作/唐　晖
图绘协力/黄仰明
责任编辑/邵　丹
简体字版美术编辑/杨智仁

复旦大学出版社有限公司出版发行
上海市国权路579号　邮编:200433
网址:fupnet@fudanpress.com　http://www.fudanpress.com
门市零售:86-21-65102580　　团体订购:86-21-65104505
出版部电话:86-21-65642845
浙江新华数码印务有限公司

开本 890毫米×1240毫米　1/32　印张13　字数216千字
2014年2月第1版
2024年9月第1版第3次印刷
印数7 201—8 300

ISBN 978-7-309-10209-3/B·491
定价:48.00元

如有印装质量问题,请向复旦大学出版社有限公司发行部调换。
版权所有　　侵权必究